REPORT ON CHINA STRATEGIC COMMODITY
DEVELOPMENT（2022）

中国战略性大宗商品发展报告

（2022）

仰 炬 孙海鸣/ 主编

中国商务出版社
CHINA COMMERCE AND TRADE PRESS

图书在版编目（CIP）数据

中国战略性大宗商品发展报告.2022/仰炬，孙海鸣主编.—北京：中国商务出版社，2022.8（2023.5重印）

ISBN 978－7－5103－4300－1

Ⅰ.①中… Ⅱ.①仰… ②孙… Ⅲ.①商品市场-研究报告-中国-2022　Ⅳ.①F723.8

中国版本图书馆 CIP 数据核字（2022）第 116443 号

中国战略性大宗商品发展报告（2022）

ZHONGGUO ZHANLÜEXING DAZONG SHANGPIN FAZHAN BAOGAO（2022）

仰炬　孙海鸣　主编

出　　版	中国商务出版社
社　　址	北京市东城区安外东后巷 28 号　　邮　编：100710
责任部门	发展事业部（010－64218072）
责任编辑	刘玉洁
直销客服	010－64515210
总 发 行	中国商务出版社发行部（010－64208388　64515150）
网购零售	中国商务出版社淘宝店（010－64286917）
网　　址	http://www.cctpress.com
网　　店	https://shop162373850.taobao.com
邮　　箱	295402859@qq.com
排　　版	北京嘉年华文图文制作有限责任公司
印　　刷	北京九州迅驰传媒文化有限公司
开　　本	787 毫米×1092 毫米　1/16
印　　张	19　　　　　　　字　　数：315 千字
版　　次	2022 年 8 月第 1 版　　　印　　次：2023 年 5 月第 2 次印刷
书　　号	ISBN 978－7－5103－4300－1
定　　价	98.00 元

凡所购本社图书如有印装质量问题，请与本社印制部联系（电话：010－64248236）

《中国战略性大宗商品发展报告（2022）》编委名单

主　编

仰　炬　　孙海鸣

副主编

张铁铸　　阎海洲

编　委（排名不分先后）

顾学明　李　军　耿洪洲　张　蕾　张有方　王凤海

周　惠　严赟华　王纪升　曹艳文　王丽娟　刘　云

周　枫　顾良民　黄建忠　杨志江　吴京晶　孙　静

朱军红　汪建华　陈其珏　董　颖　何　勇　汪志新

傅少华　孙　斌　杨　云

序言

　　大宗商品是人类社会存在和发展的必需品，关系到国家的经济命脉和国防安全。美国著名的世界观察研究所在其报告《全球预警》中指出："在整个人类历史进程中，获取和控制自然资源（土地、水、能源和矿产）的战争，一直是国际紧张和武装冲突的根源。"近年来，包括原油、粮食、基本金属等在内的国家战略性大宗商品问题已经成为党和国家领导人关注的核心问题之一，战略性大宗商品安全日益成为国家经济安全的重要组成部分。

　　我国是一个人口总量超过先期工业化国家人口总和、拥有 14 亿人口、处于工业化进程重要时期的发展中大国，对战略性大宗商品需求的强度和广度前所未有。我国已经成为石油、大豆、基本金属、铁矿石等战略性矿产资源的世界主要进口国和包括铜、铝、钢铁、煤炭、黄金、白银等在内的世界主要生产国和消费国。从我国人口、资源和经济发展的特点来看，资源约束依然是我国可持续发展的重要制约因素。在"当今世界正经历百年未有之大变局"的时代背景下，国际政治经济形势愈发复杂，相应的战略性大宗商品的生产、进口、储备，提前布局、未雨绸缪就显得尤为重要。同样地，与大宗商品现货供需和交易量相关的期货、期权等金融资产在全球金融领域所占份额不断提升的背景下，如何利用好大宗商品金融衍生品管理供应和价格风险亦是极其重要的问题。

　　党的十九大以来，习近平总书记多次指出，"当今世界正经历百年未有之大变局"。2021 年 7 月 6 日，习总书记在中国共产党与世界政党领导人峰会上的主旨讲话中指出："当今世界正经历百年未有之大变局，世界多极化、经济全球化处于深刻变化之中，各国相互联系、相互依存、相互影响更加密切。为了应对新冠肺炎疫情挑战、促进经济复苏、维护世界稳定，国际社会作出了艰苦努力，各国政党作出了积极探索，展现了责任担当。同时，一些地方战乱和冲突仍在持续，饥荒和疾病仍在流行，隔阂和对立仍在加深，各国人民追求幸福生活的呼声更加强烈。"

当前，国际贸易保护主义、单边主义明显抬头，我国经济增速换挡、结构调整阵痛加剧、新旧动能转换相互交织，经济下行压力加大，这些都是实实在在摆在我们面前的挑战。然而，挑战往往孕育着机遇，所以我们要辩证看待国际环境和国内条件的变化。只要我们坚持扩大开放，不断推动共建人类命运共同体，就一定能够创造更好的国际环境，开拓更加广阔的发展空间。

从 2015 年开始编写《中国战略性大宗商品发展报告》至今已经第八年了，在前期陆续奉上系列相关研究成果后，近年来，我要求各位编委及行业精英作者翔实地记录国内外大宗商品的重要事件和历史数据，以期为大宗商品产业、行业做一些基础工作，使之成为年鉴级的行业参考书。

本书市场篇分别就粮食及大宗农产品、能源、基本金属、工业类等战略性大宗商品进行了分析和梳理，理论篇就大宗商品期货市场闪崩特征展开实证研究。

本书是孙海鸣教授主持的国家社科重大项目《全球大宗商品定价机制演进与国际经贸格局变迁研究》（项目编号：15ZDA058）及仰炬教授主持的国家自然基金面上项目《基于 GERT 网络的我国战略性矿产资源政府管制策略研究》（项目编号：71173145）的阶段性成果，在此对国家社科基金及国家自然基金表示衷心感谢。同时，主持上海海外金才开发计划（2017）"中外金融机构在结构融资领域的业务合作与行业水平的提升"编委张有方先生对本书亦有贡献，一并致谢。

2022 年 3 月

目录

市场篇

第一章　粮食及大宗农产品

第一节　稻米

一、全球大米产销区分布及贸易格局

全球大米生产区域主要集中在亚洲，产量排名位居前列的国家主要有中国、印度、孟加拉国、印度尼西亚、越南、泰国、巴基斯坦等，其中中国和印度两个国家大米产量均超过 1 亿吨。全球大米消费区域与生产区域大体重叠，也基本集中在亚洲，世界稻米主要消费国有中国、印度、印度尼西亚、越南、菲律宾、泰国、缅甸等。印度、泰国、越南、巴基斯坦等国由于大米产量大于国内消费量，是全球主要大米出口国，近 10 年来印度大米出口量呈持续增加趋势，已基本稳居在全球大米出口首位。美国农业部估计，2020/2021 年度印度出口大米 2017 万吨、泰国 606 万吨、越南 627 万吨、巴基斯坦 388 万吨，上述四国出口合计占全球大米出口量的 70%。相比全球大米出口国集中的特点，全球大米进口区域相对分散。全球主要大米进口国有中国、印度尼西亚、菲律宾、尼日利亚等，全球排名前五的进口总量不足全球大米进口总量的 1/3。近年来，中国国内稻谷供大于求，但由于国内外大米价差长期存在，进口量近年来处于高位，而其余进口国家大多是因为国内产量不能完全满足国内消费，需从别国进口大米以满足消费。

二、2021 年我国稻谷供需仍保持宽松格局

2021 年稻谷的新增供应主要来自 2020 年 7 月起陆续收获的早稻以及中晚稻。2020 年，国家加大了对双季稻谷主产省的政策扶持力度，双季稻种植面积较上年回升，也带动稻谷面积有所恢复。作物生长期间天气总体适宜，中晚籼稻部分产区遭遇不利天气，单产较上年下降，但稻谷总产量仍较上年增加。

（一）2020 年稻谷种植面积恢复，带动总产量同比增加

国家统计局 2020 年 12 月公告显示：2020 年我国稻谷播种面积为 3008 万公顷，同比增加 38.1 万公顷，增幅为 1.28%；单位面积产量为 7044 千克/公顷，同比下降 15 千克/公顷，降幅为 0.21%；总产量为 21186 万吨，同比增加 225 万吨，增幅为 1.07%。其中早稻播种面积为 475 万公顷，同比增加 30.2 万公顷，增幅为 6.75%；早稻单位面积产量为 5745 千克/公顷，同比减少 157 千克/公顷，减幅为 2.66%；早稻总产量为 2792 万吨，同比增加 103 万吨，增幅为 3.91%。一季中稻播种面积为 2015 万公顷，同比减少 12.2 万公顷，减幅为 0.6%；中稻单位面积产量为 7619 千克/公顷，同比增加 58 千克/公顷，增幅为 0.76%；中稻总产量为 15350 万吨，同比增加 24 万吨，增幅 0.15%。双季晚稻播种面积为 518 万公顷，同比增加 20.4 万公顷，增幅 4.09%；晚稻单位面积产量为 6000 千克/公顷，同比减少 49 千克/公顷，减幅为 0.8%；晚稻总产量为 3107 万吨，同比增加 98 万吨，增幅为 3.26%。

（二）饲用消费增加带动稻谷需求总体增长平缓

近年来我国稻谷需求结构基本稳定且基本以食用消费为主。2021 年，随着部分不宜食用稻谷进入饲料及工业消费领域，进而带动国内需求总量增长，结构也较上年略有调整。具体来看，随着我国人均口粮消费呈下降趋势，人口增长速度放缓，近年来全国稻谷口粮消费基本稳定；随着部分不宜食用稻谷进入饲料及工业消费领域，饲料及工业消费领域对稻谷的需求量有所增加，但长期来看正常年份稻谷由于成本较高并不会成为饲料企业进行生产加工的主要粮源。综合口粮、饲料、工业、

出口等方面，2021 年稻谷消费量平稳略增。

国家粮油信息中心估计，预计 2020/2021 年度（2020 年 10 月至 2021 年 9 月）国内稻谷总消费为 21032 万吨，较上年度增加 1452 万吨，增幅为 6.9%。其中国内食用消费为 15850 万吨，较上年度略减 30 万吨，减幅为 0.3%；饲料消费及损耗为 3350 万吨，较上年度增加 1700 万吨，增幅为 103%；工业消费 1700 万吨，较上年度减少 300 万吨，减幅为 15%。

2020 年稻谷产量创历史新高，消费需求虽有增加但增幅小于产量，2020/2021 年度稻谷市场仍维持产大于需格局，但结余量较上年度缩减。国家粮油信息中心估计 2020/2021 年度全国稻谷结余量为 521 万吨，较上年度减少 868 万吨。

（三）我国大米进口总量增加，进口品种结构有所调整

2021 年国际大米供需充裕，且国内外大米价差长期存在，我国大米进口仍较上年增加，但由于大米进口折稻谷数量仅占国内产量的 3% 左右，品种调剂的性质仍未改变。据海关总署统计，2021 年我国进口大米 496 万吨，同比增加 202 万吨，增幅为 68.63%，折成稻谷约 700 万吨左右，占我国稻谷产量的 3.3%。2021 年进口量增加的重要原因即国内玉米市场出现缺口，部分饲料企业进口碎米用于弥补国内饲料粮源的不足。2021 年我国碎米进口大幅增加，海关数据显示 2021 年我国进口碎米 252 万吨，同比增加了 150 万吨以上，增幅为 153%。2021 年我国累计出口大米 244 万吨，同比增加 15 万吨，增幅为 7.24%。总体来看，2021 年我国大米国际贸易仍表现为净进口。

三、2021 年国内外稻米市场价格走势

2021 年国内小麦、油脂油料等多种农产品价格走势上行，稻米成为为数不多的几个价格下滑的农产品。从品种来看，国内早籼稻市场价格保持稳中略涨，中晚籼稻和粳稻市场价格均呈震荡下滑的态势；从地区来看，南方粳稻市场价格走势要强于东北粳稻市场价格。

（一）储备需求旺盛，早籼稻市场价格高开高走

新季早籼稻上市前，由于市场交易量较少，价格总体较为稳定。在地方增储需求旺盛的影响下，早籼稻市场价格高开高走。湖南、江西等产区早籼稻收购价格从开秤初期的2500元/吨左右，到8月中旬上涨至2700~2780元/吨，超过了2014年、2015年的历史高点，也成为2021年唯一没有启动最低收购价政策执行预案的品种。随着早籼稻集中收购期的结束，市场价格从高点回落，但仍然保持在较高水平。截至2021年12月31日，江西地区早籼稻价格为2640元/吨，同比上涨80元/吨；湖南地区早籼稻价格为2720元/吨，同比上涨40元/吨；湖北地区早籼稻价格为2700元/吨，同比上涨100元/吨。

（二）中晚籼稻价格呈现倒V型走势，新稻上市后部分省份启动托市政策

2021年中晚籼稻价格变化较大，新粮上市则是行情变化的关键时点。2021年一季度，南方中晚籼稻价格延续了上年上涨行情，但在3月达到高点后随着政策性粮源的逐步投放而回落。8月新粮上市，受早籼稻价格高开高走和各级储备收购支撑，新季中籼稻价格同比普遍高开20~60元/吨。随着上市量稳步增加，加之市场消费疲软，市场价格持续走低，10月主产区中晚籼稻收购价格比上市初期回落60~120元/吨，并普遍低于最低收购价。在部分省份陆续启动最低收购价执行预案后，市场价格逐步企稳。截至2021年12月31日，江西地区中晚籼稻价格为2520元/吨，同比下滑260元/吨；湖南地区中晚籼稻价格为2540元/吨，同比下滑250元/吨。

（三）粳稻价格总体呈现"南强北弱"的市场特征

粳稻市场包括以黑龙江为代表的北方产区和以江苏、安徽为代表的南方产区。2021年南北粳稻价格呈现较为显著的"南强北弱"的特征，年初苏皖粳稻和黑龙江粳稻价格先后出现不同幅度的上扬，在时间上南方早于北方，在幅度上南方也要大于北方，后期两地粳稻价格均因需求下降而回落。苏皖粳稻特别是江苏地区新稻由于在上市前遭遇连阴雨，局部品质受影响，新季粳稻上市后，价格高开高走。黑龙江地区新季粳稻价格则全面低开，开秤价格低于2600元/吨的最低收购价水平，随着预案的启动，市场价格逐步回到2600元/吨。截至2021年12月31日，黑龙江地

区圆粒粳稻价格为 2640 元/吨，同比下滑 20 元/吨，长粒粳稻价格为 2700 元/吨，同比下滑 280 元/吨；吉林地区粳稻价格为 2900 元/吨，同比下滑 120 元/吨；江苏地区粳稻价格为 2820 元/吨，同比下滑 160 元/吨。

（四）主产区大米价格变动趋势与稻谷基本一致

长期以来国内稻谷市场价格走势持续"稻强米弱"，由于国内稻米加工产能过剩，大米市场价格走势更为疲软，趋势与稻谷基本一致。2020 年 11 月上旬市场出现了集中采购现象，主要是部分消费者集中采购了包括大米在内的生活必需品，短期内大米订单量大幅增加，有效提振了市场价格，但随着集中采购结束，11 月下旬市场价格恢复平稳。此次消费者对大米的集中采购，缓解了加工企业库存压力，但未改变市场主体对稻谷后市看跌的预期。2021 年以来，国内稻米价格持续下跌，新建库存企业的库存跌值较大；同时，加工企业利润微薄，部分甚至亏损，多元主体观望情绪浓厚，特别是大米加工企业采购原粮更趋谨慎，以销定购、随用随采。截至 2021 年 12 月 31 日，湖南长沙地区早籼米出厂价 3720 元/吨，同比下降 40 元/吨；晚籼米出厂价 3880 元/吨，同比下降 280 元/吨。江西九江地区早籼米出厂价 3600 元/吨，同比下降 80 元/吨；晚籼米出厂价 3840 元/吨，同比下降 360 元/吨。黑龙江佳木斯地区普通圆粒粳米出厂价 3650 元/吨，同比下降 230 元/吨。江苏南京同类粳米出厂价 3760 元/吨，比上年同期下降 260 元/吨（见图 1-1）。

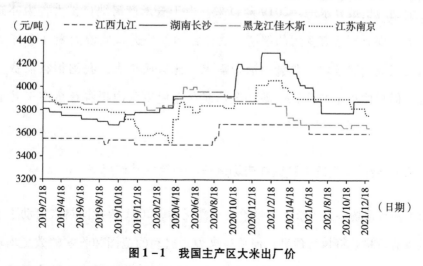

图 1-1 我国主产区大米出厂价

资料来源：国家粮油信息中心。

（五）国际稻米市场价格快速下滑，国内外大米价差扩大

2021 年受国际稻米市场供应充裕影响，国际大米价格呈下跌趋势。截至 2021 年 12 月 31 日，泰国 5% 破碎率大米 FOB 报价为 397 美元/吨，同比下降 132 美元/吨；越南 5% 破碎率大米 FOB 报价为 400 美元/吨，同比下降 100 美元/吨。由于国际市场跌幅更大，国内外大米价差较上年有所放大。国家粮油信息中心监测显示，截至 2021 年 12 月 31 日，越南 5% 破碎率大米到港完税价与广东市场国内早籼米批发价的价差为 800 元/吨，上年同期为 130 元/吨，同比扩大 670 元/吨；与广东市场国内中晚籼米批发价的价差为 1380 元/吨，上年同期为 440 元/吨，同比扩大 940 元/吨。

四、影响 2021 年稻米市场运行的主要因素

（一）稻谷市场供大于求的基本面是市场运行的总基调

受益于稻谷最低收购价政策，农户种植收益获得保障，我国稻谷生产形势总体较好，近 10 年种植面积保持在 4.5 亿~4.6 亿亩。随着稻谷单产水平稳步提高，2011 年我国稻谷产量首次突破 2 亿吨，此后总体保持稳中有增态势，2021 年稻谷产量创历史最高水平。2019 年以来，由于玉米产需缺口扩大，为补充饲料用粮需求，部分不适宜食用的超期存储稻谷和部分进口低价大米（含碎米）流向饲料及工业消费领域，非食用消费需求占比有所扩大，我国稻谷消费量呈增加趋势，但总体小于产量。产需结余长期存在使得国内稻谷存量高于其他粮食品种。

（二）最低收购价格政策在市场运行中发挥托底作用

由于稻谷市场供大于求，市场价格上涨乏力，2021 年我国再次启动了中晚稻的最低收购价格政策执行预案，但总体来说，启动的范围和收购的数量均较往年有所减少。2013 年以来，我国已经多次启动稻谷托市收购预案，即当稻谷市场价

格低于国家规定的最低收购价时，国家以最低收购价收购农民当年生产的稻谷。受最低收购价支撑，稻谷价格基本没有下降空间，稻谷市场实际价格基本围绕最低收购价窄幅波动。2021 年，由于新季中晚稻上市后部分省区市场价格低于最低收购价，10 月 23 日安徽省率先启动中晚稻托市收购，10 月 28 日江西省，11 月 3 日湖南省、湖北省、河南省，11 月 5 日黑龙江省相继启动中晚稻托市收购。据国家粮食和物资储备局统计，截至 2021 年 12 月 15 日，主产区累计收购中晚籼稻 2174 万吨，其中以最低收购价收购 151 万吨；累计收购粳稻 2264 万吨，其中以最低收购价收购 523 万吨。

（三）大米进口持续影响国内南方米价

近两年国内外价差持续处于高位，我国大米进口量不断刷新历史，进口大米已成为我国稻谷市场供应的重要组成部分。2021 年我国大米全年进口为 496 万吨，对国内稻米市场尤其是南方市场冲击依然较大。东南亚（越南、泰国等）土地及人力资源成本低廉，稻谷生产成本优势明显，大米价格具有竞争优势。未来低价进口大米将是常态，将持续对国内大米市场带来一定冲击，致使国内大米价格上涨乏力。

五、预计 2022 年稻米市场仍将以平稳运行为主

（一）2021/2022 年度稻米市场供需形势仍然宽松

2021 年稻谷产量创历史新高，而需求难有突破性增长，2021/2022 年度稻谷市场供需形势仍然宽松。国家粮油信息中心预计，2021/2022 年度国内稻谷总消费为 21084 万吨，较上年度减少 273 万吨，减幅为 1.65%。其中全国食用消费为 15800 万吨，较上年度略减 50 万吨，减幅为 0.32%；饲料消费及损耗为 3050 万吨，较上年度减少 300 万吨，减幅为 8.96%；工业消费为 1700 万吨，与上年持平。预计 2021/2022 年度全国稻谷结余 800 万吨，较上年度增加 279 万吨，供需仍然维持宽松状态（见表 1 - 1）。

表1-1 中国稻谷市场供需平衡分析

单位：万吨

年度	2018/2019	2019/2020	2020/2021	2021/2022
生产量	21212	20961	21185	21284
进口量	365	358	692	600
年度新增供给	21577	21319	21877	21884
食用消费	15850	15800	15850	15800
其中：大米	10936	10902	10936	10902
糠麸	4914	4898	4914	4898
饲料消费	1500	1650	3350	3050
工业消费	1750	2000	1700	1700
种用量	130	130	132	134
年度国内消费	19230	19580	21032	20684
出口量	409	350	325	400
年度总消费量	19639	19930	21357	21084
年度节余量	1939	1388	521	800

注：①稻米市场年度为当年10月至次年9月，除进出口以外，其他数据均来自国家粮油信息中心。
②表中进出口数据引自海关总署，并将大米除以70%折合稻谷。
③2021/2022年度数据为预测数。
④结余量为当年新增供给量与年度需求总量的差额，不包括上年库存。

（二）预计2022年政策将维持保障稻谷总量供给的基调

多年来国家以"中央一号文件"的形式体现了对国家粮食安全以及"三农"问题的重视。2021年底，中央农村工作会议提出，保障好初级产品供给是一个重大的战略性问题，中国人的饭碗任何时候都要牢牢端在自己手中，饭碗主要装中国粮。要有合理布局，主产区、主销区、产销平衡区都要保面积、保产量。要毫不放松抓好粮食和重要农产品生产供应，严格落实地方粮食安全主体责任，下大力气抓好粮食生产，稳定粮食播种面积，促进大豆和油料增产。2022年农业农村部也明确了稳定生产的目标任务，即进一步巩固粮食产量、优化粮食结构。重点是做到"两稳两扩"：稳口粮、稳玉米，扩大豆、扩油料。在稳口粮上，稳定水稻、小麦两大口粮作物生产，抓好南方双季稻，千方百计夺取夏季小麦丰收。

（三） 预计2022年国内稻米价格整体波动幅度有限

2021年，在稻米市场中中晚稻下行趋势明显，一度出现小幅探底的走势，但后期波动幅度收窄，其余品种价格波动幅度则相对较小。2022年，随着托市收购结束，地方储备稻谷轮换开始，政策性稻谷出库带来压力，预计市场又将面临下行压力，但在最低收购价上调的前提下，预计波动幅度有限，整体以稳为主。

（四） 全球大米市场供需宽松程度较上年收紧

根据美国农业部预估，2021/2022年度全球大米产量预计为5.0987亿吨，比上年度增加263万吨，增幅为0.52%。消费量维持增加趋势，2021/2022年度消费量预计首次超过5亿吨，同比增幅为2.13%。预计大米期末库存为1.8606亿吨，比上年度略减41万吨，减幅为0.22%，这也是全球大米期末库存近年来首次下降。预计2021/2022年度全球大米库存用量比为35.55%，比上年下降近1个百分点。但总体来说，由于全球累计库存数量较多，供应仍有保障。

（撰稿人：国家粮油信息中心　周惠）

第二节　小麦

一、小麦概况

小麦与稻谷、玉米并称为三大谷物品种，是一种在世界各地广泛种植的禾本科植物。小麦籽粒含有丰富的淀粉、较多的蛋白质和少量的脂肪，还有多种矿质元素和维生素B，因此小麦是营养丰富、食用价值较高的口粮，磨成面粉后可用于制作馒头、面包、面条和糕点等食物。

从全球范围来看，小麦产量仅次于玉米，为第二大粮食作物，近五年产量在

7.3 亿～7.8 亿吨之间波动。全球小麦产区主要集中在亚洲，欧洲地区在全球小麦生产中占比也较大。大部分小麦被磨成面粉用于口粮消费，也有少部分用于饲料消费和工业消费。因此小麦在全球粮食生产、贸易乃至在粮食安全的议题中具有重要地位，小麦产业化的演变对世界粮食格局有着十分重要的意义。

我国是全球小麦产量最大的国家，约占全球产量的 18% 左右。我国小麦种植分布广，南起海南岛，北至漠河，西起新疆，东至海滨，遍及全国各地，按播种时间可以分为冬小麦（秋天播种）和春小麦（春天播种）。为便于各地因地制宜、合理安排小麦种植和品种布局，相关部门将全国小麦种植区域大体分为 4 个主区、10 个亚区：北方冬麦区，包括北部冬麦区和黄淮冬麦区两个亚区；南方冬麦区，包括长江中下游冬麦区、西南冬麦区和华南冬麦区三个亚区；春麦区，包括东北春麦区、北部春麦区和西北春麦区三个亚区；冬春兼播麦区，包括新疆冬春兼播麦区和青藏春冬兼播麦区两个亚区。通过区域划分，农业等相关部门可以更有针对性地预防气象灾害，保障小麦正常生长发育，同时还可以根据每个区域的特点，实行保护性耕作、测土配方施肥、优质高产栽培等技术，从而使我国小麦生产更加高效。

我国约有 4 成人口以小麦为主食，主要集中在华北、西北、华中、华东等地区。在玉米产不足需的年份，小麦作为饲料原料的消费需求会明显增加。此外，随着生物技术的发展，小麦工业消费量也有所增加。

二、2020/2021 年度国际小麦市场回顾

美国农业部 2022 年 2 月农产品供需报告估计：2020/2021 年度全球小麦期初库存2.96 亿吨，同比增加 1528 万吨；全球小麦产量 7.76 亿吨，同比增加 1367 万吨；全球小麦进口量 1.95 亿吨，同比增加 640 万吨；全球小麦总消费量 7.83 亿吨，同比增加3612 万吨（其中饲用消费 1.58 亿吨，同比增加 1851 万吨）；全球小麦出口量 2.03 亿吨，同比增加 879 万吨（因统计口径、统计时间和损耗等，全球小麦进口和出口数量不一致）；产量低于消费量，全球小麦期末库存 2.90 亿吨，同比减少 667 万吨。全球小麦库存消费比为 37%，比上年度下降 2.7 个百分点，供需形势从上年度宽松态势转向紧平衡。从贸易格局来看，由于俄罗斯小麦减产，可供出口数量减少，全

球小麦贸易格局发生变化，欧盟超过俄罗斯成为全球第一大小麦出口地区。

全球小麦供需形势趋紧，叠加新冠肺炎疫情持续影响下部分国家实施量化宽松政策，通胀压力增加，大宗商品价格上涨，2021年国际小麦价格总体表现为震荡上扬走势。2021年12月31日，美国芝加哥期货交易所软红冬小麦主力合约收盘价为770.3美分/蒲式耳，比年初上涨127美分/蒲式耳，涨幅19.7%，为2010年以来最大年度涨幅；2021年年内最低价出现在3月31日，为593.3美分/蒲式耳；2021年年内最高价出现在11月24日，为874.8美分/蒲式耳。事实上，国际市场小麦价格自2020年新冠肺炎疫情暴发后不断上涨，2021年俄罗斯、美国、加拿大等主产国均遭遇了极端天气，小麦产量下降、高品质小麦供应减少，加上消费需求保持增长态势，全球小麦供应预期偏紧，价格整体上涨。

我国是小麦净进口国，受国际市场小麦价格上涨影响，2021年我国进口小麦到港完税成本总体提高，与国内小麦价格差距持续缩小，11—12月进口小麦成本甚至高于国内小麦价格。美国是我国进口小麦主要来源地之一。据国家粮油信息中心监测，2021年12月31日美国软红冬小麦到港完税成本2988元/吨，比年初上涨675元/吨，涨幅29%，年内进口小麦到港成本最高为11月23日的3341元/吨。2021年初进口小麦成本比国产小麦低227元/吨，11月23日进口小麦成本比国产小麦高331元/吨。

三、2021年国内小麦市场供需形势及价格走势

（一）2021年我国小麦面积、单产和总产实现"三增"

我国自2006年开始实施小麦最低收购价政策，有效保护了农户种植积极性，加之小麦良种推广和田间管理水平提高，小麦产量总体呈增长态势。根据国家统计局数据，2021年我国谷物播种面积15.03亿亩，比上年增加3320万亩，增长2.3%。除了玉米受价格大涨影响致使播种面积增加以外，小麦受播期土壤墒情适宜和种植效益趋好等有利因素影响，2021年播种面积3.54亿亩，比上年增加283万亩，增长0.8%。2021年小麦单产387千克/亩，每亩产量比上年增加4.6千克，增长

1.2%。在以上因素的综合影响下，2021 年全年我国小麦产量 13695 万吨，比上年增加 270 万吨，增长 2.0%（见图 1-2）。2021 年小麦面积、单产和总产量实现"三增"，但受收获期降雨及内涝等多种因素影响，小麦品质有所下降，质量不如常年，河北南部、河南北部、山东、湖北等地雨后麦品质下降，部分小麦毒素超标，低毒素高品质小麦供应量减少。

图 1-2　我国小麦最低收购价及总产量变化情况

资料来源：国家发展改革委、国家统计局。

（二）2021 年小麦进口量大幅增加

21 世纪以来，我国小麦自给率一直保持较高水平，进口量占比较低。2000—2019 年，我国小麦年均进口量 235 万吨，与同期年均产量的比值为 2.1%。2020 年开始，受国内需求增加（尤其是饲用需求强劲）、进口小麦具有成本优势以及中美签署第一阶段经贸协议影响，我国小麦进口量开始大幅增加。2020 年，我国进口 838.07 万吨小麦，比上年提高 140.2%，创 1996 年以来新高，相当于全年配额 964 万吨的 87%。2021 年小麦与玉米价格倒挂，小麦饲用优势增强，需求进一步增加，小麦进口量增至 976.79 万吨，较 2020 年的 838.07 万吨增长 16.6%，超出 963.6 万吨的年度关税配额（见表 1-2）。此前进口小麦主要是优质强筋小麦及弱筋小麦，用于生产专用粉，满足多样化制粉消费需要，2020 年以来我国进口小麦中饲用麦明显增加，用于饲料原料。

我国小麦进口来源地相对分散，法国、加拿大、美国和澳大利亚是主要进口来源国，但各自占比均在30%以下。具体来看，2021年我国进口澳大利亚小麦273.5万吨，占年度进口总量的28%；进口美国小麦272.6万吨，占比28%；进口加拿大小麦254万吨，占比26%；进口法国小麦141.6万吨，占比15%。从上述四国进口小麦的数量占年度进口总量的比例达97%。此外，从哈萨克斯坦和立陶宛等国还有部分小麦进口。

2021年9月26日，国家发展改革委发布了2022年粮食进口关税配额申请和分配细则：小麦进口关税配额总量仍为963.6万吨，其中90%为国营贸易配额，与2021年保持一致。考虑到2021年10月以来国内小麦现货价格重新回到玉米价格上方，预计2022年我国饲料小麦需求将有所回落，小麦进口量继续增加的可能性不大。国家粮油信息中心预计，2021/2022年度（2021年6月至2022年5月）我国将进口小麦800万吨，同比减少243万吨。

表1-2　我国分月度小麦进口量

单位：万吨

月份	2018年	2019年	2020年	2021年
1—2	27.37	69.42	62.01	247.34
3	28.95	26.41	59.55	45.87
4	35.68	19.66	37.81	89.47
5	61.51	18.99	79.49	78.48
6	28.78	28.23	89.31	75.15
7	11.4	19.90	91.51	87.22
8	11.89	9.38	68.63	73.47
9	26.62	13.80	105.38	63.65
10	21.05	25.39	61.76	47.83
11	12.53	42.62	85.07	74.97
12	21.75	46.63	97.56	93.34
总计	287.61	320.48	838.07	976.79

资料来源：海关总署（海关公布的年度进口总量与月度进口量之和有一定误差）。

（三）2021年政策性小麦成交量大幅增加

我国小麦自实施最低收购价政策以来，已在多个年份启动了最低收购价预案，国家收购了一定数量的政策性小麦。这些小麦主要通过国家粮食竞价交易平台投放市场，是用粮企业的粮源供应主体之一。根据国家粮食交易中心公开信息统计，2021 年我国政策性小麦竞价交易累计成交 2872 万吨，同比大幅增加 549 万吨，成交价格保持较高水平。尤其是在 2021 年年初玉米价格创历史新高的同时，小麦成交量和成交价格均处于年内高位，一季度政策性小麦成交量占全年的 91%（见图 1-3）。2021 年政策性小麦成交活跃的主要原因是饲用需求增加。据国家粮油信息中心监测，受玉米价格上涨影响，2021 年小麦玉米价差在上年基础上进一步扩大。2021 年 3 月 15 日河南郑州国标三等小麦比玉米价格低 500 元/吨，比 2020 年底高 300 元/吨。饲料企业出于性价比考虑，提高小麦替代玉米的比例，采购政策性小麦十分积极。据参与拍卖的企业估计，2020 年下半年以来，至少一半以上的政策性小麦用于饲料生产。

为了保证小麦竞价销售平稳有序开展，防止市场过度升温，2021 年国家粮食交易中心宣布最低收购价小麦拍卖保证金额度由 110 元/吨上升至 220 元/吨，还需要预付 1000 元/吨的货款，通过提高保证金、增加预付款给市场降温，之后又规定政策性小麦仅限面粉加工企业和饲料养殖企业参与竞买，通过限制部分企业（主要是贸易企业）参拍资格来降低市场投机预期，稳定市场运行。

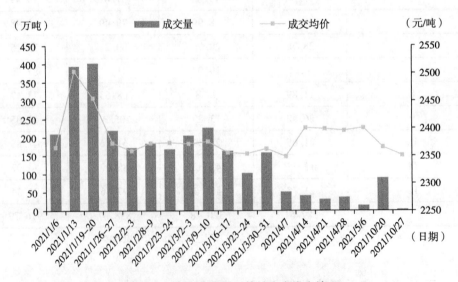

图 1-3 2021 年我国政策性小麦成交情况

资料来源：国家粮食交易中心。

（四） 2020/2021年度我国小麦需求大幅增加，其中饲用消费增幅明显

小麦首先主要用作口粮，食用消费占大头；其次是用于饲料生产，为畜禽养殖企业提供饲料原料；再次是用于工业消费，比如酿酒、酒精、调味品等；最后还有少部分用作种子及其出口。

从各用途占比情况来看，国家粮油信息中心估计，2020/2021年度我国小麦食用消费量占年度总需求的62.3%，饲用消费占25.8%，工业消费占7.8%，种用消费及出口占4.1%。从绝对数来看，2020/2021年度（2020年6月至2021年5月）我国小麦总消费量为14729万吨，同比增加2559万吨，增幅21%。其中食用消费9180万吨，比上年度增加80万吨，增幅1%。饲用消费（含损耗）3800万吨，比上年度大幅增加2250万吨，增幅达145%。国内小麦用作饲料原料已有多年历史，此前规模不大，数量相对稳定，多数年份在1000万~1500万吨。随着我国饲料养殖业的发展，国内小麦饲用得到进一步推广，饲用量总体呈增长态势。同时，小麦和玉米作为两大能量原料，市场联动日益密切，频繁的价格变化直接影响着两者的替代关系。上一次小麦大量替代玉米用于饲料发生在2011/2012年度，年度饲用消费为2890万吨，主要原因与2020/2021年度类似，均为玉米价格大幅上涨，小麦成本优势增强。此外，由于部分不宜存小麦用于酒精生产，2020/2021年度我国小麦工业消费1150万吨，同比增加230万吨，增幅25%。

尽管2020/2021年度我国小麦产量和进口量均有增加，但消费增幅更大，导致年度结余量为-261万吨，比上年度减少1867.7万吨，为多年来首次产不足需。

（五） 2021年国内小麦价格走势分析

受小麦最低收购价上调、饲用需求增加等因素影响，2021年国内小麦市场价格总体保持上涨态势。2021年12月31日，河南郑州普通国标三等小麦到厂价2810元/吨，同比上涨410元/吨，涨幅17.1%；山东济南小麦到厂价2800元/吨，同比上涨280元/吨，涨幅15.7%，均创历史新高。

年内小麦价格上涨大体可以分为两个阶段：一是前三季度小麦价格稳中走高，但仍低于玉米价格；二是四季度小麦价格持续上涨，叠加玉米价格下降，小麦价格

逐步涨至玉米价格之上。前三季度受饲用需求强劲影响，小麦价格呈现波动上涨走势。但由于政策性小麦大量投放且拍卖规则调整，加上 2021 年小麦收获期降雨较多，7 月河南省出现持续性强降水天气，部分地区出现严重内涝，小麦品质有所下降，质量不如常年，部分小麦毒素超标，制约小麦价格涨幅。2021 年 1—9 月国内小麦玉米价格倒挂 100～470 元/吨，小麦饲用替代价格优势明显。进入四季度，我国华北新玉米上市进入高峰期，东北玉米也陆续上市，玉米价格明显下降。与此同时，10 月 14 日国家发展改革委公布 2022 年生产的小麦（三等）最低收购价为 2300 元/吨，较上年提高 40 元/吨，小麦市场走势开始升温，华北多地小麦价格重返玉米价格之上（见图 1-4）。

此外值得注意的是，由于 2021 年小麦市场价格基本在 2400 元/吨以上运行，年内主产区均没有启动小麦最低收购价预案。

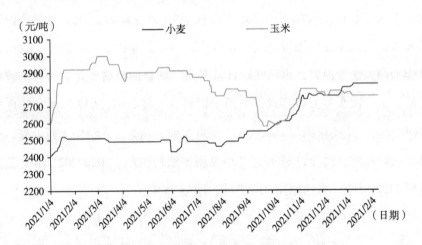

图 1-4　2021 年河南郑州普通小麦和玉米价格走势

资料来源：国家粮油信息中心。

四、后期小麦市场展望

（一）国际市场

美国农业部于 2021 年 2 月预计，2021/2022 年度全球小麦产量 7.79 亿吨，比上年度略增 273 万吨；消费需求 7.87 亿吨，比上年度增加 493 万吨；产量小于消费，小麦市场继续呈"产不足需"格局，期末库存 2.78 亿吨，比 2020/2021 年度减少 1166 万吨，比 2019/2020 年度减少 1833 万吨。小麦库存消费比 35.3%，比上年下降 1.7 个百分点，但仍远高于安全线水平。从质量角度来看，南半球澳大利亚小麦收获期间多雨天气导致小麦质量下降，预计 2022 年上半年全球高品质小麦供应趋紧局面难以改变，国际市场小麦价格仍有继续上涨的可能。

2022 年北半球冬小麦播种面积稳中有增，如果后期天气正常，全球小麦有望增产，这将有利于改善小麦年度供应偏紧状况，2022 年下半年国际市场小麦价格可能出现回落。

（二）国内市场

1. 2022 年我国小麦产量丰收仍有较好基础

面积保障：一方面是政策支持。2021 年 10 月，国家发展改革委公开发布，2022 年国家继续在小麦主产区实行最低收购价政策。综合考虑粮食生产成本、市场供求、国内外市场价格和产业发展等因素，经国务院批准，2022 年生产的小麦（三等）最低收购价为 115 元/千克，比上年增加 2 元，对未来小麦市场价格形成提振，有利于增强农户种植信心，保障小麦种植面积。另一方面是市场支持。2021 年以来小麦市场价格持续走高，年底达到 2800 元/吨的历史新高，农户种植收益显著提高。河南省统计局对全省 40 个县（市、区）、120 个乡镇、600 个农户小麦生产成本收益调查结果显示：2021 年全省小麦亩均产值 1118.03 元，较上年增加 12.18%；扣除亩均生产成本 531.34 元，加上亩均补贴 50.08 元，亩均生产收益 636.77 元，较上年增加 117.13 元，增长 22.54%，小麦种植收益明显提高。小麦种植收益提高有效激励农户种植积极性，稳定小麦种植规模。河南省农业农村厅 2022 年 1 月表示，2021 年秋季河南小麦播种面积在 8500 万亩以上，2022 年再夺夏粮丰收有基础。

单产情况：从气候条件来看，虽然 2021 年北方多地因为秋季降雨较多而导致小麦播种时间推迟，大部分小麦与常年相比发育期偏晚 7～30 天，出苗量明显不如上年同期，但 2021 年最后两个月北方冬麦区多地天气持续晴好，气温偏高 0.6～1.2℃，日照正常或偏多，冬小麦冬前生长时间延长，加之大部地区墒情充足，对小麦冬前分蘖和苗情转化有利，在一定程度上弥补了晚播造成的不利影响。2022 年 1

月 31 日，北方冬麦区大部分地区 20 厘米土壤墒情为近 10 年同期最好。江淮、江汉、西南等地冬麦区大部分地区自 2021 年 10 月中旬以来光温条件较好、墒情适宜，大部分地区降雨日数接近常年同期，总体利于冬小麦播种出苗和分蘖生长。

从田间管理来看，农业部门高度关注冬小麦延迟播种情况。为稳定小麦生产，主产省对冬小麦田间管理高度重视，采取密植、浇水追肥等措施确保冬小麦安全越冬、正常返青和苗情转化，保障小麦生长发育进度。2022 年 2 月 13 日，全国春季农业生产暨加强冬小麦田间管理工作会议在山东省德州市召开。中共中央政治局常委、国务院总理李克强作出重要批示，批示指出：做好春耕备耕工作，对于确保全年粮食丰收至关重要。各地区各部门要落实粮食安全党政同责，扎实抓好春季农业生产，为经济社会平稳健康发展提供有力支撑。当前冬小麦苗情偏弱，促弱转壮任务繁重，要因地因苗抓好春季田管，做好病虫害防控和极端天气应对防范，力争夏粮再获丰收。

综合小麦种植面积和目前生长情况，预计 2022 年我国小麦产量丰收仍有较好基础。

2. 预计 2021/2022 年度国内小麦饲用消费将有所回落

一是饲料消费需求整体减弱。2021 年生猪产能快速扩张后，养殖陷入行业性亏损，后期部分养殖户将逐步退出，产能进入收缩周期，饲料消费也将逐步减少，小麦饲用需求随之减少。二是玉米小麦价差回归常态，也将抑制小麦饲用规模。2022 年 2 月，山东玉米收购价格 2700~2750 元/吨，比上年同期回落近 400 元/吨，小麦价格在 2800~2850 元/吨的高位运行，高于玉米价格，小麦饲用优势逐步弱化，饲料企业正在减少或停止使用小麦作为饲料原料。三是 2021 年国内玉米产量及玉米替代品进口保持高位水平，饲料粮供应较为充裕，也将减少小麦饲用需求。

国家粮油信息中心预计，2021/2022 年度国内小麦消费总量为 1.45 亿吨，比上年度减少 213 万吨。其中食用消费为 9250 万吨，比上年度增加 70 万吨；饲料消费及损耗为 3560 万吨，比上年度减少 240 万吨；工业消费为 1100 万吨，比上年度减少 50 万吨；种用消费为 604 万吨，与上年度基本持平。结合前面提到的小麦产量 13695 万吨、进口量 800 万吨，全国小麦供求结余量为 -20.5 万吨，比上年度增加 240.5 万吨。小麦市场年度产需形势仍然偏紧，但考虑到我国政策性小麦库存较多，小麦市场供应仍有保障。

3. 预计2022年国内小麦价格将维持高位运行

2021年小麦没有启动托市收购，粮源多集中在流通环节。由于贸易商收购及存储成本较高，挺价意愿较强，后期小麦价格易涨难跌。2022年各地继续加大粮食生产扶持力度，鼓励粮食生产，冬小麦抢播及时，能种尽种，但晚播小麦仍然存在苗稀、苗小现象，2022年小麦继续增产难度较大，加之小麦最低收购价上调、拍卖投放节奏减慢等利多因素，预计2022年国内小麦价格将维持高位运行，但受库存仍充裕及饲用需求减少制约，价格上涨空间不大。

（撰稿人：国家粮油信息中心　胡文忠）

第三节　玉米

一、2021年度国际玉米市场简介

2022年1月美国农业部预测，2020/2021年度全球玉米期初库存为30627万吨，比上年下降1610万吨；全球玉米产量为112283万吨，比上年增加312万吨，其中美国增产1249万吨，巴西减产1500万吨，其他主要产区有所增产。全球玉米贸易量为18370万吨，比上年增加797万吨。主要进口国家/地区包括墨西哥（1650万吨）、日本（1548万吨）、欧盟（1500万吨）、韩国（1171万吨）和埃及（963万吨）。消费总量为114382万吨，比上年增加1259万吨，主要是饲料消费刚性增长。主要出口国包括美国（6856万吨）、阿根廷（3654万吨）、巴西（3414万吨）和乌克兰（2386万吨）。全球玉米期末库存为30307万吨，比上年下降1404万吨。

美国农业部预计，2020/2021年度美国玉米期初库存为4876万吨，比上年减少765万吨；美国玉米产量为35845万吨，比上年增加1249万吨；进口量为62万吨，比上年减少45万吨；国内消费量为30654万吨，比上年下降301万吨；期末库存为3136万吨，比上年下降1740万吨。不利天气叠加预期炒作，国际玉米价格冲高回落，2021年5月国际玉米价格一度创近9年来新高。2021年上半年，国际玉米播种面积低于预期，在市场普遍看涨的情况下，全球两大玉米主产国美国和巴西玉米产区均受到不利天气影响，给资金提供了炒作理由，大幅推高玉米期货价格。2021年5月7日，CBOT玉米主力合约最高达到735.25美分/蒲式耳，创近9年新高。之后，美国中西部天气改善，利于玉米作物生长，巴西玉米产量也超出市场预期，玉米价格连续三个月回落。2021年10月后干旱天气导致主产国小麦减产，国际小麦价格大幅上涨，比价关系带动玉米价格开始反弹。同时拉尼娜天气导致南美部分农业产区天气干燥，巴西南部约1/3玉米产区面临生长压力，进一步推动国际玉米价格上涨。2021年12月31日，CBOT玉米主力合约期价收盘592.5美分/蒲式耳，同比上涨106.75美分/蒲式耳，涨幅22%（见图1-5）。

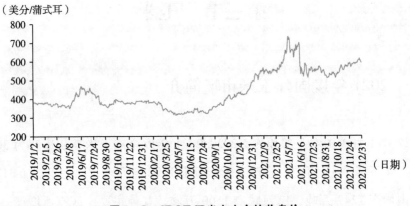

图1-5　CBOT玉米主力合约收盘价

资料来源：美国芝加哥期货交易所。

二、2021年国内玉米市场供需形势

（一）2021年国内玉米供应稳中有增

2021年玉米新增供应主要来自2020年10月前后收获的玉米。2020年，国家巩固"镰刀弯"地区种植结构调整成果，提升优势产区玉米产能，确保全国玉米面积

基本稳定。国家统计局2020年12月公告显示，2020年全国玉米播种面积为4126.4万公顷，比上年减少2万公顷，减幅0.05%。2020年，全国大部农区气候条件较为适宜，病虫害发生较轻，有利于粮食作物生长发育和产量形成。尽管2020年8月底至9月初东北地区连续遭遇"巴威""美莎克""海神"三场台风，对生产造成一定影响，但由于各地加强田间管理，积极抗灾减灾，因此农业灾情对粮食生产影响有限。2020年玉米单产为6.317吨/公顷，与上年持平；全国玉米产量为26067万吨，比上年减少10万吨，减幅0.04%（见图1-6）。

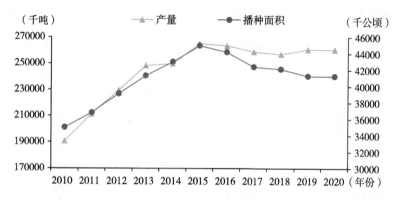

图1-6　中国历年玉米产量状况

资料来源：国家统计局。

（二）玉米及替代品进口量大幅增长

自2020年2月18日我国财政部公告称将开展对美加征关税商品市场化采购排除工作以来，进口商采购美国农产品积极性高涨。加之受中美第一阶段贸易协议影响，我国进口美国农产品数量明显增加。2021年国内玉米价格处于高位，国内外价差扩大，进口利润较好，也刺激了进口玉米及其替代品增加。海关数据显示，2021年我国进口玉米2835万吨，同比增加152%（见图1-7）。受国内玉米供应偏紧影响，国家也发放了部分额外的配额用于进口玉米，玉米进口数量再次突破进口配额720万吨，并创历史新高。从进口国别来看，2021年我国主要从乌克兰和美国进口玉米，进口量分别为824万吨和1983万吨，占比分别达到29%和70%，分别比上年下降26个百分点和增加32个百分点。此外，我国从俄罗斯、保加利亚、老挝和缅甸等国少量进口玉米。2021年我国进口高粱942万吨，同比增加96%。其中，从美国进口 655 万吨，占比 70.4%；从阿根廷进口 183 万吨，占比 18.9%；从澳大利亚进口 103.5 万吨，占比 10.6%。

我国自 2020 年 5 月 19 日开始对澳大利亚大麦征收"反倾销、反补贴"税率以来，2021 年没有从澳大利亚进口大麦，但从乌克兰、法国、加拿大等国进口的大麦数量明显增加。受国内玉米价格上涨带动，进口大麦利润增加，2021 年进口大麦总量继续增长，达到 1248 万吨，同比增长 55%。进口美国玉米干酒糟（DDGS）仍受到"反倾销、反补贴"措施影响，2021 年我国进口 DDGS 为 31 万吨，同比增长 69%。总体来看，2021 年我国饲料粮进口量大幅增加，累计进口玉米、高粱、大麦（未剔除酒用大麦）和 DDGS 共 5055 万吨，同比增长 108%（见图 1-8）。

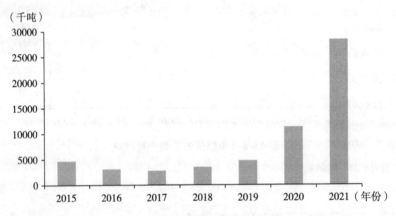

图 1-7 中国历年进口玉米数量

资料来源：海关总署。

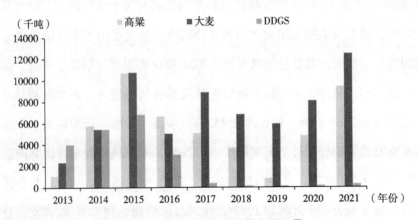

图 1-8 近年玉米相关替代品进口量

资料来源：海关总署。

（三）工业消费保持稳定，饲料消费有所下滑

1. 产能扩张速度放缓，工业消费有所下降

2021年，受超期不宜存稻谷原料替代等因素影响，燃料乙醇消耗玉米量降至低位。此外，玉米价格上涨至历史高位，深加工产品价格高企，将刺激下游行业寻求其他替代品，对需求有明显抑制作用。玉米价格上涨后，下游玉米淀粉出口量大幅下滑，同时其替代品木薯淀粉进口量明显增加。海关数据显示，2020/2021年度全国玉米淀粉出口量为17.4万吨，同比下降77%；木薯淀粉进口量为326万吨，同比增长30%。需求下降导致行业开工率降低，虽然深加工产能略有增加，部分抵消了行业开机率下降的影响，全年度玉米工业消费有所下降。整体而言，2020/2021年度玉米深加工产能预计为1.27亿吨，同比增长400万吨，小于上年度1000万吨的增幅。国家粮油信息中心预计，2020/2021年度玉米工业消费7800万吨，同比下降200万吨（见图1-9）。

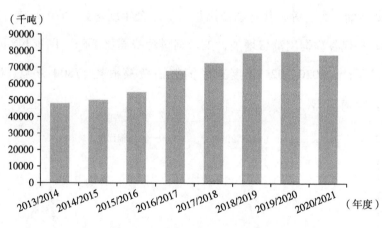

图1-9 国内玉米工业消费情况

资料来源：国家粮油信息中心。

2. 生猪生产快速恢复，替代品消费增加，玉米饲料消费有所下降

受2020年生猪价格大幅上涨影响和国家出台多项举措恢复生猪生产刺激，养殖企业补栏积极性提高，新建、扩建养殖场陆续建成投产，有力促进生猪产能持续回升，2021年上半年继续保持增长态势。随着生猪产能逐渐增加，生猪价格持续走低，2021年下半年生猪养殖进入亏损周期，生猪存栏开始环比下降，但整体仍处于

较高水平。国家统计局数据显示，2021年末全国生猪存栏44922万头，比上年末增加4272万头，同比增长10.5%，超过2017年底的43325万头。2021年，全国生猪出栏67128万头，比上年增加14424万头，同比增长27.4%。其中，四季度生猪出栏比上年同期增长8.6%（见图1-10、图1-11）。2021年全年猪牛羊禽肉产量8888万吨，比上年增长16.3%。其中，猪肉产量5296万吨，增长28.8%；牛肉产量698万吨，增长3.7%；羊肉产量514万吨，增长4.4%；禽肉产量2380万吨，增长0.8%。牛奶产量3683万吨，增长7.1%。生猪出栏量大幅增长，饲料需求继续增加，2020/2021年度能量饲料需求稳中有升。但受玉米价格上涨影响，玉米价格超过小麦价格，小麦饲用价值凸显，预计全年度小麦替代玉米进入饲用消费的总量达到4000万吨，同比增加2700万吨。监测显示，2020年11月华北玉米平均价格超过小麦平均价，平均高出44元/吨，之后持续扩大，2021年3月平均价差达到430元/吨。之后有所缩小，2021年4—8月价差均维持在200元/吨以上，10月小麦价格重新高于玉米，小麦饲用优势逐渐下降。与此同时，国内高价玉米也刺激高粱、大麦等替代谷物使用量增加，全年度达到1670万吨，同比增加1060万吨。替代谷物饲用消费增加，玉米饲料消费同比下降。国家粮油信息中心2022年1月预计，2020/2021年度玉米饲料消费及损耗17800万吨，同比下降1800万吨，降幅9.2%。

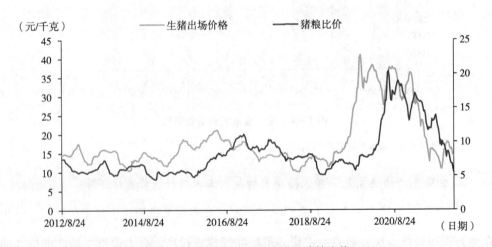

图1-10 国内生猪出场价格及猪粮比价

资料来源：国家发展改革委。

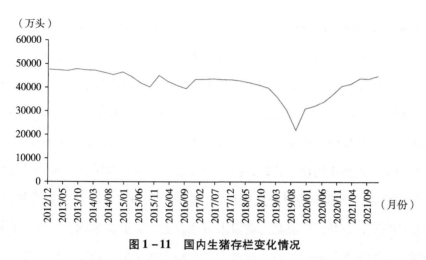

图1-11　国内生猪存栏变化情况

资料来源：农业农村部。

（四）玉米市场产需转为正结余

总体来看，2020/2021年度我国玉米新增供应量29021万吨，同比增加2184万吨，增幅8.1%；玉米总消费量27604万吨，同比减少1991万吨，减幅6.7%。2019/2020年度玉米市场供需结余1418万吨，同比增加4174万吨。

三、2021年玉米市场价格走势

2021年国内玉米价格总体呈现高位回落走势。2021年12月，黑龙江深加工企业三等玉米平均收购价2380元/吨，比1月下降231元/吨，降幅8.9%；吉林平均收购价2448元/吨，比1月下降289元/吨，降幅10.6%；北方港口二等玉米平仓价2670元/吨，比1月下降227元/吨，降幅7.8%；东北三省平均收购价2446元/吨，比1月下降279元/吨，降幅10.2%。2021年12月，山东深加工企业二等玉米平均收购价2768元/吨，比1月下降136元/吨，降幅4.7%；河北平均收购价2634元/吨，比1月下降200元/吨，降幅7%；华北黄淮产区玉米平均收购价2733元/吨，同比下降117元/吨，降幅4.1%。

2021年1月，国内玉米价格明显上涨，主要原因是农民手中余粮不多，而加工企业为春节长假备足货源，企业想多建库存，叠加河北、黑龙江和吉林等地新冠肺炎疫情零星散发影响，部分地区物流运输不畅，大幅推高了玉米市场价格。2月经历农历春节，玉米市场购销较冷清，价格相对平稳。3月天气回暖，东北地区剩余"地趴粮"集中出售，市场供应增加，同时由于加工企业已经建立了一定库存，开始下调收购价格。4—5月，东北产区开始春季播种，农民手中可出售余粮基本见底，市场粮源主要集中在贸易商手中，随着持有时间的推移，贸易商存储成本增加，支撑玉米价格。而且市场预期看好，国内外大宗商品价格走强，也增强了存粮主体持粮挺价的信心，玉米市场价格趋于稳定。6月，进口玉米及替代谷物持续到货，进口量屡创新高，市场供应充足。在需求方面，加工企业玉米库存较多，能够满足加工需求，采购玉米积极性不高，同时生猪价格大幅下跌，养殖开始亏损，下游饲料企业对高价玉米承接能力下降，均开始下调收购价格。玉米价格走低后，贸易主体存粮信心不足，出货积极性有所提高，进一步增加市场供应。7月，玉米深加工企业进入传统停机检修期，部分企业减产停收，开工率下降，玉米需求减少。监测显示，7月底华北淀粉企业开工率58%，月环比下降7个百分点，东北淀粉企业开工率56%，月环比下降9个百分点。在饲用需求方面，全国小麦丰收，小麦与玉米价格仍在倒挂，小麦替代玉米具有性价比优势，7月底，河南郑州小麦玉米价差倒挂260元/吨，山东济南倒挂260元/吨，定向饲用稻谷稳定投放市场，进口玉米、高粱、大麦大量到货，玉米饲用替代品供给充足，对玉米需求大幅下降，玉米价格持续下行。8—9月，新粮大量上市临近，丰产预期较强，存粮主体出库压力增加，部分东北贸易商继续抛售玉米。加之玉米及替代谷物进口量再创新高，小麦、稻谷等谷物也持续替代玉米进入饲用，而生猪价格下行，养殖持续处于亏损状态，饲料企业对玉米需求大幅减少，玉米价格持续走低。

2021年10月，东北和华北黄淮海两大产区玉米收获上市，东北玉米生长期光温水热条件较好，东北玉米丰收成定局，上市数量将逐渐增加，市场供应充足，而贸易企业因上年囤粮多数亏损，收购较为谨慎，国内玉米价格平开低走。11月7—10日和21—23日，东北地区连续出现大范围降雪天气，局部地区出现暴雪，农民售粮停滞且汽运物流受阻，严重影响玉米流通上市，玉米价格开始反弹上行。并且新粮上市前加工企业普遍看跌，企业均压减库存，而新玉米上市偏晚15天左右，导致企业库存较低。在雨雪天气导致到货量下降后，企业开始提价采购玉米。12月，东北大部地区气温下降，玉米上冻后农户售粮积极性有所提高，玉米上市量明显增加。同时贸易主体入市收购谨慎，且由于2021年玉米收获上市前期气温整体偏高，部分地趴粮出现明显的霉变和毒素超标问题，大多玉米随收随走，收粮建库意愿不强，在供应压力下玉米价格震荡走低（见图1-12）。

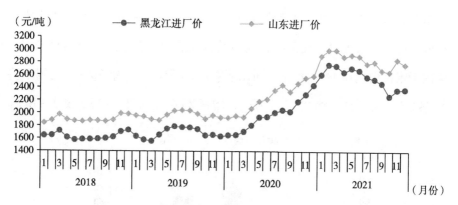

图1-12　国内主产区玉米深加工企业月均收购价格

资料来源：国家粮油信息中心。

四、2021年玉米价格主要影响因素分析

（一）看涨预期导致市场主体存粮积极性高涨

2021年生猪存栏恢复至正常水平，饲料需求增加，且临储玉米库存在2020年消耗完毕，市场普遍预计2021年没有临储库存补充供应，玉米产需缺口将从隐性转为显性，这导致玉米市场出现了全民一致的看涨预期，部分用粮企业、贸易商和投机资金存粮积极性仍然高涨，又进一步扩大了产需缺口，2021年1月玉米价格创历史新高。

（二）进口大幅增加，补充国内市场供应

2021年1月，国内玉米价格上涨，国内外价差扩大至800元/吨以上，之后虽然持续下降，但仍然保持在较高水平，2021年全年平均价差维持在400元/吨左右，进而刺激玉米、高粱、大麦等谷物进口大幅增加，补充了国内饲料粮市场供应。

（三）高价抑制消费，淀粉等下游产品出口大幅下降

2020/2021 年度，玉米价格创历史新高，玉米淀粉价格随之上涨。2021 年 1 月，华北黄淮地区淀粉平均出厂价 3652 元/吨，同比上涨 1250 元/吨，涨幅 52%；全年平均价格 3478 元/吨，同比上涨 762 元/吨，涨幅 28%。在玉米淀粉价格上涨后，竞争力减弱，淀粉出口数量大幅下降，同时其替代品木薯淀粉进口量明显增加。2021 年，全国玉米淀粉出口 14.7 万吨，同比下降 47.6 万吨，降幅 76%；全国木薯淀粉进口量 348.5 万吨，同比增加 72.8 万吨，增幅 26%（见图 1-13、图 1-14）。

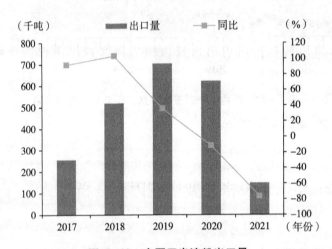

图 1-13　全国玉米淀粉出口量

资料来源：国家粮油信息中心。

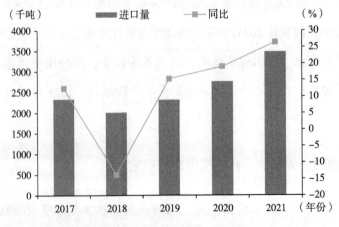

图 1-14　全国木薯淀粉进口量

资料来源：国家粮油信息中心。

（四）小麦成交数量大幅增加，填补玉米市场缺口

2020 年 10 月下旬，玉米价格超过小麦价格，且倒挂局面持续至 2021 年，小麦饲用优势明显，政策性小麦成交量及成交率在短期内大幅增加，小麦成交率接近100%。为更好稳定市场，防止囤积居奇，国家粮食交易中心接连修改交易规则（见表 1-3），主要体现在增加保证金、提高交易成本、限制交易主体、增加出库率指标、抑制投机需求等方面，小麦成交率有所下降。2021 年 1 月 6 日至 5 月 6 日，最低收购价小麦竞价销售保持每周 400 万吨左右的投放量，累计投放量达到 6827 万吨，实际成交 2779 万吨，成交率 41%，成交量大幅高于往年。之后，新麦陆续开始上市，6—9 月小麦收购旺季国家暂停投放最低收购价小麦。10 月，小麦市场供应偏紧，价格大幅上涨，国家再次投放最低收购价小麦，并继续限制交易主体资格，满足市场需求，坚决遏制投机炒作。2021 年最低收购价小麦累计成交 2868 万吨，同比增加 545 万吨，成交率 43%，同比提高 30 个百分点（见图 1-15）。

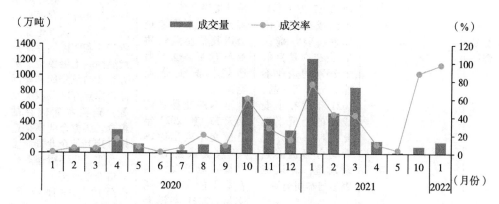

图 1-15 2020—2022 年最低收购价小麦竞价交易成交情况

资料来源：国家粮油信息中心。

表 1-3 2021 年最低收购价小麦竞价销售规则修改情况

日期	之前	1 月 26 日	4 月 7 日	10 月 20 日
交易资金	保证金 110 元/吨（履约保证金 100 元/吨、交易保证金 10 元/吨）	保证金 220 元/吨（履约保证金 200 元/吨、交易保证金 20 元/吨），同时须预付 1000 元/吨货款后才能参与交易	保证金 220 元/吨（履约保证金 200 元/吨、交易保证金 20 元/吨），同时须预付 1000 元/吨货款后才能参与交易	保证金 220 元/吨（履约保证金 200 元/吨、交易保证金 20 元/吨），同时须预付 1000 元/吨货款后才能参与交易

日期	之前	1月26日	4月7日	10月20日
交易资格	—	买方企业不得违规借用其他企业资质参与竞买，也不得违规代其他企业竞买 截至本期交易日前两天17点，2021年已成交小麦出库率（验收确认量/总成交量）低于20%的企业不能参与本期交易，2021年没有小麦成交的会员不受此限制。买方企业请务必提前登录系统，确认能否参与本期交易	最低收购价小麦仅限面粉加工企业和饲料养殖企业参与竞买，并承诺所购买的小麦只能自用、不得转手倒卖，有关部门适时开展抽查。买方企业应按照《粮食流通管理条例》等有关规定，建立粮食统计台账，履行报送粮食流通统计报表义务 买方企业不得违规借用其他企业资质参与竞买，也不得违规代其他企业竞买 截至本期交易日前两天17点，2021年已成交小麦出库率（验收确认量/总成交量）低于20%的企业不能参与本期交易，2021年没有小麦成交的会员不受此限制。买方企业请务必提前登录系统，确认能否参与本期交易	仅限面粉加工企业和饲料养殖企业参与竞买，并承诺所购买的小麦只能自用、不得转手倒卖，有关部门适时开展抽查。买方企业应按照《粮食流通管理条例》等有关规定，建立粮食统计台账，履行报送粮食流通统计报表义务 最低收购价粮食储存库点（包括承贷库和实际储存库点）不允许直接或间接（包括但不限于：买方企业与承贷库和实际储存库点为同一法人、买方企业与承贷库和实际储存库点隶属同一上级单位、买方企业与承贷库和实际储存库点存在股权关系等）购买本库储存的粮食。买方企业不得违规借用其他企业资质参与竞买，也不得违规代其他企业竞买 截至10月19日17点，2021年已成交小麦出库率（验收确认量/总成交量）低于20%的企业不能参与本期交易，2021年没有小麦成交的会员不受此限制。买方企业请务必提前登录系统，确认能否参与本期交易

日期	之前	1月26日	4月7日	10月20日
交割	买方必须于交易合同生效之日起30天内按《交易公告》的要求将全额货款一次或分批汇入本公告第二条所列账户，合同履约时间为自交易合同生效之日起，出库期暂定60天（日历天）。同一买方在同一库点、同一批次购买粮食数量在2000吨（含）以上的，或在每年除夕（正月初一前一天）前45天内成交的粮食，付款期、出库期可延长15天	买方必须于交易合同生效之日起7天内按《交易公告》的要求将全额货款一次或分批汇入本公告第二条所列账户，合同履约时间为自交易合同生效之日起，出库期暂定60天（日历天）。同一买方在同一库点、同一批次购买粮食数量在2000吨（含）以上的，或在每年除夕（正月初一前一天）前45天内成交的粮食，付款期、出库期可延长15天	买方必须于交易合同生效之日起7天内按《交易公告》的要求将全额货款一次或分批汇入本公告第二条所列账户，合同履约时间为自交易合同生效之日起，出库期暂定60天（日历天）。同一买方在同一库点、同一批次购买粮食数量在2000吨（含）以上的，或在每年除夕（正月初一前一天）前45天内成交的粮食，付款期、出库期可延长15天	买方必须于交易合同生效之日起7天内按《交易公告》的要求将全额货款一次或分批汇入本公告第二条所列账户，合同履约时间为自交易合同生效之日起，出库期暂定60天（日历天）。同一买方在同一库点、同一批次购买粮食数量在2000吨（含）以上的，或在每年除夕（正月初一前一天）前45天内成交的粮食，付款期、出库期可延长15天

资料来源：国家粮食交易中心。

（五）生猪价格下降，生猪养殖进入亏损周期

农业农村部数据显示，2021年底，全国生猪存栏44922万头，同比增长10.5%；生猪出栏67128万头，同比增长27.4%。生猪存栏已经基本恢复，态势好于预期。由于存栏和出栏量大幅增加，生猪出场价格大幅下降，养殖开始亏损，养大猪现象减少，饲料粮消费增幅不及预期，同时也导致下游养殖企业对高价原料接受能力下降，生猪价格下跌逐渐向上游传导，增加玉米价格下行压力。2021年1月全国生猪平均出厂价格为35.72元/千克，之后持续下降，9月降至12.76元/千克，年底反弹至16.8元/千克。2021年1月，自繁自养生猪养殖利润为2282元/头，之后跟随猪价持续走低，9月降至－559元/头，年底反弹至72元/头（见图1－16）。

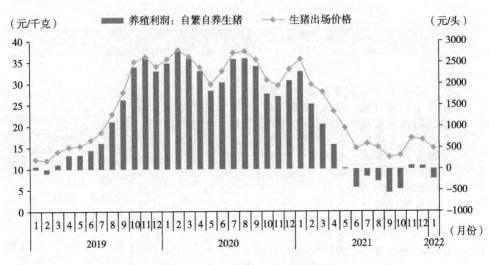

图 1-16 生猪出场价及养殖利润

资料来源：农业农村部。

五、2022 年玉米市场展望

（一）2022 年全球玉米市场展望

美国农业部预计，2021/2022 年度全球玉米播种面积增加，玉米产量预计达到 12.07 亿吨，同比增加 8413 万吨，增幅 7.65%。美国、巴西、阿根廷和乌克兰等主要出口国玉米产量均出现不同程度增长，分别增加 2550 万吨、2800 万吨、350 万吨和 1170 万吨，增幅分别为 6.7%、35.6%、7.9% 和 32%。全球范围内玉米总消费也有所增加，得益于产量大幅增加，期末库存同比增加。预计 2021/2022 年度全球玉米消费量为 11.79 亿吨，同比增加 3491 万吨，增幅 3%；期末库存为 3.03 亿吨，同比增加 1084 万吨，增幅 3.7%。2021/2022 年度美国玉米产量为 3.84 亿吨，同比增加 2550 万吨；消费量为 3.15 亿吨，同比增加 869 万吨；出口量为 6160 万吨，同比下降 832 万吨；期末库存为 3911 万吨，同比增加 775 万吨。

（二）2021 年国内玉米产量大幅增加，2022 年玉米供应能力将继续提高

国家统计局公布的全国粮食生产数据显示，2020 年以来，玉米价格大幅上涨，

种植效益提高，农民种植玉米意愿增强，2021年全国玉米播种面积达6.50亿亩，比2020年增加3090万亩，增长5.0%。2021年，虽然河南等地极端强降雨引发洪涝灾害，西北陕甘宁局部地区阶段性干旱，秋收时期华北和黄淮海地区出现连阴雨天气，对部分地区秋粮产生一定影响，但全国主要农区大部分时段光温水匹配良好，气象条件总体有利于粮食作物生长发育和产量形成。全国玉米单产419千克/亩，每亩产量比2020年减少1.7千克，下降0.4%。玉米产量27255万吨，比2020年增加1190万吨，增长4.6%。

2021年国内玉米价格高位回落，但仍处于较高水平，农民种植收益较好，有利于保障农民种植玉米积极性。2021年12月25日召开的中央农村工作会议强调，要认识和把握初级产品供给保障，要把提高农业综合生产能力放在更加突出的位置，持续推进高标准农田建设，深入实施种业振兴行动，提高农机装备水平，保障种粮农民合理收益，中国人的饭碗任何时候都要牢牢端在自己手中。在市场和政策的合力下，预计2022年我国玉米供应能力将继续提高。

（三）玉米及替代品进口数量将维持高位

2020/2021年度，我国进口玉米及替代品数量创历史新高，有效保障了国内饲料粮市场供应。2021/2022年度虽然国内产量增加，但同时需求也明显增长，需要利用两个市场、两种资源来保障我国饲料粮市场供应，预计玉米及替代品进口数量仍将保持高位。

从全球玉米出口格局来看，由于产量增加，全球玉米出口供应充裕，预计2021/2022年度全球玉米出口量为1.94亿吨，同比增加1033万吨，增幅4.9%。其中，美国玉米出口6150万吨，同比减少706万吨，减幅8.1%；阿根廷玉米出口4150万吨，同比增加496万吨，增幅10.8%；巴西玉米出口3100万吨，同比增加351万吨，增幅9.1%。2021年，乌克兰玉米出口量3350万吨，同比增加964万吨，增幅36%。

从我国进口情况来看，2020/2021年度我国进口玉米2955万吨，同比增加2196万吨；进口高粱869万吨，同比增加498万吨；进口大麦1205万吨，同比增加609万吨；合计进口达到5029万吨，同比增加3303万吨。此外，我国还进口部分小麦、碎米、豌豆、木薯等替代玉米用作饲料。预计 2021/2022 年度我国进口仍将处于较高水平，玉米进口可能根据国内形势而进行调整。从我国进口玉米成本来看，2022 年 1 月，美国玉米到我国港口完税价格平均为 2527 元/吨，同比上涨 426 元/吨，比广东港口国产玉米价格低 269 元/吨，价差同比收窄 573 元/吨。总体来看，玉米、高粱、大麦进口成本有所提升，但是市场供应充足，对于国内玉米价格仍有抑制作用。

（四）2022 年国内玉米需求有所增加

2021 年存栏数量同比大幅增加，但下半年开始，能繁母猪存栏以及生猪存栏连续环比下降，国内生猪养殖仍处于亏损周期，预期悲观，抑制 2022 年国内生猪补栏积极性。同时，生猪价格下降也将会减少生猪出栏体重，整体饲料需求增幅预计放缓。考虑到新年度高粱、大麦进口量预计继续增加，其对玉米饲料用粮仍有明显替代作用。而国产小麦价格上涨，进入饲料领域用量减少。国家粮油信息中心 2022 年 1 月预计，2021/2022 年度玉米饲料消费及损耗 18600 万吨，同比增加 800 万吨，增幅 4.5%。

2021/2022 年度玉米深加工产能预计 1.29 亿吨，同比增长 200 万吨。同时国内氨基酸等饲用加工产品需求有所增加，对玉米用量形成一定支持。但由于玉米价格保持高位，淀粉、酒精等深加工下游产品需求受到明显抑制。2021 年 11 月 1 日，中共中央办公厅、国务院办公厅印发了《粮食节约行动方案》，明确提出对以粮食为原料的生物质能源加工业发展进行调控，预计玉米燃料乙醇加工数量将有所下降。国家粮油信息中心 2022 年 1 月预计，2021/2022 年度玉米工业消费 7700 万吨，同比下降 100 万吨。

（五）2022 年国内玉米市场价格涨跌空间有限

综合来看，2021/2022 年度我国玉米总消费量 28314 万吨，同比增加 711 万吨，增幅 1.3%。2021/2022 年度玉米市场供需结余 941 万吨，同比减少 477 万吨。

综合考虑国内外粮食价差、国内粮食品种比价关系、猪粮比价关系等情况，预计全年玉米价格上涨空间有限。一是 2021 年国内玉米丰收，供应形势明显改善，而且供给和需求弹性加大，产需缺口缩小。预计 2022 年国内玉米供给能力进一步增强，饲料粮进口继续保持高位。二是中央经济工作会议强调，要统筹安排好煤电油气运保障供应，做好粮油肉蛋奶果蔬等保供稳价。国家饲料粮保供稳市措施将保持长期性和持续性，有利于避免价格大起大落。三是 2020/2021 年度玉米价格大起大落，市场多元主体心态和预期趋于理性。

（撰稿人：国家粮油信息中心　齐驰名）

第四节　大豆

一、大豆概况

大豆通称黄豆，属一年生豆科草本植物，大豆不仅是重要的粮食作物，还是植物蛋白和食用油的主要来源，是世界上产量和贸易量最大的油料作物。大豆起源于中国，有 5000 多年种植历史，全国广泛种植，中国大豆生产主要集中在东北、黄淮海和四川等地。19 世纪后期，大豆从我国传出并呈迅速扩张趋势。20 世纪 30 年代，大豆栽培已遍布世界各国。20 世纪 90 年代以来，由于人口增长，蛋白和植物油需求量不断增加，推动全球油籽产量迅猛增长，而大豆作为最重要的油籽作物，产量大幅增长。目前全球大豆的种植面积、单产和产量总体仍呈增长态势，巴西、美国和阿根廷是世界上最大的大豆主产国，在大豆的国际供给中扮演重要的角色。大豆是当前国际大宗农产品贸易中活跃的商品之一。

1995 年以前，中国一直是国际上重要的大豆生产和出口国之一，最高年份的大豆出口量曾超过百万吨。由于人们对蛋白需求的高速增长以及大豆加工工业的快速发展，1996 年中国由大豆净出口国转变为净进口国，其后进口量逐年增长。中国是全球最大的大豆进口国，进口量占全球的 60% 以上。由于生猪存栏持续上升，猪饲料需求增长，刺激大豆进口增加。2020/2021 年度（10 月至次年 9 月）我国大豆进口量 9979 万吨，较上年度 9853 万吨的进口量增加 126 万吨或 1.3%。2022 年生猪存栏继续下滑，但整体仍将保持较高水平，豆粕消费需求不会明显下降，此外小麦麦饲用需求预期减少，需要添加豆粕弥补蛋白缺口，利好豆粕消费。预计 2021/2022 年度我国大豆进口 1 亿吨，同比略增 0.2%。

二、国际大豆市场

美国农业部最新公布的数据显示，2021/2022 年度全球大豆总产量为 37256 万吨，较 2020/2021 年度的 36623 万吨增加 633 万吨，大豆占世界主要油料作物产量的 60% 以上。巴西、美国和阿根廷是全球前三大大豆主产国，中国位居第四，四国的大豆产量之和占世界总产量的 87%。在近 30 年里，这四个国家的大豆产量比例发生了巨大变化，30 年前美国大豆产量在世界大豆产量中占据绝对的主导地位，但随着南美洲国家巴西和阿根廷大豆种植面积的不断扩大，南美大豆产量迅速增长，在国际大豆市场中的地位不断提高。2002/2003 年度巴西和阿根廷两国的大豆产量之和首次超过美国；2017/2018 年度巴西大豆产量超过美国，成为全球第一大大豆生产国。2021/2022 年度，巴西大豆产量占全球总产量的 37%，美国占 32%，阿根廷占 12%，中国占 4%。随着经济社会的不断发展和居民生活水平的提高，我国对肉蛋奶需求的增长推动大豆进口量迅猛增长，2002/2003 年度我国成为全球第一大大豆进口国，此后总体保持快速增长态势。国际大豆生产和贸易情况深刻地影响着中国大豆产业的发展。

（一）全球大豆产量再创新高

从全球大豆产量情况来看，总体呈波动增长态势。美国农业部最新数据显示，2020/2021 年度全球大豆产量 36623 万吨，较 2019/2020 年度的 33988 万吨增加 2635 万吨，增幅 7.8%，较 2000/2001 年度的 17579 万吨增长 1 倍多。2020/2021 年度美国大豆种植面积回升，为 3343 万公顷，较上年度增加 310 万公顷，增幅 10.2%；大豆单产较上年度上升 7.5% 至 3.43 吨/公顷；大豆产量回升至 11475 万吨，较上年度减少 1808 万吨或 18.7%。2020/2021 年度巴西大豆播种面积继续增长，较上年度增加 200 万公顷至 3890 万公顷，单产增长 2% 至 3.55 吨/公顷，使得大豆产量增长 950 万吨至 13800 万吨，增幅 7.4%，创历史新高。受不利天气影响，2020/2021 年度阿根廷大豆播种面积和单产均下滑，其中面积小幅下降1.4%至1647万公顷，单产下降3.8%至2.81吨/公顷，使得大豆产量下降260万吨至4620万吨。全球大豆供应偏紧格局延续，叠加新冠肺炎疫情、舆情以及美国大豆产区天气炒作等因素，2021年1—5月美国大豆价格持续上涨，5月中旬最高涨至1667.5美分/蒲式耳，创2012年以来新高。随着美国大豆产区天气条件的改善，大豆单产上调，美国大豆增产预期强烈，加之全球大豆需求增速放缓，美豆价格高位回落，11月9日最低跌至1181.25美分/蒲式耳。四季度拉尼娜天气重现，造成巴西南部、阿根廷和巴拉圭等大豆产区天气干旱，影响大豆播种和生长，南美天气炒作拉开序幕，推动美豆价格再度走高，12月31日收盘于1339.75美分/蒲式耳。

2021/2022年度，美国大豆种植面积继续增加，为3494万公顷，较上年度增加151万公顷；由于种植收益良好，巴西大豆种植面积首次突破4000万公顷，为4040万公顷，较上年度增加150万公顷；受干旱天气制约，阿根廷大豆种植面积小幅下滑，为1620万公顷，较上年度减少23万公顷。2021/2022年度美国、巴西和阿根廷大豆单产分别为3.46吨/公顷、3.44吨/公顷和2.87吨/公顷，分别较上年度增长0.8%、下降3.1%和增长2.1%。2021/2022年度美国大豆产量12071万吨，较上年度增加596万吨，增幅5.2%；巴西大豆产量13900万吨，较上年度增加100万吨，增幅0.7%；阿根廷大豆产量4650万吨，较上年度略增30万吨，增幅0.6%。当前巴西大部分大豆仍处于生长期，少部分开始收获，阿根廷大豆播种刚结束。受拉尼娜天气影响，巴西南部和阿根廷大豆产区天气干旱，大豆生长状况不佳，后期巴西、阿根廷大豆产量仍有继续下调的可能，或将制约2021/2022年度全球大豆增幅，甚至可能出现减产。全球大豆产量增长不及预期，预计2021/2022年度CBOT大豆价格仍将保持较强走势。

从全球大豆消费量情况来看，随着人们对蛋白需求的刚性增长，全球大豆消费量持续增长。自2000/2001年度以来，大豆消费年均增长率为3.9%。2020/2021年度全球大豆消费量为36283万吨，较上年度增加448万吨，增速1.3%。由于大豆产量增幅大于消费增幅，2020/2021年度全球大豆库存较上年度上升42万吨至9988万吨，全球大豆库存消费比升至27.5%。伴随着全球经济增长以及居民消费水平的提高，大豆消费量仍将保持增长态势。预计2021/2022年度全球大豆消费量为37493万吨，较上年度增加1209万吨，增幅3.3%，高于本年度的产量增幅，库存将降至

9520 万吨，库存消费比降至 25.4%（见图 1 - 17）。

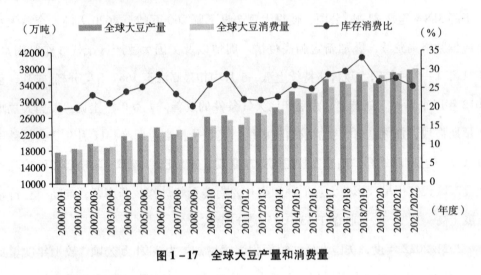

图 1 - 17　全球大豆产量和消费量

资料来源：美国农业部。

（二）全球大豆贸易量稳步增长

21 世纪以来，全球大豆贸易快速发展，贸易量稳步增长，但近两年增速有所放缓。美国农业部最新数据显示，2020/2021 年度全球大豆进口量和出口量分别为 16561 万吨和 16473 万吨，占全球大豆总产量的 45.2% 和 45%，分别较 2000/2001 年度增长了 212% 和 206.7%。2021/2022 年度全球大豆贸易量继续小幅增长，其中进口量将增加至 16843 万吨，出口量将增加至 17074 万吨（见图 1 - 18）。

世界大豆出口国主要有巴西、美国和阿根廷，三国的大豆出口量占全球大豆出口总量的 90% 以上。其他较大的大豆出口国有巴拉圭和加拿大等。随着南美大豆产量的不断增加，全球大豆出口市场格局也在悄然发生变化，逐渐扭转了此前美国一家独大的局面。2012/2013 年度巴西超越美国，成为全球第一大大豆出口国。随着中美经贸关系的缓和以及美国大豆产量的增长，2020/2021 年度美国大豆出口量 6166 万吨，较上年度大幅增加 1595 万吨，创历史新高，占全球大豆出口总量的 37.4%。预计 2021/2022 年度美国大豆出口量将降至 5579 万吨。由于美国大豆出口量大幅增长，2020/2021 年度巴西大豆出口量较上年度减少 1049 万吨至 8165 万吨，占全球大豆出口总量的 49.6%。预计 2021/2022 年度巴西大豆出口量将升至 9400 万吨。由于阿根廷本国的大豆加工用量较大，主要以出口豆粕、豆油为主，因此阿根廷大豆出口量相对较低，加之 2020/2021 年度阿根廷大豆产量下滑，导致出口量下降 481 万 ~519 万吨。预计 2021/2022 年度阿根廷大豆出口量为 485 万吨。

世界大豆的进口国（地区）主要有中国、欧盟、墨西哥和日本。目前，上述四个国家（地区）的大豆进口量占全球大豆进口总量的 75% 左右，其中中国占比高达 60% 左右。1995 年以前中国还是大豆净出口国，此后成为大豆净进口国。1999/2000 年度我国大豆进口量首次突破 1000 万吨，2002/2003 年度中国大豆进口量超过欧盟，成为世界上最大的大豆进口国（地区）。海关数据统计，2020/2021 年度中国大豆进口量 9979 万吨，较上年度的 9853 万吨增加 126 万吨或 1.3%。2021/2022 年度中国生猪存栏或将下滑，但整体仍将处于高位，支持大豆进口量小幅增长，预计在 1 亿吨左右。相对而言，欧盟、墨西哥、日本和泰国的大豆进口量较为稳定。21世纪以来，欧盟大豆年度进口量基本上维持在 1200 万 ~1800 万吨，预计 2021/2022 年度欧盟大豆进口量为 1490 万吨；墨西哥大豆年度进口量基本维持在 400 万 ~650 万吨，预计 2021/2022 年度墨西哥大豆进口量为 620 万吨；日本大豆年度进口量基本维持在 200 万 ~400 万吨，预计 2021/2022 年度日本大豆进口量为 328 万吨。近几年泰国、埃及等国大豆进口量增长较为明显，预计 2021/2022 年度泰国大豆进口量为 415 万吨、埃及为 447 万吨。

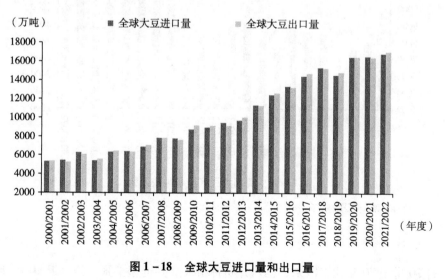

图 1-18 全球大豆进口量和出口量

资料来源：美国农业部。

（三）全球大豆主产国情况

1. 美国

美国大豆生产主要集中在中部大平原地区，与玉米种植区高度重合，两者为竞争性种植作物，农民根据大豆和玉米的比价关系调整两者的种植面积。美国主要有18个大豆主产州，其中伊利诺伊州、艾奥瓦州、明尼苏达州、印第安纳州是美国大豆产量最大的四个州，种植面积占全国的40%左右，产量占全国的44%左右。2021年美国大豆种植面积继续增长。美国农业部最新数据显示，2021/2022年度美国大豆面积为3494万公顷，较2020/2021年度增加151万公顷。得益于种植面积增长和单产提高，2021/2022年度大豆产量升至12071万吨，较上年度增加596万吨，创历史新高（见图1-19）。21世纪以来，美国大豆产量总体保持增长态势，其中最大的贡献是来源于转基因技术刺激大豆单产水平不断提高。受土地及竞争性作物等因素影响，未来美国大豆种植面积大幅增长的空间有限，而南美地区大豆尤其是巴西大豆未来扩面增产的潜力巨大，美国大豆将面临更加激烈的竞争。

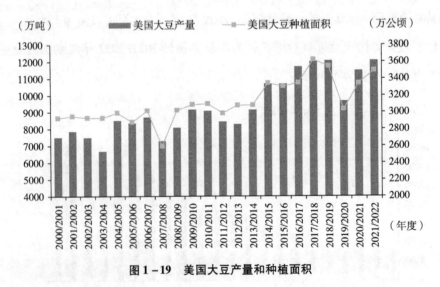

图1-19 美国大豆产量和种植面积

资料来源：美国农业部。

2. 巴西

自20世纪70年代末以来，巴西开始种植大豆并迅速扩张。经过近50多年的发展，巴西已超越美国，成为世界第一大大豆生产国，同时也是世界上最大的大豆出口国。2020/2021 年度巴西大豆产量占全球大豆产量的 37.7%，出口量占比高达 49.6%。巴西大豆的种植起源于南部的南里奥格兰德州，之后往北发展到巴拉那州。由于南部地区人口较为密集，农场规模普遍较小，不适合大规模生产，而且也容易出现干旱天气，因此在巴西政府的鼓励下，部分南部农民移民到中北部的马托格罗索州、南马托格罗索州和戈亚斯州等大规模种植大豆，目前马托格罗索州和巴拉那州是巴西大豆产量较大的两个地区，产量分别占全国产量的 27.5% 和 15%。近年来巴西大豆种植面积持续扩大，2000/2001 年度种植面积为 1393 万公顷，2020/2021 年度达到 3890 万公顷，增幅为 179.2%，年均增长 5.3%。巴西是一个地广人稀的国家，耕地开发潜力巨大，加之巴西大豆的生产季节正好与美国错开，在全球大豆供应中形成互补。2021 年美国大豆价格整体走势较为坚挺，加之巴西货币雷亚尔兑美元汇率维持低位，以美元定价的大豆价格创历史新高，巴西农户种植大豆收益良好，刺激巴西农民积极扩大大豆种植面积，此外随着高产大豆种子的引进，巴西大豆单产水平提升，大豆产量持续增长。美国农业部最新数据显示，预计 2021/2022 年度巴西大豆种植面积 4040 万公顷，较 2020/2021 年度增加 150 万公顷，但由于受干旱影响，大豆单产下降 0.11 吨/公顷至 3.44 吨/公顷，大豆产量略增 100 万吨至 13900 万吨，再创历史新高（见图 1-20）。当前巴西北部大豆收获工作已经展开，南部大豆仍处于生长期，受拉尼娜天气影响，北部持续降雨，南部炎热干燥，影响大豆生长和收获，后期大豆单产和总产量或将继续下调。

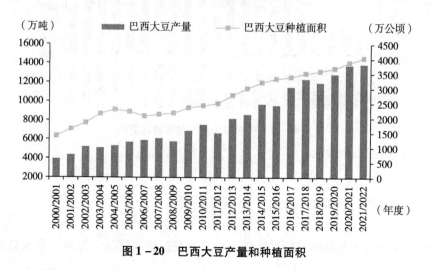

图 1-20　巴西大豆产量和种植面积

资料来源：美国农业部。

3. 阿根廷

阿根廷位于南美洲南部，呈北部宽、南部窄的狭长带条状分布，拥有富饶的土地资源和良好的气候条件，在畜牧业和农业生产方面具有巨大的优势。阿根廷大豆产区主要集中在中东部平原地区，布宜诺斯艾利斯、科尔多瓦和圣达菲是较大的大豆主产州，三州产量占全国总产量的90%以上。阿根廷是全球第三大大豆生产及出口国，是全球第一大豆油和豆粕出口国。阿根廷大面积种植大豆的历史始于20世纪70年代，20世纪90年代中期以来大豆生产发展迅速。2020/2021年度阿根廷大豆种植面积为1647万公顷，较上年度减少23万公顷，较2000/2001年度增加58.4%。受拉尼娜天气影响，阿根廷大豆产区持续干旱，影响大豆生长，加之大豆种植收益不及玉米，大豆及副产品出口税率高于谷物，均制约农户种植大豆的积极性。美国农业部最新数据显示，2021/2022年度阿根廷大豆种植面积1620万公顷，较上年度继续减少27万公顷；大豆单产2.87吨/公顷，略高于上年度的2.81吨/公顷，大豆产量略增30万吨至4650万吨。2021年全球连续第二年出现拉尼娜天气，阿根廷大豆产区天气干旱，制约大豆播种和生长，部分地块可能无法完成播种，大豆播种面积和产量或将下调（见图1-21）。

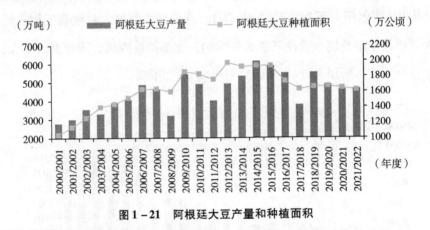

图1-21 阿根廷大豆产量和种植面积

资料来源：美国农业部。

（四）2021年CBOT大豆价格走势回顾

2021年全球大豆供应偏紧格局延续，叠加新冠肺炎疫情、舆情、资金以及天气炒作等因素，美国大豆价格整体在1200美分/蒲式耳以上运行，走势较为坚挺（见

图1-22）。

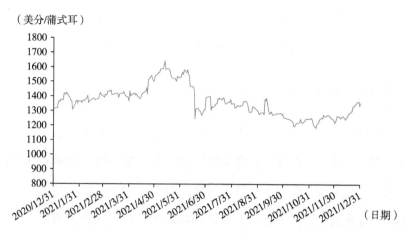

图1-22 CBOT大豆价格走势

资料来源：芝加哥商品交易所。

第一阶段：2021年1月至5月中旬，美国大豆期货价格震荡上涨。2020年四季度以来，美国大豆出口需求保持强劲，美国大豆库存下滑至历史低位，供应偏紧支撑美国大豆价格。但南美大豆丰产，压制美国大豆价格，2021年1—3月美国大豆价格整体围绕1400美分/蒲式耳一线震荡。3月底美国农业部发布的种植意向报告数据显示，2021年美国大豆播种面积明显低于市场预期，刺激美国大豆价格上涨。4月至5月上旬，在播种前期美国大豆产区天气条件不佳，生物柴油需求增长刺激美国大豆压榨量提升，进一步推升美国大豆价格。此阶段美国大豆价格从1月4日的1313美分/蒲式耳上涨至5月12日的1643美分/蒲式耳，创2012年9月以来新高。

第二阶段：2021年5月中旬至10月上旬，美国大豆期货价格震荡走低。随着美国大豆产区天气条件改善，大豆播种进展顺利，资金获利平仓，5月中旬至6月中旬，美豆价格自9年来高点处迅速回落。6月中旬至7月中旬，美国西北部大豆产区天气干旱，大豆优良率持续下滑，致使美国大豆价格从1247.25美分/蒲式耳反弹至1389美分/蒲式耳。但随着美国调整生物柴油政策，市场预期生物柴油需求下滑，产区天气条件改善，大豆单产上调，美国大豆丰产从而压制美国大豆价格。此阶段美国大豆价格震荡下跌，10月13日最低收盘于1196.75美分/蒲式耳。

第三阶段：2021年10月中旬至12月，美国大豆期货价格止跌反弹。美国大豆丰产已成定局，但由于加拿大菜籽大幅减产，国际豆粕需求增加，利好美豆价格。

10 月底南美大豆播种工作展开，虽然前期巴西大豆播种顺利，但随着拉尼娜天气的影响，巴西南部和阿根廷大豆产区炎热干燥，影响大豆播种和生长，天气炒作推升美国大豆价格。2021 年 12 月 31 日，美国大豆收盘于 1339.75 美分/蒲式耳。

（五）2021/2022 年度 CBOT 大豆价格展望

从供应端来看，2021/2022 年度，美国大豆丰产已经确定；受干旱天气影响，南美地区巴西、阿根廷、巴拉圭和乌拉圭等国大豆产量下调，全球大豆产量增长不及预期，大豆库存下滑，供应偏紧格局延续。由于国际大豆价格高企，加之化肥价格大幅上涨，玉米对化肥需求远多于大豆，2022 年 5 月美国将种植新年度大豆，播种面积预期增加，甚至可能超过玉米，美国大豆供应将改善。从需求端来看，全球经济增长及人民生活水平的提高，使人们对大豆刚性消费需求的增长速度放缓；未来生物柴油消费需求或将成为推动油脂油料消费需求增长的主要动力。整体来看，预计 5 月以前，美国大豆价格将保持坚挺走势，下半年价格走势需看新年度美国大豆播种和生长情况。此外，全球新冠肺炎疫情、宏观经济发展形势、各国生物柴油政策也会影响全球大豆供需形势和价格走势。

三、国内大豆市场

（一）2021 年国内大豆产量大幅下滑

2016 年以来，在农业供给侧结构性改革的推动下，有关部门出台了一系列促进大豆生产的政策措施，大豆种植面积连续 5 年恢复性增长，2020 年达到 988 万公顷，比 2015 年增长 44.7%。但随着我国政策性玉米库存消化结束，2020 年玉米价格大幅上涨，种植收益超过大豆，农户种植大豆意愿明显减弱，种植面积大幅下滑。国家统计局数据显示，2021 年我国大豆播种面积 1.26 亿亩，同比减少 2200 万亩，降幅达 14.8%。大豆单产为 1.949 吨/公顷，同比减少 1.7%，为过去 5 年来首次下滑，虽仍是历史第二高，但仅相当于美国大豆单产的 56.6%。总产量为 1640 万吨，同比减少 320 万吨，减幅达 16.3%，降至两年前水平，降幅超过预期。

2021年底农业农村部印发《"十四五"全国种植业发展规划》提出：到2025年，推广玉米大豆带状复合种植面积5000万亩（折合大豆面积2500万亩），扩大轮作规模，开发盐碱地种大豆，力争大豆播种面积达到1.6亿亩左右，产量达到2300万吨左右，推动提升大豆自给率。2021年我国大豆播种面积1.26亿亩，同比下降14.8%，预计未来几年国内大豆播种面积有望持续增加。

（二）我国大豆进口减少，来源国依然集中

2021年我国进口大豆9652万吨，比上年同期的10033万吨减少3.8%，但仍为历史次高。大豆进口减少主要因豆粕消费需求下滑。一方面，生猪养殖在2021年5月开始亏损，饲料企业下调豆粕添加比例，减少豆粕用量；另一方面，小麦大量替代玉米，而小麦中蛋白含量高于玉米，挤占了豆粕需求。国家有关部门也在积极推动实施饲料中玉米大豆减量替代方案，加上进口大豆压榨利润不高，企业主动调减库存，也抑制了大豆进口需求。

2021年我国自美国进口大豆3231万吨，同比增长24.8%，占进口总量的33.5%，比上年提高7.7个百分点，自美国进口大豆业务已经恢复正常，在美国大豆出口季节国内企业采购积极；自巴西进口5815万吨，同比减少9.5%，占比60.2%，比上年减少1.9个百分点，2018年该比例最高达75.1%；自阿根廷进口375万吨，同比减少49.7%，占比3.9%，主要因阿根廷大豆减产，出口能力降低。

由于南美大豆生长期遭遇持续干旱影响，预计南美大豆产量较之前预估下调2000万吨以上，导致国际市场大豆价格大幅上涨，国内企业采购较为谨慎，预计2022年1季度我国大豆进口量约2000万吨，略低于上年同期水平。预计2021/2022年度我国大豆进口量将增至1亿吨，略高于上年度的9978万吨。

（三）生猪养殖进入下行周期，豆粕消费增幅放缓

2021年非洲猪瘟常态化防控各项措施逐步落实，养殖场户特别是规模场户的生物安全防护水平大幅提高，生猪生产持续恢复。2021年6月，全国能繁母猪存栏量达到4564万头，生猪存栏4.93亿头，均已经超过常年水平，国内生猪价格大幅下滑，生猪养殖进入下行周期，企业开始淘汰落后产能。2021年末，全国生猪存栏

44922 万头，同比增长 10.5%，能繁母猪存栏 4329 万头，同比增长 4.0%，分别达到 2017 年末的 101.7% 和 96.8%。2021 年末，全国家禽存栏 67.9 亿只，同比增长 0.1%。畜禽养殖业持续发展，带动饲料消费需求。2021 年我国饲料产量保持两位数增长，猪饲料产量创历史新高，水产和反刍饲料产量持续提升，家禽饲料居于高位。饲料产量快速增长带动饲料原料消费需求，但由于养殖利润下滑，饲料中蛋白粕添加比例下滑，小麦替代玉米挤占豆粕需求，豆粕消费增幅相对较小。

2021 年 9 月 23 日，农业农村部发布关于印发《生猪产能调控实施方案（暂行)》的通知，设定了"十四五"期间能繁母猪存栏量调控目标，即能繁母猪正常保有量稳定在 4100 万头左右，最低保有量不低于 3700 万头。目前国内能繁母猪存栏仍比正常水平高 5.6%，2022 年还将处于下调的趋势。另外，由于养殖效益不佳，养殖企业会着力提升母猪指标、降低出栏体重、提高料肉比，以此实现降本增效，对饲料的消费需求将减少，小麦替代玉米数量预期减少，饲料中蛋白粕添加比例有望回升，限制消费需求减少，预计 2021/2022 年度我国蛋白粕饲用消费量 9723 万吨，同比增长 0.5%，其中豆粕消费量 7540 万吨，同比增长 0.1%。

（四）2022 年大豆市场展望

2021 年中央农村工作会议提出，要严格落实地方粮食安全主体责任，下大力气抓好粮食生产，稳定粮食播种面积，促进大豆和油料增产。农业农村部表示，2022 年要把扩大大豆油料生产作为必须完成的重大政治任务，抓好东北三省区大豆面积恢复，支持西北、黄淮海、西南和长江中下游等地区推广玉米大豆带状复合种植，加快推广新模式新技术，逐步推动大豆玉米兼容发展，同时抓好油菜、花生等油料生产，多油并举、多措并施扩面积、提产量。2021 年国产大豆收购价格高于上年，种植收益增加，农户种植积极性较高，加上促进大豆增产的政策引导，多省表示将增加大豆播种面积。其中黑龙江省农业农村厅表示，2022 年继续实施玉米、大豆差异化补贴政策，原则上大豆补贴高于玉米补贴 200 元/亩左右，相比之下，2021 年两者补贴相差 180 元/亩，计划 2022 年增加大豆播种面积 1000 万亩；四川省表示将积极推广玉米大豆带状复合种植技术，促进大豆和油料增产，计划扩种大豆 310 万亩。预计 2022 年我国大豆产量将恢复至 2020 年水平。

2021/2022 年度全球大豆产量预期增加，但增幅不及预期，期末库存再度下滑，库存结构也发生变化。其中美国大豆库存增加 253 万吨至 952 万吨，而且美国大豆出口进度偏慢，预计期末库存还将上调。巴西、阿根廷等南美国家因大豆减产而库存下滑，两国期末库存合计减少 685 万吨，导致全球大豆库存下滑。虽然全球大豆库存预期下滑，但消费需求也不宜太过乐观，特别是中国生产养殖进入下行区间，对豆粕的需求减少可能导致全球大豆需求放缓，全球大豆市场可能呈现供需双弱的格局。

（撰稿人：国家粮油信息中心　王辽卫、郑祖庭）

第五节　棉花

一、棉花分析框架

我们对大宗商品价格趋势的分析框架，主要基于三方面维度展开：宏观维度、资金维度和基本面维度。

第一维度是宏观维度，即把大宗商品价格趋势置于宏观经济的大环境下进行分析。宏观经济政策和货币政策环境对大宗商品价格趋势产生深远影响，大宗商品价格趋势脱离不了宏观经济和货币政策环境而独立运行。就宏观与大宗商品的关系而言，宏观影响大宗商品价格运行的节奏。

第二维度是资金维度，即从资产配置和资金流动性角度观察大宗商品的金融属性。在一定时间段内，资金总是流入价值被严重低估的资产领域、流出价值被严重高估的资产领域。就资金与大宗商品的关系而言，资金影响大宗商品阶段性的局部走势。

第三维度是基本面维度，即从供需格局维度分析大宗商品价格趋势。从周期来看，供需格局是决定价格趋势方向的核心因素，大宗商品的长期趋势总是由以供需格局为核心的基本面决定的。

第一维度和第二维度有大量的量化指标和跟踪数据进行持续观察，本节篇幅有限，对此不做重点介绍，但就当前棉花年度和新棉花年度而言，第一维度和第二维度对棉花趋势影响的权重较大，是不可忽视的因素，因此，本节就第一维度和第二维度仅做简单说明。本节重点部分是对第三维度（基本面）的解析和说明。

二、第一维度和第二维度介绍

当前棉花所处的宏观环境和估值水平，仅从基本面角度去分析和理解难以得出有效结论，宏观因素变化对棉花维持当前价格和未来价格演绎走势都影响巨大，估值水平也是分析未来棉花价格走势必须考虑的重要因素。

（一）宏观环境

2020 年一季度，全球新冠疫情暴发和蔓延。为应对突如其来的疫情对经济社会的冲击，全球主要经济体纷纷采取了宽松的货币政策，货币宽松程度堪比 2008 年金融危机的货币政策措施，加上特朗普政府执政后采取的逆全球化措施、新冠肺炎疫情导致的全球供应链和贸易运输不畅，全球主要经济体的高通胀随之发生。为抑制四十年来创纪录的通胀水平，美联储于 2022 年 3 月退出 QE（量化宽松）且于 2022 年 3 月 17 日进行了 2018 年底以来的首次加息（英国央行于 2021 年 12 月 16 日先于西方主要经济体加息），市场预期美联储将于 2022 年有 5 ~ 7 次加息动作，美联储宣布将于 2022 年 5 月的议息会议讨论资产负债表缩表，欧洲央行也宣布将于 2022 年底前启动加息或资产负债表缩表，全球主要经济体在货币政策的边际取向上开始趋于紧缩；俄乌冲突于 2022 年 2 月 24 日爆发，因俄罗斯在能源、有色金属、粮食和化肥等全球出口领域扮演的重要角色，这场冲突导致本已高企的全球通胀水平火上添油，疫情后缓慢恢复的全球经济增长前景再次埋上阴影，全球消费者信心因此受到打击，这些因素将对全球经济增长产生负反馈。

全球主要经济体高通胀，央行货币政策边际取向收缩，消费者信心受到打击，全球生产和消费会受到抑制，这将对全球经济持续增长形成负反馈。当市场焦点聚集于通胀水平时，市场行为会处于商品价格持续高涨的亢奋状态；当市场主体难以忍受极高通胀水平、市场聚焦于负反馈机制时，市场亢奋状态将走向它的反面。棉花价格的演绎正是在这样复杂的宏观环境中进行的，只是我们不知道此时此刻它正处于这个运行机制亢奋状态的前半段，还是处于这个运行机制即将进入负反馈逻辑的后半段而已。

以下就宏观环境问题进行简单说明。

1. 新冠肺炎疫情后全球主要经济体货币政策极度宽松

美国、欧元区、日本（简称"美欧日"）M2 增速自 2020 年 3 月开始同步扩大，2021 年 2 月美国 M2 创历史最高同比增速（26.99%），2021 年 1 月欧元 M2 创造自 1999 年 1 月 1 日其创始以来最高同比增速（12.40%），2021 年 2 月日本 M2 创造 1990 年 11 月以来近 31 年最高同比增速（9.60%）。随后美欧日 M2 环比增速开始持续回落，截至 2022 年 2 月，美欧日 M2 同比增速的绝对水平仍属于其历史上中值偏上水平（见图 1 - 23）。

2020 年 3 月新冠肺炎疫情在美欧日扩散，美欧日央行自此开始启动量化宽松货币政策，并对其资产负债表疯狂扩表，其扩表程度超过其历史上任何阶段（见图 1 - 24）。以美欧日为代表的全球主要经济体极度宽松货币政策的后果逐步显现，高通胀水平随之而来。

（说明：中国央行对 M2 增速和资产负债表扩表保持了相对谨慎的态度，与美欧日央行采取了同期几乎完全不同的政策取向。）

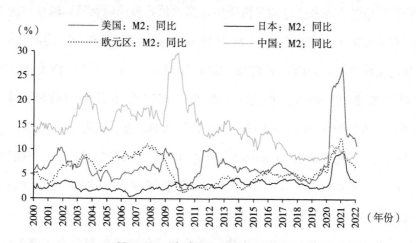

图 1 - 23　全球主要经济体 M2 增速

资料来源：WIND、中州期货研究所。

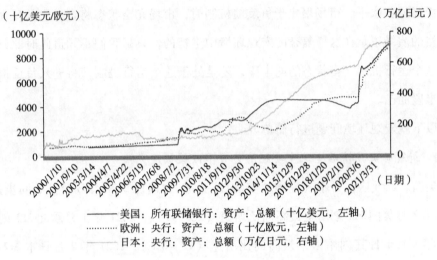

图1-24 全球主要经济体中央银行资产负债表规模

资料来源：WIND、中州期货研究所。

2. 货币宽松导致通胀水平高企

自2017年特朗普政府执政以来，美国就走上了逆全球化道路，对北美自由贸易区条件进行重新谈判，对欧盟、日本和韩国增加进口关税，2018年3月挑起中美贸易摩擦，这些措施提高了国际贸易终端产品价格并对全球经济增长产生负面影响，但这种影响尚不明显。2020年1月新冠肺炎疫情暴发，3月开始在美国和欧洲扩散。为应对冲突如其来的疫情影响，全球主要经济体（主要是美欧日英央行）采取了极度宽松的货币政策，这为后来的高通胀埋下伏笔。逆全球化增加进口成本，新冠肺炎疫情导致供应链中断和全球贸易流受阻，高油价导致国际贸易运输成本成倍飙升。在上述因素的加持下，2022年2月24日爆发的俄乌冲突导致国际能源价格再上台阶，全球商品价格受此影响再攀高峰。截至2022年2月，美国CPI创造1980年1月以来42年新高（7.9%），欧元区CPI创造1997年1月公布数据以来最高值（5.90%），日本自1995年以来大部分时间处于通缩状态，但近一年来CPI也处于环比上升且进入正值通胀状态（0.60%）（见图1-25）。2022年1月，美联储货币政策取向紧盯的个人消费支出（PCE）价格指数同样创造自1982年2月以来40年最高（6.06%）（见图1-26）。

目前，美欧的高通胀除了货币因素，还叠加了供应链配置效率下降的供应端因素，又有俄乌冲突进程不确定性对全球基础商品能源价格的推动，这些都导致通胀状态的持续时间可能较长且充满不确定性。

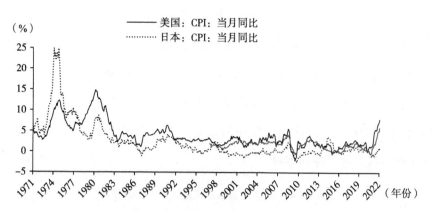

图 1-25　全球主要经济体 CPI 当月同比增速

资料来源：WIND、中州期货研究所。

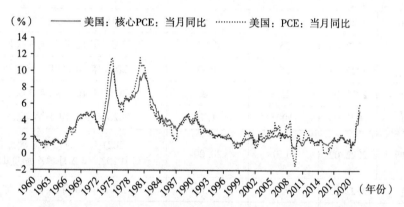

图 1-26　美国个人消费支出（PCE）价格指数当月同比增速

资料来源：WIND、中州期货研究所。

3. 全球主要经济体货币政策开始边际收缩

2020 年新冠疫情暴发后，大部分国家/地区采取宽松货币政策对冲经济下行风险，通胀水平随之高企。之后为应对通胀压力，不管是发达国家还是新兴经济体的央行在货币政策取向上开始边际收缩，采取连续加息的方式抑制通胀。美联储于 2022 年 3 月退出量化宽松的央行购债计划（QE）且同时启动自 2018 年 12 月以来首次加息，并宣称 2022 年将根据市场情况有 5 ~ 7 次加息动作，且于 2022 年 5 月开始讨论资产负债表缩表计划；欧洲央行宣称将于 2022 年底前加息且考虑退出量化宽松政策；英国央行在发达经济体中自 2021 年以来率先启动加息动作，且已经连续三次加息；新兴经济体自 2020 年下半年以来已多次加息，其中巴西加息 9 次，俄罗斯加息幅度最大（见表1-4）。各国家/地区央行这种连续加息动作和货币政策边际紧缩取向，对抑制通胀有一定效果，但对全球经济增长和资产价格会产生负面影响，利率水平达到一定临界水平后也会对生产活动和消费者信心有抑制效果。本次通胀高企，既有逆全球化的影响，也有疫情导致的生产和供应错配，还有国际贸易物流不畅的原因，因此，各国家/地区央行通过加息方式是否能够达到预期目标值得商榷，但各国家/地区央行货币政策边际紧缩的政策取向对资产价格（包括大宗商品）的负面影响已引起市场关注和重视。

表1-4 2022年各国家或地区央行加息情况

国家/地区	日期	加息点数（bps）	目前利率水平（%）	备注
美国	2022/03	25	0.50	2018年12月以来首次加息
英国	2022/03	25	0.75	2021年12月以来3次加息
加拿大	2022/03	25	0.50	2018年10月以来首次加息
新西兰	2022/02	25	1.00	2020年10月以来3次加息
巴西	2022/03	100	11.75	2020年3月以来第9次加息
俄罗斯	2022/02	1150	20.00	2021年3月以来8次加息（其中2022年2月单次加息11.5%）
波兰	2022/03	75	3.50	2021年10月以来5次加息
韩国	2022/01	25	1.25	2021年8月以来3次加息
墨西哥	2022/02	50	6.00	2021年6月以来6次加息
南非	2022/01	25	4.00	2021年7月以来5次加息
智利	2022/01	150	5.50	2021年11月以来2次加息
中国香港	2022/03	25	0.75	—

资料来源：中州期货研究所。

4. **主要发达经济体消费者信心受到打击**

由于持续高企的通胀水平和市场对未来政策取向紧缩的预期，加上新冠肺炎疫情反复不断的影响，全球主要发达经济体消费者信心自2021年下半年以来开始持续下滑，特别是俄乌冲突爆发后，欧洲能源价格飙升，欧洲对未来的经济前景相对更加悲观（见图1-27、图1-28）。发达经济体的GDP增长主要靠消费驱动，通胀水平高企且暂时看不到趋缓迹象，消费者开始缩减开支，减少非必需用品消费，政策紧缩和消费减少对生产的影响将逐步显现出来，这种负反馈机制将对经济增长产生消极影响，只是这种负反馈机制需要时间验证而已。

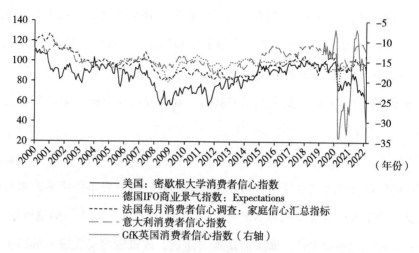

美国：密歇根大学消费者信心指数
德国IFO商业景气指数：Expectations
法国每月消费者信心调查：家庭信心汇总指标
意大利消费者信心指数
GfK英国消费者信心指数（右轴）

图1-27　主要发达国家消费者信心指数

资料来源：WIND、中州期货研究所。

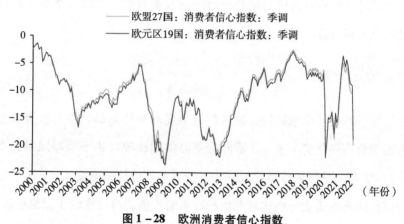

欧盟27国：消费者信心指数：季调
欧元区19国：消费者信心指数：季调

图1-28　欧洲消费者信心指数

资料来源：WIND、中州期货研究所。

5. 俄乌冲突进程及影响

自2022年2月24日俄乌冲突爆发以来，全球金融市场与能源价格便随着冲突进程剧烈波动，欧美股市暴跌，同时原油和天然气价格大涨。欧美股市与俄乌冲突的缓和程度呈正相关，即冲突向缓和方向发展则股市大涨，冲突激烈则股市下跌；以原油和天然气为代表的国际能源价格则与俄乌冲突的缓和程度呈负相关，即冲突缓和则能源价格下跌，冲突激烈则能源价格上涨。

俄乌冲突对全球能源价格的影响将持续较长时间，国际能源市场的重新平衡需要较长时间才能实现，这决定了国际能源价格将较长时间保持上升。俄罗斯在原油、天然气、有色金属（镍／铝）、粮食（小麦／玉米）和化肥（氮肥／钾肥）等品种的出口市场有极其重要的位置，再加上白俄罗斯和乌克兰在农产品和化肥市场的影响，俄乌冲突远远突破了欧洲地域限制，已经对全球部分有色金属和粮食市场产生深远影响。能源和粮食本身就是衡量通胀的基础，俄乌冲突又提高了本来高企的全球通胀水平。

综上所述，全球各国对当前通胀水平严阵以待，政策紧缩是为了抑制通胀，但本次通胀的特征又并不是单纯的货币现象，本次通胀也由更多供给端因素导致，俄乌冲突又增加了全球经济增长的不确定性并部分对冲掉了全球央行抑制通胀的努力。全球增长预期面临不确定性，通胀却是现实问题，政策紧缩又在进行的路上，宏观经济的未来正走在十字路口又需要选择最终方向。棉花价格正是在这样的宏观环境下演绎，宏观环境对棉花价格长期趋势的影响权重较大，因此，本节在开篇先对宏观环境做以上分析解读。

（二）估值水平

商品估值是观察其金融属性，即从估值角度观察该商品是否有投资价值。我们从三个方面观察商品估值水平：①横向的商品类别比较（由于篇幅限制，本节不做分析介绍）；②纵向的历史价格比较；③生产成本的价值偏离度比较。

本节仅就纵向的历史价格比较和生产成本的价值偏离度比较予以简单说明。

1. 纵向的历史价格比较

1975 年初至今的 47 年来，ICE 棉花价格绝大部分时间维持在 40 ~ 95 美分/磅区间波动，接近或低于 40 美分/磅是 ICE 棉花价格的绝对低价区，接近或高于 95 美分/磅是 ICE 棉花价格的绝对高价区。47 年来高于 95 美分/磅且有持续时间的只有两个时间段：①2010 年 9 月中旬至 2011 年 11 月中旬；②2021 年 9 月下旬至 2022 年 3 月底（至今）。当前（2022 年 3 月底）ICE 棉花价格在 130 美分/磅附近，从纵向历史价格比较来看属于绝对高价区范围。

2000 年至今，中国棉花价格绝大部分时间维持在 10000 ~ 17500 元/吨区间波动，接近或低于 10000 元/吨是中国棉花的绝对低价区，接近或高于 17500 元/吨是中国棉花价格的绝对高价区。2000 年至今高于 17500 元/吨且有持续时间的有三个时间段：①2008 年 8 月下旬至 2011 年 11 月中旬（与 ICE 高价区时间相匹配）；②2011 年 11 月下旬至 2014 年 3 月中旬（2011 年至 2013 年国家连续敞开收储导致国内棉价高企，2014 年开始执行新疆棉直补政策导致棉价跌破 17500 元/吨高价区；这段长期维持高价区的时间段属于政策导致，非市场行为）；③2021 年 8 月上旬至今（2022 年 3 月底）。当前（2022 年 3 月底）郑州棉花价格指数在 21500 元/吨附近，从纵向历史价格比较来看属于绝对高价区范围（见图 1 – 29）。

综上所述，ICE 棉花和中国棉花价格从纵向历史比较来看都属于高价区范围，并非价格处于高价区就不会创造新高度，也并非目前价格不能在高价区继续维持，估值水平仅是分析的不同视角而已。判断棉花价格未来方向趋势的关键是基本面因素，即接下来将重点分析棉花供需格局等因素。

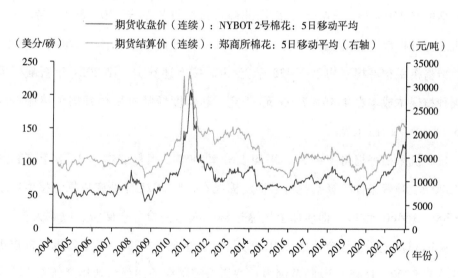

图 1 – 29　ICE 棉花与郑州棉花期货价格

资料来源：WIND、中州期货研究所。

2. 生产成本的价值偏离度比较

棉花价格长期维持在一定的价格区间内，其内在逻辑是受生产成本和利润制约，即棉花生产有相对稳定的成本，棉花价格长期高于生产成本导致的高利润会刺激植棉面积增加从而抑制棉花价格继续上涨，棉花价格长期低于生产成本造成的亏损会刺激植棉面积减少从而阻断棉花价格持续下跌。因此，棉花价格偏离棉花生产成本的程度成为判断棉花估值高低的重要参考因素。

（1）新疆机采棉种植成本

中国棉花播种面积83%以上在新疆，新疆棉花产量的全国占比超过90%，因此，中国棉花种植成本的跟踪研究主要是对新疆棉花种植成本的跟踪研究；新疆地方棉花70%以上是机采棉，兵团棉花100%是机采棉，因此，中国棉花种植成本的跟踪研究主要是对新疆机采棉种植成本的跟踪研究。

2020/2021年度新疆机采棉种植成本在2230~2460元/亩（平均成本2345元/亩），考虑到2020/2021年度新疆籽棉收购价格的高涨导致新年度租地成本可能上升，同时考虑通胀因素和能源价格高涨导致种子、化肥、农药、地膜等物料价格上升，我们预估新年度机采棉种植成本将上升25%左右，则2021/2022年度新疆机采棉种植成本在2790~3075元/亩（平均成本2933元/亩）。新疆南疆机采棉籽棉单产350~430千克/亩，新疆北疆机采棉籽棉单产420~500千克/亩（北疆机采棉籽棉单产相对偏高一些），新疆机采棉籽棉单产总体在350~500千克/亩，新疆机采棉籽棉平均单产425千克/亩。按上述数据，则2021年新疆机采棉籽棉种植保本成本在4.46~7.03元/千克，新年度新疆机采棉籽棉种植保本成本在5.58~8.79元/千克。

按照机采棉籽棉得率48%、平均衣分率38%、棉籽成本3.2元/千克和加工费1000元/吨等条件核算新疆机采棉皮棉成本，则2021年新疆皮棉直接生产成本在8700~15460元/吨，即使加上短途运输、入库公检、仓储费、收购人员工资、工厂折旧和资金利息等合计增加1000元/吨额外成本，2021年新疆机采棉皮棉加工成本在9700~16460元/吨范围内；按机采棉同样条件预估新年度新疆皮棉直接加工成本在11640~20090元/吨，同样增加1000元/吨额外成本，新年度新疆机采棉皮棉加工成本在12640~21090元/吨。从理论上讲，2021年新疆机采棉籽棉销售价格高于7.03元/千克，新疆机采棉种植户就开始产生种植利润，2021年机采棉对应最高皮棉生产成本在16460元/吨；按照成本增加25%比例，单产相对稳定测算新年度新疆机采棉籽棉最高成本为8.79元/千克，在其他条件不变的情况下新年度对应最高皮棉加工成本为21090元/吨，理论上只要新疆机采棉籽棉成本高于以上成本几乎所有种植户新年度就有种植利润（见表1-5，上述测算都是按最高理论成本计算）。

表1-5 2021年中国植棉成本调查表

单位：元/亩

项目	内地		新疆地方				新疆兵团	
	手摘棉	同比	手摘棉	同比	机采棉	同比	机采棉	同比
租地植棉总成本	1492	15.5%	2944	24.1%	2228	31.3%	2462	26.8%
自有土地植棉总成本	927	15.4%	2136	12.8%	1420	16.5%	1654	13.1%
土地成本（租地费用）	565	15.8%	808	69.1%	808	69.1%	808	69.1%
生产总成本	590	22.6%	821	23.8%	821	23.8%	955	17.4%
其中：棉种	62	11.4%	56	6.6%	56	6.6%	57	17.1%
地膜	41	5.6%	64	4.3%	64	4.3%	120	0.6%
农药	121	18.2%	110	28.1%	110	28.1%	119	63.8%
化肥	274	34.6%	375	36.7%	375	36.7%	408	21.9%
水电费	92	14.0%	215	14.2%	215	14.2%	251	5.4%
人工总成本	186	5.8%	1087	7.0%	155	3.9%	139	21.2%
其中：田间管理费	129	3.2%	155	2.3%	155	3.9%	139	21.2%
灌溉/滴灌人工费	57	12.1%	72	12.3%	—	—	—	—
拾花用工费	—	—	860	7.5%	—	—	—	—
机械作业总成本	78	5.1%	173	2.4%	389	9.6%	443	6.0%
其中：机械拾花费	—	—	—	—	216	16.8%	218	15.3%
其他成本	74	1.0%	55	19.6%	55	7.8%	117	0.0%

备注：①资料来源：国家棉花市场监测系统。
②调查时间：2021年12月。

（2）新疆机采棉加工成本

新疆棉花种植成本与新疆棉花加工成本是两个概念：种植成本代表新疆种植户在棉花种植过程中的直接投入，种植户通过售出籽棉兑现种植收益；加工成本代表新疆棉花加工厂的籽棉收购和皮棉加工资金投入，是加工厂从种植户手中收购籽棉加工成皮棉，从而完成皮棉成本固定的过程。目前新疆全疆皮棉加工产能超过1300万吨，而新疆皮棉年度产量最高曾达到580万吨，新疆棉花加工产能严重过剩，这导致近年来每年9月中旬至次年2月期间的新疆籽棉收购时节都出现新疆加工厂对籽棉抢收现象，2020/2021 年度新疆籽棉一度被抢收至 12 元/千克以上则是加工产能严重过剩的极端表现。

2020/2021 年度新疆籽棉收购过程中由于加工厂非理性抢收，籽棉收购价格从初期正常的 7 元/千克持续飙升到 12 元/千克以上，年度籽棉平均收购成本达到 9.7 元/千克以上，这导致 2020/2021 年度皮棉平均直接加工成本超过 22500 元/吨，若加上额外 1000 元/吨的其他成本，则皮棉加工成本达到 23500 元/吨（见图 1−30）。

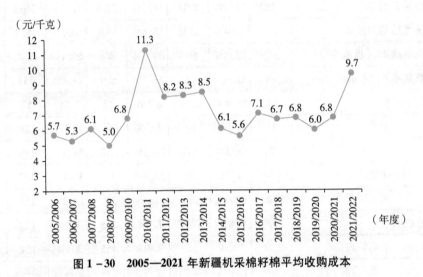

图 1−30　2005—2021 年新疆机采棉籽棉平均收购成本

资料来源：中国棉花信息网、中州期货研究所。

三、供需平衡表

本节此部分和后面部分主要介绍第三维度棉花基本面的内容。

此部分介绍棉花供需格局，主要包括：全球棉花供需平衡表、中国棉花供需平衡表、外围市场棉花供需平衡表。

（一）全球棉花供需平衡表

2016/2017 年度和 2017/2018 年度全球棉花产量连续两年两位数增长（分别增长 10.94% 和 16.12%），2018/2019 年度降幅−4.17%，2019/2020 年度增产 1.94%，2020/2021 年度降幅−7.62%，2021/2022 年度增幅 7.21%。2012—2017

年需求连年增长，2018/2019 年度降幅 – 2.44%，2019/2020 年度消费再降
– 14.45%（即 379 万吨），2020/2021 年度消费增 17.22%（即 387 万吨，恢复到
2018/2019 年度水平），2021/2022 年度增长 2.92%。全球供需缺口也由 2015 年度、
2016/2017 年度的 – 372 万吨、– 209 万吨缩窄到 2017/2018 年度的过剩 4 万吨，
2018/2019 年度缺口再度达到 – 42 万吨，2019/2020 年度过剩 387 万吨（历史次高
过剩），2020/2021 年度缺口 201 万吨（历史次高缺口），2021/2022 年度再度缺口
102 万吨。全球库存消费比水平由 2014/2015 年度开始持续下降，由当年的 95.21%
下降至 2017/2018 年度的 65.72%，2018/2019 年度微幅升高至 66.49%，2019/2020
年度库消比再达历史记录附近 94.01%，2020/2021 年度至 2021/2022 年度库存消费
比连续两年下降（至 66.30%），但仍是历史相对高值水平（见表 1 – 6）。

表 1 – 6　2001—2021 年全球棉花产销存状况（USDA 统计口径，截至 2022 年 3 月）

单位：万吨

年度	期初库存	全球产量	全球消费量	全球进出口	全球期末库存	库存消费比（%）	供需缺口
2001/2002	1076	2149	2056	635	1187	57.70	93
2002/2003	1187	1981	2142	663	1037	48.40	– 161
2003/2004	1037	2106	2135	723	1047	49.00	– 29
2004/2005	1047	2647	2375	762	1319	55.50	272
2005/2006	1319	2535	2543	977	1348	53.00	– 8
2006/2007	1348	2652	2696	828	1356	50.30	– 44
2007/2008	1356	2605	2692	856	1326	49.30	– 87
2008/2009	1326	2335	2398	666	1340	55.90	– 63
2009/2010	1340	2237	2589	800	1026	39.30	– 352
2010/2011	1027	2547	2497	793	1097	43.00	50
2011/2012	1097	2778	2264	988	1611	71.16	514
2012/2013	1611	2694	2344	1012	1976	84.32	350
2013/2014	1976	2621	2394	897	2243	93.69	227
2014/2015	2243	2596	2444	785	2327	95.21	152
2015/2016	2327	2094	2465	772	1964	79.65	– 372
2016/2017	1964	2323	2531	825	1748	69.07	– 209

续　表

年度	期初库存	全球产量	全球消费量	全球进出口	全球期末库存	库存消费比（％）	供需缺口
2017/2018	1748	2697	2693	905	1770	65.72	4
2018/2019	1770	2585	2627	924	1747	66.49	-42
2019/2020	1747	2635	2248	883	2113	94.01	387
2020/2021	2113	2434	2635	1070	1901	72.16	-201
2021/2022	1901	2610	2712	1008	1798	66.30	-102

资料来源：USDA、中州期货研究所。

2019 年全球库存消费比达到历史次高后连续两年下降，2021/2022 年度全球平衡表库存消费比水平和平衡表演绎路径类似于 2016/2017 年度状况。由于 2021/2022 年度全球棉花价格高涨并处于绝对价格历史高价区水平，2022/2023 年度全球植棉面积和产量大概率会有一定幅度的增长，2022/2023 年度产量状况将类似于 2017/2018 年度，会有一定幅度的增长（2017/2018 年度产量同比增长 16.12% 且该年度绝对价格远低于 2021/2022 年度），若 2022/2023 年度消费维持平稳或略有增长，则 2022/2023 年度全球供需平衡表演绎路径大概率类似于 2017/2018 年度状况（见图 1 - 31）。

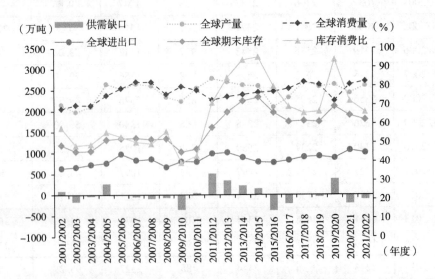

图 1 - 31　2001—2021 年全球棉花供需及进出口量

资料来源：USDA、中州期货研究所。

（二）中国棉花供需平衡表

中国棉花产量经历 2013—2015 年连续三年减产，2016—2018 年连续三年产量增长（2016/2017 年度增长 3.4%，2017/2018 年度增长 20.88%，2018/2019 年度小幅增长 0.92%），2019/2020 年度小幅减产 1.80%，2020/2021 年度产量增加 8.26%，2021/2022 年度减产 8.47%。2010—2013 年连续四年消费下降，2014—2017 年连续四年消费增长，2018/2019 年度消费下降至 860 万吨（降幅 3.66%），低于正常年份的平均水平（正常年份平均水平为 899 万吨），2019/2020 年度消费下降 16.45% 至 719 万吨，2020/2021 年度增长 21.21% 至 871 万吨（恢复至 2018/2019 年度稍高水平），2021/2022 年度消费略降 1.25% 至 860 万吨。考虑进口情况之后，近年缺口逐年缩窄，2018/2019 年度缺口 -46 万吨（进口 210 万吨），2019/2020 年度过剩 30 万吨（进口 155 万吨），2020/2021 年度过剩 52 万吨（进口 280 万吨），2021/2022 年度再度缺口 65 万吨（进口 207 万吨）。2015—2018 年中国期末库存和库存消费比持续降低，2019/2020 年度库存消费比快速飙升至 111.82%，2020/2021 年度至 2021/2022 年度库存消费比连续两年下降至 91.58%，但仍处于高值水平。近两年中国平缓去库存，但库存水平和库存消费比水平仍相对偏高（见表 1-7）。

表 1-7　2001—2021 年中国棉花产销存状况（USDA 统计口径，截至 2022 年 3 月）

单位：万吨

年度	期初库存	产量	进口	总供给	消费	出口	期末库存	库存消费比（%）	缺口
2001/2002	429	531	10	970	571	1.00	410	71.80	-30
2002/2003	410	549	68	1027	651	1.00	381	58.53	-34
2003/2004	381	518	192	1091	697	1.00	413	59.25	13
2004/2005	413	660	139	1212	838	1.00	400	47.73	-39
2005/2006	400	618	420	1438	980	1.00	491	50.10	58
2006/2007	491	773	231	1495	1089	1.00	447	41.05	-85
2007/2008	447	806	251	1504	1110	1.00	446	40.18	-53
2008/2009	446	799	152	1397	958	1.16	465	48.54	-7
2009/2010	465	697	237	1399	1089	1.52	310	28.47	-155

年度	期初库存	产量	进口	总供给	消费	出口	期末库存	库存消费比（%）	缺口
2010/2011	310	664	261	1235	1002	1.85	231	23.05	-77
2011/2012	231	740	534	1505	827	1.47	677	81.86	447
2012/2013	677	762	443	1882	784	1.09	1097	139.92	421
2013/2014	1097	713	308	2118	751	1.09	1365	181.77	269
2014/2015	1365	653	180	2199	751	1.09	1446	192.51	82
2015/2016	1446	479	96	2021	784	1.00	1235	157.50	-209
2016/2017	1235	495	110	1839	838	1.00	1000	119.28	-233
2017/2018	1000	599	124	1723	893	1.00	827	92.66	-170
2018/2019	827	604	210	1641	860	1.00	777	90.30	-46
2019/2020	777	593	155	1525	719	1.00	803	111.82	30
2020/2021	803	642	280	1726	871	2.00	855	98.13	52
2021/2022	855	588	207	1649	860	3.00	788	91.58	-65

资料来源：USDA、中州期货研究所。

2015—2021 年中国总体处于去库存过程中，2017—2018 年中国去库存开始钝化，2019/2020 年度因为新冠肺炎疫情暴发导致消费巨降推高库存，2020—2021 年再度进入去库存进程且仍处于去库钝化状态。2022/2023 年度中国植棉面积小幅增加，消费则大概率维持平稳或小幅增长，进口预计仍在 200 万吨上下，基于这些条件 2022/2023 年度中国大概率仍将小幅去库存且继续表现为去库存钝化状态（见图 1-32）。

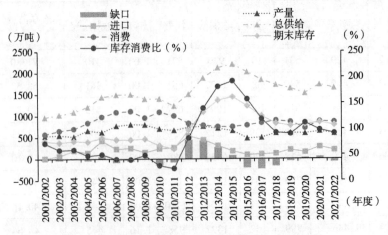

图 1-32　2001—2021 年中国棉花供需及进出口量

资料来源：USDA、中州期货研究所。

（三）外围市场棉花供需平衡表

我们把全球棉花市场分为两部分：中国市场和外围市场（中国以外的市场称为外围市场）。把全球棉花市场分为两个部分进行分析，既有利于客观看待国内市场状况，也能清晰透视国际市场供需格局。

2018/2019年度外围市场棉花产量小幅下跌（-5.62%），2019/2020年度增长3.09%至2042万吨（近20年来的次高水平），2020/2021年度减幅-12.24%至1792万吨，2021/2022年度增幅12.84%至2022万吨（近21年平均产量1827万吨）。外围市场消费自2012—2017年基本持续增长，2018—2019年消费连续两年下降至1529万吨（近9年来最低消费水平），2020/2021年度消费增长15.35%至1764万吨，2021/2022年度消费再度增长4.98%至1852万吨（近21年平均消费1598万吨）。外围市场绝大多数情况是产量大于需求量，经中国因素（中国进口）调整后，外围市场期末库存基本平稳（700万~1000万吨），2019/2020年度期末库存1310万吨（历史最高库存水平），2020/2021年度期末库存1047万吨（历史次高库存水平），2021年期末库存1010万吨（历史第三高库存水平，近21年平均库存877万吨）。外围市场正常年份平均水平库存消费比为53%左右，2019/2020年度库存消费比攀升至85.64%，2020/2021年度库存消费比降至59.34%，2021/2022年度库存消费比再度下降至54.56%。2016—2019年外围市场连续四年过剩，2019/2020年度过剩量357万吨（历史最大过剩量），2020/2021年度缺口量252万吨，2021/2022年度缺口量37万吨。2017/2018年度至2018/2019年度中国降库存且去库存速度钝化，外围市场快速增库存导致全球库存和库存消费比攀升，外围市场使过去几年的全球去库存戛然而止。2019/2020年度，因为新冠疫情暴发，全球消费出现大幅下降，全球出现急速累库现象；2020/2021年度至2021/2022年度外围市场消费回升，外围市场库存消费比回落至平均水平附近（见表1-8）。

表1-8 2001—2021年外围市场棉花产销存状况（USDA统计口径，截至2022年3月）

单位：万吨

年度	期初库存	外围产量	外围消费量	外围进出口	外围期末库存	库存消费比（%）	供需缺口1	供需缺口1占比（%）	中国进口	市场缺口2	供需缺口2占比（%）
2001/2002	647	1618	1485	625.2	777	52.32	133	8.96	10	123	8.30
2002/2003	777	1432	1491	595	656	44.00	-59	-3.96	68	-127	-8.52
2003/2004	656	1588	1438	531	634	44.09	150	10.43	192	-42	-2.92
2004/2005	634	1987	1537	623	919	59.79	450	29.28	139	311	20.23
2005/2006	919	1917	1563	557	857	54.83	354	22.65	420	-66	-4.22
2006/2007	857	1879	1607	597	909	56.57	272	16.93	231	41	2.55
2007/2008	909	1799	1582	605	880	55.63	217	13.72	251	-34	-2.15
2008/2009	880	1536	1440	514	875	60.76	96	6.67	152	-56	-3.89
2009/2010	875	1540	1500	563	716	47.73	40	2.67	237	-197	-13.13
2010/2011	717	1883	1495	532	866	57.93	388	25.95	261	127	8.49
2011/2012	866	2038	1437	454	934	65.00	601	41.82	534	67	4.66
2012/2013	934	1932	1560	569	879	56.35	372	23.85	443	-71	-4.55
2013/2014	879	1908	1642.9	589.5	877.7	53.42	265	16.14	308	-42	-2.58
2014/2015	877.7	1942.5	1692.4	604.8	880.5	52.03	250	14.78	180	70	4.12
2015/2016	880.5	1614.6	1681.6	675.8	729.1	43.36	-67	-3.98	96	-163	-9.69
2016/2017	729.1	1827.3	1693.2	715	748.6	44.21	134	7.92	110	24	1.45
2017/2018	748.6	2098.3	1800.1	780.3	942.5	52.36	298	16.57	124	174	9.66
2018/2019	943	1980	1767	715	970	54.91	213	12.08	210	3	0.20
2019/2020	970	2042	1529	728	1310	85.64	513	33.52	155	357	23.36
2020/2021	1310	1792	1764	790	1047	59.34	28	1.58	280	-252	-14.30
2021/2022	1047	2022	1852	801	1010	54.56	170	9.19	207	-37	-1.98

说明：缺口1＝产量-消费；缺口2＝产量-消费-中国进口。

资料来源：USDA、中州期货研究所。

2021/2022年度外围市场棉花产量增长至2000万吨以上的相对较高水平（历史第四高），外围市场消费连续两年增长后至历史最高水平，外围市场库存消费比从2019/2020年度的历史最高水平迅速回落至历史平均水平附近，2021/2022年度外围市场平衡表边际改善速度较快，整体上处于平衡略宽松状态。由于国际棉价处于近

11 年来高位且持续维持，2022/2023 年度外围市场北半球主要产棉国美国、印度、中国和巴基斯坦都大概率将增加植棉面积，其中美国、印度和巴基斯坦在新年度植棉面积增长率预估将达到两位数水平。由于疫情因素、持续高通胀预期使全球消费趋于保守、全球经济滞胀等，2022/2023 年度外围市场消费大概率持平或仅微幅增长，因此，2022/2023 年度外围市场大概率仍将延续过剩状态且库存消费比小幅抬升（见图 1 - 33）。

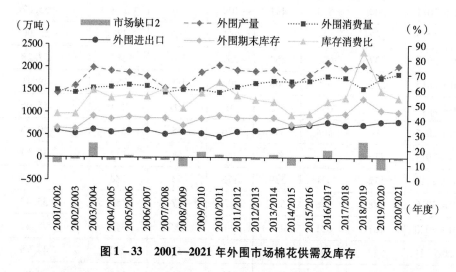

图 1 - 33　2001—2021 年外围市场棉花供需及库存

资料来源：USDA、中州期货研究所。

（四）印度棉花供需平衡表

印度棉花产量长期大于需求，印度富余产量通过出口调整后，其国内期末库存基本维持在 240 万吨上下，其国内平均库存消费比维持在 47% 左右。2020—2022 年，印度棉花产量连续两年减产，2021/2022 年度产量 577 万吨，已低于印度近 10 年平均产量水平（近 10 年平均产量 610 万吨）。2020—2022 年，印度棉花消费连续两年增长，2021/2022 年度印度棉花消费 566 万吨是印度历史最高消费量（近 10 年平均消费 518 万吨）。2020—2022 年，印度期末库存和库消比连续两年下降，2021/2022 年度印度期末库存 175 万吨是印度近 14 年来次低期末库存水平，2021/2022 年度印度库存消费比 30.91% 是印度近 14 年来最低库存消费比水平。2021/2022 年度印度棉花平衡表处于比较紧张的状态（见表 1 - 9）。

表1-9 2006—2021年印度棉花供需平衡表（USDA统计口径，截至2022年3月）

单位：万吨

年度	期初库存	产量	消费	出口	供需缺口	期末库存	库存消费比（%）
2006/2007	176	475	394	106	81	155	39.34
2007/2008	155	523	405	163	118	123	30.37
2008/2009	123	492	387	51	105	232	59.95
2009/2010	232	518	430	143	88	204	47.44
2010/2011	204	575	437	109	138	243	55.67
2011/2012	243	631	424	241	207	237	55.90
2012/2013	237	621	454	169	167	260	57.28
2013/2014	260	675	506	202	169	250	49.41
2014/2015	250	642	533	91	109	294	55.06
2015/2016	294	564	539	126	25	216	40.16
2016/2017	216	588	530	99	58	172	32.37
2017/2018	172	631	539	113	93	188	34.85
2018/2019	188	566	529	77	37	187	35.40
2019/2020	187	621	436	70	185	342	78.42
2020/2021	342	601	544	135	57	260	47.75
2021/2022	260	577	566	120	11	175	30.91

说明：USDA公布的期末库存是按照美国棉花年度计算的期末库存，即美国棉花年度是N年的8月初至N+1年的7月末，而印度棉花年度是N年的10月初至N+1年的9月末，因此，在实际应用中按USDA公布的印度棉花期末库存减去两个月的印度消费后与印度棉花年度的期末库存对应。

资料来源：USDA、中州期货研究所。

印度棉花在产量连续两年减少的同时消费连续两年增长（2021/2022年度印度棉花消费又达到历史最高水平），2021/2022年度印度库存水平和库存消费比都处于14年来最低水平附近，2021/2022年度印度供需平衡表处于绝对紧张的状态，2021/2022年度印度棉花现货价格也达到了历史最高水平（2022年3月底印度棉S-6现货价已突破90000卢比/坎帝的历史高价）。2022年4月正处于北半球棉花播种季，高棉价刺激印度植棉面积增长，权威机构预计2022/2023年度印度植棉面积增长15%~25%，印度棉花消费或有增长，但大概率低于其产量增速，因此，2022/2023年度印度棉花平衡关系大概率有所改善（见图1-34）。

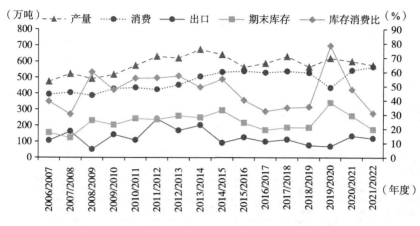

图 1 - 34　2006—2021 年印度棉花供需平衡关系

资料来源：USDA、中州期货研究所。

（五）美国棉花供需平衡表

美国棉花产量绝大多数年份维持在 400 万吨以内（近 16 年平均产量 363 万吨），2021/2022 年度产量 384 万吨，同比增长 20.62%，略高于平均水平。2007—2017 年，美国棉花消费基本维持在 70 万 ~ 80 万吨，2018/2019 年度开始美国棉花消费有所下降。美国棉花出口量与其产量完全正相关，美国棉花绝大部分用于出口，2021/2022 年度美国棉花出口 321 万吨，低于 2020/2021 年度的 356 万吨出口量，使美国国内棉花库存降速趋缓。我们定义美国棉花总需求 = 美国棉花出口 + 国内消费，根据美国棉花总需求观察美国库存消费比，2020/2021 年度美国通过降库存方式维持其较大规模出口水平，导致其 2020/2021 年度库存水平和库存消费比都急剧下降，2021/2022 年度美国棉花出口量下降使其期末库存和库存消费比水平略有上升（见表 1 - 10）。

表 1 - 10　2006—2021 年美国棉花供需平衡表（USDA 统计口径，截至 2022 年 3 月）

单位：万吨

年度	期初库存	产量	消费	出口	期末库存	库存消费比（%）	供需缺口
2006/2007	382	470	107	282	206	52.98	80
2007/2008	206	418	100	297	219	55.17	21
2008/2009	219	279	77	289	138	37.73	-87
2009/2010	138	265	77	262	64	18.92	-74
2010/2011	64	394	85	313	57	14.22	-4

续 表

年度	期初库存	产量	消费	出口	期末库存	库存消费比（%）	供需缺口
2011/2012	57	339	72	255	73	22.31	12
2012/2013	73	377	84	284	83	22.52	10
2013/2014	83	281	84	229	51	16.70	-26
2014/2015	51	355	82	245	80	24.33	29
2015/2016	80	281	78	199	83	29.81	3
2016/2017	83	374	72	325	60	15.10	-23
2017/2018	60	456	70	355	91	21.56	32
2018/2019	91	400	63	323	106	27.38	14
2019/2020	106	434	44	338	158	41.41	52
2020/2021	158	318	51	356	69	16.84	-89
2021/2022	69	384	55	321	76	20.26	8

说明：美国库消比＝期末库存/（消费＋出口）。
资料来源：USDA、中州期货研究所。

2020/2021 年度美国棉花产量增长 20.64% 至 384 万吨，高于近 16 年平均产量水平。截至 2022 年 3 月底，ICE 棉花价格仍维持在 130 美分/磅以上的高价，这属于 11 年来绝对高价水平，从而刺激美棉面积增加，2022 年 4 月 1 日美国农业部（USDA）公布的新年度美国棉花种植意向调查显示，美国新年度植棉面积 1223.4 万英亩（较 2021/2022 年度最终植棉面积 1122 万英亩增长 9.04%），2022/2023 年度美棉产量大概率超过历史最高产量 400 万吨（见图 1-35）。

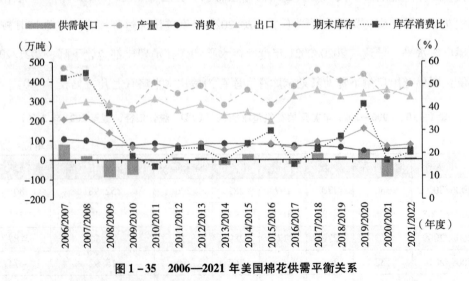

图 1-35 2006—2021 年美国棉花供需平衡关系

资料来源：USDA、中州期货研究所。

（六）中国棉花供需平衡表——BCO 口径

上述平衡表使用的均为 USDA（美国农业部）口径，USDA 数据对全球市场、国别市场有系统性统计，是进行全球供需平衡表趋势性分析和长周期规律研究权威且全面的数据来源；对中国供需平衡表的国别分析，我们采用中国棉花信息网平衡表口径（BCO 中国棉花产销存资源表数据），下面根据该口径对中国供需平衡表分析（见表 1 - 11）。

2016/2017 年度抛储 328 万吨，2017/2018 年度抛储 269 万吨，2018/2019 年度抛储 116 万吨；2019/2020 年度轮入 37 万吨（2019/12/2—2020/3/31），抛储 22.5 + 38.4 = 60.9 万吨，则国储剩余 148 万吨（2020/7/1—2020/8/31，抛售成交 38.4 万吨）；2020 年 9 月抛储 12 万吨（2020/7/1—2020/9/30，累计抛储 50.3 万吨），2020/12/1—2021/3/31 计划轮入 50 万吨（未成交）；2021/7/5—2021/9/30，抛储 63 万吨（2021/7/5—2021/8/31，抛售成交 39.7 万吨）；2021/10/8—2021/11/30，第一批投放累计成交 57.23 万吨（第二批投放计划 60 万吨，因价格大跌于 2021/12/1 发布公告暂停）。（说明：在抛储历史上有 20 万吨左右成交违约等误差统计未计入；市场猜测 2017/2018 之后国储收储进口棉 50 万 ~ 80 万吨，因相关机构未公开公布该数据，该猜测进口棉数据未计入上述国储库存；另外，根据 2018 年至今国家发展改革委滑准税发放情况和海关统计的进口数量数据，国储收购进口棉的数量可能高于上述猜测数量。）

按上述国储收储和抛储公开数据统计，截至当前 2021/2022 年度国储库存仅有 16 万吨（不含历史误差和猜测国储进口棉），若 2022/2023 年度国储收储 50 万吨，则 2022/2023 年度国储库存将增加到 66 万吨。

根据中国棉花信息网口径，2021/2022 年度中国棉花进口 200 万吨，2021/2022 年度中国库存消费比 63.03%，仍偏高（正常年份平均水平是 47%）。中国棉花信息网预估 2022/2023 年度国内产量与上年度持平，为 584 万吨，需求与上年度持平，为 825 万吨，进口略减 20 万吨至 180 万吨，在此情况下 2022/2023 年度国内库消比将达到 55.64%，2022/2023 年度中国快速降库存，但库存消费比仍高于正常年份平均水平，2022/2023 年度中国平衡表状态属于快速去库存但略宽松水平。

表 1-11　中国棉花供需平衡表（中国棉花信息网口径，截至 2022 年 3 月）

单位：万吨

项目	年度										
	2012/2013	2013/2014	2014/2015	2015/2016	2016/2017	2017/2018	2018/2019	2019/2020	2020/2021	2021/2022	2022
期初库存	569	935	1202	1270	1042	775	592	543	524	562	520
产量	757	692	629	453	469	572	577	575	633	583	584
进口量	440	300	167	96	111	133	203	160	274	200	180
总供给	1766	1927	1998	1819	1622	1480	1372	1278	1431	1345	1284
消费量	805	724	728	777	855	888	829	754	869	825	825
出口量	1	1	3	2	4	4	5	4	0	1	1
期末库存 1	935	1201	1270	1042	775	592	543	524	562	520	459
库存消费比 R1（%）	116.15	165.88	174.45	134.11	90.64	66.67	65.50	69.50	64.67	63.03	55.64
国储库存	700	1095	1089	885	557	288	172	148	96	16	66
期末库存 2（除国储）	235	106	181	157	218	303	371	376	466	504	393
库存消费比 R2（%）	29.19	14.64	24.86	20.21	25.50	34.12	44.75	49.85	53.58	61.08	47.62
供需缺口 1	-48	-32	-99	-324	-386	-316	-252	-179	-236	-242	-241
供需缺口 2	392	268	68	-228	-275	-183	-49	-19	38	-42	-61

说明：库存消费比 1 = 期末库存/消费，库存消费比 2 =（期末库存 - 国储库存）/消费，供需缺口 1 = 产量 - 消费，供需缺口 2 = 产量 + 进口 - 消费。

资料来源：中国棉花信息网、中州期货研究所。

四、中国棉花产业政策

中国棉花市场的产业政策主要有临时收储政策、国储棉抛售政策、目标价格直接补贴政策、棉花进口配额政策、棉纱进口政策，下面就这些政策作简单说明。

（一）临时收储政策

中国政府于 2008 年就开始颁布实施棉花临时收储政策，因为是临时手段，政策执行的具体时间和收储数量都非常不固定；2011—2013 年连续执行棉花临时收储政策，收储价格提前公布，收储数量不受限制，执行力度大，持续时间长。

1. 2011/2012 年度临时收储政策

政策于 2011 年 3 月 28 日公布（棉花播种期间），收储时间为 2011 年 9 月 1 日至 2012 年 3 月 31 日，按照公定重量 19800 元/吨皮棉到库价敞开无限量收购；2011/2012 年度国内产量 740 万吨，国家收储 325 万吨，国家收储占比 44%。

2. 2012/2013 年度临时收储政策

政策于 2012 年 3 月 1 日公布（棉花播种期前），收储时间为 2012 年 9 月 1 日至 2013 年 3 月 31 日，按照公定重量 20400 元/吨皮棉到库价敞开无限量收购；2012/2013 年度国内产量 757 万吨，国家收储 667 万吨，国家收储占比 88%。

3. 2013/2014 年度临时收储政策

政策于 2013 年 4 月 8 日公布（棉花播种期间，政策公布时间延后），收储时间为 2013 年 9 月 1 日至 2014 年 3 月 31 日，按照公定重量 20400 元/吨皮棉到库价敞开无限量收购；2013/2014 年度国内产量 692 万吨，国家收储 660 万吨，国家收储占比 95%。

（二）国家储备棉抛售政策

临时收储政策积累了大量的国储棉花库存，三年累计收购棉花 1652 万吨。如此巨量的棉花库存成为抑制国内棉价的重要因素，中国政府于 2014/2015 年度开始着手去库存，但效果不理想（2014/2015 年度抛储近 50 天，仅成交 6.34 万吨）。2015/2016 年度国家控制棉花进口，加大抛储力度，国储棉花去库存加速。

1. 2008—2010 年国储棉抛售

2009 年 5 月至 2010 年 8 月，国内棉价停止加速上涨，国家分三次抛售国家储备棉 260 万吨，抛储完毕后国内棉价开始加速上涨。

2. 2012/2013 年度国储棉抛售

2012 年 9 月 3 日至 9 月 29 日，国家以 18500 元/吨为底价的竞拍方式，抛售成交 2011/2012 年度棉花 50 万吨；2013 年 1 月 4 日至 7 月 31 日，国家计划抛售 450 万吨，竞卖底价为标准级 19000 元/吨，其他等级棉花按照品级差率 3%、长度差率

1%；同时"5万锭以上的纺纱企业"可按3∶1获得一般贸易进口配额，累计抛售成交372万吨。

3. 2013/2014年度国储棉抛售

2013年11月28日至2014年8月31日，国家按标准级18000元/吨敞开抛储国储棉，随着抛储成交量持续遇冷，国家对抛储政策进行调整，决定从2014年4月1日起抛储底价调整为17250元/吨，竞拍新疆库国储棉搭售3∶1进口棉配额，竞拍内地库搭售4∶1进口棉配额，竞拍企业仍限定为纺织用棉企业，累计抛储265万吨。

4. 2014/2015年度国储棉抛售

2015年7月10日至8月31日，国家按照标准级竞卖底价，2011/2012年度国产棉13200元/吨，2012/2013年度国产棉14200元/吨，累计抛储6.34万吨。

5. 2015/2016年度国储棉抛售

2015/2016年度之前国储棉抛售时间不固定，抛储定价和抛储数量不固定，市场不能对国储棉抛售形成一致预期，不利于生产企业安排生产计划和补库存。2015/2016年度开始，国储棉抛售形成了透明制度，关于抛售时间、抛售定价、抛售数量等都有明确规定，从此棉花抛售更为透明化、规范化。

2016年4月15日，国家发展改革委和财政部发布了国储棉抛售政策公告：抛储时间为N＋1年的3—8月，根据情况可延期抛售；抛售定价按照［CotlookA港口1%关税CIF价＋（CC Index 3128B指数＋CNCotton B）/2］/2；抛售数量为每日3万吨，连续三日成交量超过70%，日抛储量增加到5万吨；可考虑不对称轮入，即先轮出后轮入，多轮出少轮入，轮入量原则上不超过上年度抛售量的30%（实际情况是近年来国储棉并没有轮入）。

2016年5月3日至8月31日，国储棉轮出不超过200万吨，抛储底价按［（CNCottonB＋CC Index 3128B）/2＋CotlookA］/2进行周度调整，实现内外联动，累计抛储成交204万吨。

6. 2016—2019年国储棉抛售

这三年国储棉抛售都是按上述政策执行，且2017年9月和2018年9月都延期一个月抛售。

2016/2017年度国储棉抛售：2016年9月1日至9月30日，累计抛售62万吨；

2017 年 3 月 6 日至 8 月 31 日，累计抛售 266 万吨，抛售价格按公告价格计算方式进行。

2017/2018 年度国储棉抛售：2017 年 9 月 1 日至 9 月 30 日，累计抛售 57 万吨；2018 年 3 月 12 日至 8 月 31 日，累计抛售 212 万吨，抛售价格按公告价格计算方式进行。

2018/2019 年度国储棉抛售：2018 年 9 月 1 日至 9 月 30 日，累计抛售 39 万吨；2019 年 5 月 5 日至 8 月 31 日，累计抛售 77 万吨，抛售价格按公告价格计算方式进行。

7. 2019/2020 年度国储棉抛售

2019 年 9 月 1 日至 9 月 30 日，累计抛售 22.5 万吨，抛售价格按公告价格计算方式进行；2020 年 7 月 1 日至 8 月 31 日，累计抛售 38.4 万吨。

8. 2020/2021 年度国储棉抛售

2020 年 9 月 1 日至 9 月 30 日，累计抛售 12 万吨，抛售价格按公告价格计算方式进行；2021 年 7 月 5 日至 8 月 31 日，累计抛售 39.7 万吨。

9. 2021/2022 年度国储棉抛售

2021 年 9 月 1 日至 9 月 30 日，累计抛售 23.3 万吨，抛售价格按公告价格计算方式进行；2021 年 10 月 8 日至 11 月 30 日，累计抛售 57.23 万吨。

根据以上公开数据，整理国储棉剩余资源量（见表 1 - 12）。

表 1 - 12　2011—2021 年国储棉剩余资源量

单位：万吨

年度	收储/抛储时间	收储/抛储数量	年度结余
2011/2012	＊2011.09—2012.03	325（国产棉）	455
		100（进口棉）	
2012/2013	2012.09.03—2012.09.29	50	700
	＊2012.09—2013.03	667	
	2013.01.14—2013.07.31	372	
2013/2014	＊2013.09—2014.03	660	1095
	2013.11.28—2014.08.31	265	
2014/2015	2015.07.10—2015.08.31	6.34	1089

续　表

年度	收储/抛储时间	收储/抛储数量	年度结余
2015/2016	2016.05.03—2016.08.31	204	885
2016/2017	2016.09.01—2016.09.30	62	557
	2017.03.06—2017.08.31	266	
2017/2018	2017.09.01—2017.09.30	57	288
	2018.03.12—2018.08.31	212	
2018/2019	2018.09.01—2018.09.30	39	172
	2019.05.05—2019.08.31	77	
2019/2020	2019.09.01—2019.09.30	22.5	148
	*2019.12.02—2020.03.31	37	
	2020.07.01—2020.08.31	38.4	
2020/2021	2020.09.01—2020.09.30	12	96
	*2020.12.01—2021.03.31	0（计划50）	
	2021.07.05—2021.08.31	39.7	
2021/2022	2021.09.01—2021.09.30	23.3	72.7
	2021.10.08—2021.11.30	57.23	15.47
	2021.12.01—2022.01.31	暂停（计划60）	15.47

说明：星号代表收储，非星号代表抛储。

资料来源：中国棉花信息网、全国棉花交易市场、中州期货研究所。

根据公开数据整理，截至2022年3月底，国储剩余资源量仅有15万吨左右（注：在抛储历史上有20万吨左右成交违约等误差统计未计入；市场猜测2017/2018年度之后国储收储进口棉50万~80万吨，因相关机构未公开公布该数据，该猜测进口棉数据未计入上述国储库存；另外，根据2018年至今国家发展改革委滑准税发放情况和海关统计的进口数量数据，国储收购进口棉的数量可能高于上述猜测数量），加上统计误差和传言的国储进口棉，当前国储资源量范围在85万~115万吨之间。

（三）目标价格直接补贴政策

临时收储政策保护了农民种植积极性，但连续收储积累了大量国储库存难以消化，同时也造成内外棉价差过大，影响中国纺织企业国际竞争力。为改变这种状况，国家停止了持续三年的临时收储政策，2014/2015年度开始执行新疆棉花目标价格直接补贴政策。

1. 2014/2015年度新疆棉花直接补贴政策

2014年1月19日，中共中央、国务院近日印发了《关于全面深化农村改革加快推进农业现代化的若干意见》，文件提出：逐步建立农产品目标价格制度，在市场价格过高时补贴低收入消费者，在市场价格低于目标价格时按差价补贴生产者，切实保障农民收益；2014 年，启动东北和内蒙古大豆、新疆棉花目标价格补贴试点。

根据 2014 年中央 1 号文件关于启动新疆棉花目标价格改革试点的要求，2014 年 4 月 5 日（棉花种植过程中）国家发展改革委、财政部、农业部联合发布 2014 年棉花目标价格为每吨 19800 元，对新疆地区的棉花生产者实行差价补贴。生产者按市场价格出售棉花，当市场价格低于目标价格时，国家给棉农补贴，以保障棉农棉花种植基本收益；当市场价格高于目标价格时，国家不发放补贴。

2014 年 9 月 17 日出台《新疆棉花目标价格改革试点工作实施方案》，该方案规定了政策执行的四个原则：市场决定价格，棉花价格由市场供求形成，政府不干预市场价格；保障棉农基本收益；统筹兼顾；平稳过渡。

2. 2015/2016 年度新疆棉花直接补贴政策

2015 年 4 月 7 日（棉花种植过程中）出台 2015/2016 年度实施方案，目标价格为每吨 19100 元/吨；根据上年度执行过程中出现的问题，改进入库流程及手续，在提高效率的同时降低成本。

3. 2016/2017 年度新疆棉花直接补贴政策

2016 年 3 月 18 日（棉花种植前）出台 2016/2017 年度实施方案，目标价格为每吨 18600 元/吨；对新疆大部分地区按产量进行补贴，对南疆四地州按面积进行补贴。

4. 2017—2019 年新疆棉花直接补贴政策

2017 年之前的目标价格补贴政策发布时间不统一，有些年度进入棉花播种期，但政策仍未公布，这不利于棉农安排生产计划；2014—2016 年在目标价格执行过程中，目标价格从 19800 元/吨到 18600 元/吨逐年降低，这使棉农形成了目标价格继续逐年降低的预期。为改变这种情况，2017 年 3 月 16 日提前发布目标价格补贴政策，政策规定：坚持生产成本加收益的定价原则，合理确定定价周期，目标价格水平三年一定，2017—2019 年目标价格水平为 18600 元/吨；对新疆享受目标价格补贴的棉花数量进行上限管理，超出上限的不予补贴，补贴数量上限是基期（2012—2014 年）全国棉花平均产量的 85%（国家统计局口径，见表 1 - 13）。

表 1 - 13 2012—2014 年全国及新疆棉花产量

单位：万吨

年度	全国	新疆	新疆/全国（%）
2012/2013	683	353.4	51.74
2013/2014	630	351.8	55.84
2014/2015	616.1	367.7	59.68
平均	643	358	55.76
平均产量的 85%	547	—	—

资料来源：国家统计局、中州期货研究所。

按照上述规定，新疆棉花目标价格补贴的数量上限为 547 万吨，2017/2018 年度新疆棉花产量 500 万吨，2018/2019 年度新疆棉花产量 510 万吨，2019/2020 年度新疆棉花产量 500 万吨左右，2017—2020 年新疆棉花产量一直未超过直补政策数量上限。

5. 2020—2022 年新疆棉花直接补贴政策

2020 年 3 月 25 日，国家发展改革委和财政部联合下发了《关于完善棉花目标价格政策的通知》，继续坚持生产成本加收益的作价原则，棉花目标价格水平按照近三年生产成本加合理收益确定，从 2020 年起，新疆棉花目标价格水平为 18600 元/吨，同步建立定期评估机制，每三年评估一次，根据评估结果视情况调整目标价格水平。如遇棉花市场发生重大变化，报请国务院同意后可及时调整目标价格水平。

（四）棉花进口配额政策

中国棉花进口实施配额政策，在不同条件下进口的棉花执行不同的进口关税税率：

① 1% 关税配额，但数量只有 89.4 万吨，每年数量固定，从 2005 年开始执行至今。② 2005 年 5 月开始，中国政府对超配额进口的棉花实行征收滑准税（滑准税是从量税和从价税的结合体，当进口棉价格高于基准价时适用于相对较低的从量税，当进口棉价格低于基准价时适用于相对较高的从价税，滑准税税率实际上是调节税率）政策，即对进口棉花加征 5%~40% 的进口关税。③ 1% 关税配额和滑准税配额以外的棉花执行 40% 的全关税税率，这个税率条件下进口数量不受限制，敞开进口。

表 1 - 14 是历年滑准税税率：

表 1 - 14　2005—2021 年滑准税税率

单位：元/千克

年份	基准价	高于基准价从量税	低于基准价从价税率
2005	10.029	5% 计征	$Ri = INT \{ [Pt/ (Pi*E) - 1] *1000 + 0.5 \} /1000$
2006	10.746	5% 计征	$Ri = INT \{ [Pt/ (Pi*E) - 1] *1000 + 0.5 \} /1000$
2007	11.397	6% 计征	$Ri = INT [(8.8/Pi*E + 2.526\% *Pi*E - 1) * 1000 + 0.5] /1000$
2008	11.397	0.570	$Ri = 8.686/Pi + 2.526\% *Pi - 1$
2009	11.397	0.570	$Ri = 8.686/Pi + 2.526\% *Pi - 1$
2010	11.397	0.570	$Ri = 8.686/Pi + 2.526\% *Pi - 1$
2011	11.397	0.570	$Ri = 8.686/Pi + 2.526\% *Pi - 1$
2012	14.000	0.570	$Ri = 8.23/Pi + 3.235\% *Pi - 1$
2013	14.000	0.570	$Ri = 8.87/Pi + 2.908\% *Pi - 1$
2014	15.000	0.570	$Ri = 9.337/Pi + 2.77\% *Pi - 1$
2015	15.000	0.570	$Ri = 9.337/Pi + 2.77\% *Pi - 1$
2016	15.000	0.570	$Ri = 9.337/Pi + 2.77\% *Pi - 1$
2017	15.000	0.570	$Ri = 9.337/Pi + 2.77\% *Pi - 1$
2018	15.000	0.570	$Ri = 9.337/Pi + 2.77\% *Pi - 1$
2019	15.000	0.300	$Ri = 9.450/Pi + 2.60\% *Pi - 1$
2020	15.000	0.300	$Ri = 9.000/Pi + 2.69\% *Pi - 1$
2021	14.000	0.280	$Ri = 9.450/Pi + 2.60\% *Pi - 1$

说明：Ri，暂定关税税率，高于 40% 时取值 40%；INT，取整函数；$Pt = $年度基准价 * (1 + 5%)；$E$，美元汇率；$Pi$，在 2007 年前是关税前价格，单位为美元/吨，在 2007 年后是完税价格，单位是元/吨。
资料来源：国家税务总局、中州期货研究所。

进口到港的棉花，还要另缴 9% 的增值税和港口费。2019 年 4 月 1 日起进口增值税由 10% 下调至 9%，棉花进口的港口服务费一般为 200 ~ 250 元/吨。

（五）棉纱进口政策

中国对棉花进口实行配额政策，对棉纱进口没有配额政策限制，且税率极低。中国进口棉纱关税税率在 0% ~ 5% 之间，对东盟国家执行零关税，对巴基斯坦进口棉纱实施 3.5% 关税。其中，从 2019 年 1 月起，中国对白名单企业实施零关税试点。

从 2020 年 1 月起，中国对巴基斯坦进口棉纱关税全免；对印度进口棉纱实施 3.5%
关税，需要提供原产地证明；对乌兹别克斯坦等其他国家和地区进口棉纱征收 5%
关税（见表 1 - 15）。对进口到港的棉纱，还要征收 16% 的增值税，港口费服务费
一般是 300 ~ 400 元/吨。

表 1 - 15　中国进口棉纱的国家/地区税率

国家/地区	棉纱进口税率（%）	国家/地区	棉纱进口税率（%）
巴基斯坦	0（2020 年 1 月实施）	韩国	3.5
孟加拉国	3.5	美国	5
印度	3.5	乌兹别克斯坦	5
越南	0	印度尼西亚	0
中国台湾	0	泰国	0
缅甸	0	柬埔寨	0

资料来源：海关总署、中州期货研究所。

五、中国纺织产业链状况

（一）棉花进口

1. 棉花进口量

中国常年需进口棉花补充缺口，中国是棉花净进口国。中国在 2011/2012 年度
进口棉花 544 万吨，创造历史记录，也就是在该年度中国启动了 19800 元/吨的临时
收储政策，中国政府在该年度为国际棉价托底。2012/2013 年度和 2013/2014 年度
中国继续进口 440 万吨和 300 万吨的天量棉花（临时收储价格都是 20400 元/吨），
继续为国际棉价托底。中国进口如此巨量的棉花，主要因为国家临时收储了国内绝
大部分棉花，拉大了内外棉价差，进口棉更有成本优势，内外棉价差是影响棉花进
口数量的关键因素。

随着 2014/2015 年度中国政府开始实施新疆棉直补政策，国内棉价向市场价回
归，储备棉抛储定价也趋向合理，内外棉价差缩小，2015/2016 年度开始控制进口
棉配额发放，进口棉数量也逐年减少。2015—2017 年进口配额均为 89.4 万吨的固

定滑准税配额，因此进口量显著下滑至100万吨左右水平（见图1-36）。

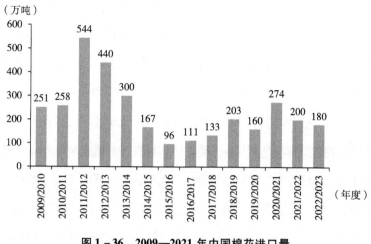

图1-36 2009—2021年中国棉花进口量

资料来源：海关总署、中州期货研究所。

2018年6月12日，国家发展改革委公布发放80万吨滑准税配额的通知，全部为非国营贸易配额；2019年4月12日，国家发展改革委公布发放80万吨滑准税配额的通知，全部为非国营贸易配额；2020年9月1日，国家发展改革委公布发放40万吨滑准税配额的通知，全部为非国营贸易配额，且限定用于加工贸易方式进口；2021年4月30日，国家发展改革委公布发放70万吨滑准税配额的通知，全部为非国营贸易配额，其中40万吨限定用于加工贸易方式进口，30万吨不限定贸易方式，获得配额的企业申领配额证时可自行选择确定贸易方式；2022年3月9日，国家发展改革委公布发放第一批40万吨滑准税配额的通知，全部为非国营贸易配额（因为有批次说明，2022年可能仍有后续滑准税配额发放）。原则上当年申请的滑准税配额当年使用完毕，当年年底没有使用完毕的滑准税配额最长可延期到次年2月底。

2018年至今，内外棉价差不足以支撑全关税进口，89.4万吨的1%关税内配额数量和近年来发放的滑准税数量年度之和持续低于近年来棉花实际进口数量，有理由相信其差额有一部分是国家行为进入国储库存，因此，根据公开数据国储库存资源量15万吨，加上统计误差20万吨和市场传言国储收购进口棉数据50万~80万吨，市场认可的国储棉资源量仍有85万~115万吨，根据上述估算国储资源量可能高于市场认可的这个数据。

2. 内外棉价差走势

内外棉价差在 2012 年 6 月上旬达到 5400 元/吨以上，且在相当长时间内维持在 4000 元/吨以上，在此期间中国棉花进口同步增长，2011/2012 年度棉花进口创造历史记录 544 万吨。2013 年 1 月中旬，内外棉价差再次达到 5300 元/吨以上，维持 4000 元/吨以上的时间仍旧较长，2012/2013 年度棉花进口再次达到 440 万吨的天量。2013 年 11 月下旬，内外棉价差再次一度超过 5700 元/吨，在 4000 元/吨以上也持续了相当长的时间，2013/2014 年度棉花进口再次达到 300 万吨。中国棉花进口数量与内外棉价差关系密切。

2017 年 4 月下旬至 2017 年 10 月下旬，内外棉价差震荡走高，2017 年 10 月下旬达到 3136 元/吨价差后开始回落。2018 年 6 月上旬至 8 月中旬价差一度倒挂最多 1000 元/吨以上。2018 年 8 月下旬内外棉价差开始回升，至 2018 年 12 月底价差再度达到 1700 元/吨以上。2018 年 9 月至 2019 年 2 月，在内外棉价差走低和走高过程中，中国进口月度数量仍同比增速较大，主要是因为国家增发 80 万吨滑准税进口配额，进口配额政策的调整对棉花进口数量也有较大影响。2019 年 9 月至 2020 年 8 月，内外价差都处于偏低位置甚至倒挂，在新冠肺炎疫情影响下国内消费乏力，缺乏进口棉动力，2019/2020 年度滑准税配额都没有使用完毕。2019/2020 年度内外棉价差总体维持在 800~2200 元/吨范围内；2021 年 10 月至 12 月中旬，内外棉价差持续维持在 3000 元/吨以上，一度超过 4000 元/吨水平，2021 年 12 月下旬价差开始下降，2022 年 3 月中旬内外棉价差开始倒挂，截至 3 月底倒挂近 1500 元/吨左右（见图 1－37）。

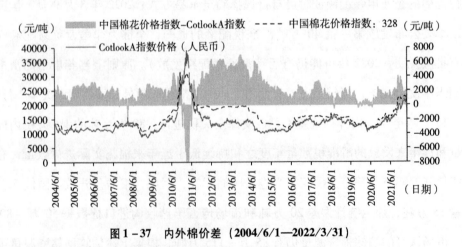

图 1－37　内外棉价差（2004/6/1—2022/3/31）

资料来源：WIND、中州期货研究所。

（二）棉纱进口

1. 棉纱进出口量

中国是棉纱净进口国，2011—2014 年中国棉纱进口量同比增幅较大，因为这几年国家连续执行临时收储政策和刚执行新疆直补政策，内外棉价差较大，因棉花进口有配额限制和关税税率调控，而棉纱进口仅征收极低关税且敞开进口（中国对东盟国家棉纱施行零关税，对印度等国施行 3.5% 关税，对其他一些国家和地区施行 5% 关税），因此在此期间棉纱作为棉花的替代品源源不断进口至中国，连续多年保持了高速增长。

2015 年棉纱进口量仍保持 200 万吨以上，主要是中国政府取消滑准税配额发放，棉花进口量减少，刺激进口纱增长；2016—2019 年内外棉价差处于相对正常合理水平，棉纱进口保持在 200 万吨左右，相对平稳；2020 年新冠肺炎疫情暴发，全球棉花和棉纱消费受到冲击，棉花和棉纱进口都出现下降；2021 年消费回升，内外棉价差重新开始扩大且高企，2021 年棉花和棉纱进口量开始增加（见图 1 – 38）。

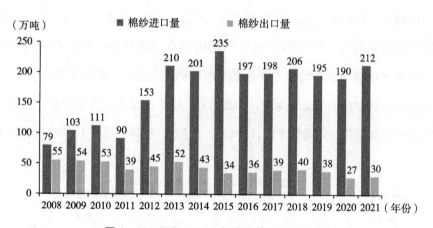

图 1 – 38　2008—2021 年中国棉纱进出口量

资料来源：海关总署、中州期货研究所。

2. 内外棉纱价差走势

棉纱进口作为棉花进口的直接替代品，内外棉价差直接决定内外纱线竞争力，外纱进口增减幅度可直接反映国内需求和内外棉价差情况。

中国主要从印度、越南和巴基斯坦进口棉纱：对印度棉纱加征 3.5% 进口关税；对巴基斯坦进口关税从原定 3.5% 改为自 2019 年 1 月起对重点企业免税，中巴协议定于 2020 年 1 月起对进口巴纱关税全免；对越南（东盟国家）棉纱免征进口关税。

棉纱的成本构成是皮棉成本和生产加工费，进口棉纱生产加工费一般在 7500 ~ 8500 元/吨（已包括损耗），平均按 8000 元/吨核算；进口棉纱用棉成本折算成人民币报价，加上生产加工费（8000 元/吨）、海运费和保费、进口增值税（16%）、港口杂费、进口关税等，即是进口棉纱到港清关成本。

越南距离中国相对较近，越南棉纱到中国南方港口的海运费甚至比新疆棉纱火车或公路运输到南方市场还低，且越南棉纱到中国免征进口关税，因此越南棉纱对国内纱替代优势明显。但越南本身不产棉花，其纺纱用棉 100% 靠进口，其棉花进口来源国主要是美国、印度、澳大利亚和巴西，其中美国棉花进口超过一半。2020 年越南纱锭总数 1000 万锭左右，越南纱线产量 65% 用于出口，且绝大部分纱线出口到中国，越南棉纱占中国棉纱进口量的 1/3。

印度是世界上主要的棉花生产国、消费国和出口国，印度棉花产量高于其消费量，富余部分用于出口。印度政府根据其国内棉花供需状况，会采取鼓励或限制棉花出口的政策。印度棉花进口实行零关税，因此当国际棉花价格合适时，印度在出口棉花的同时也保持一定的进口量。印度棉花进口量较小，很少超过其消费量的 10%，因此印度棉纱成本构成主要是其国内皮棉成本加上生产加工费。

中国进口棉纱以中低支纱为主，2021 年 12 月下旬以来，纯棉普梳中支进口纱已经开始出现价格倒挂，纯棉低支进口纱仍有一定进口利润（见图 1－39、图 1－40）。

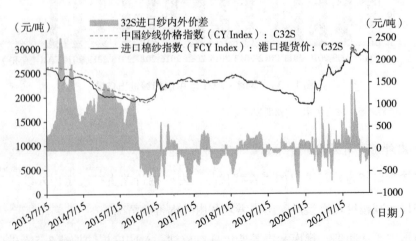

图 1－39　中国 32 支普梳纱进口价差（2013/7/15—2022/3/31）

资料来源：海关总署、中州期货研究所。

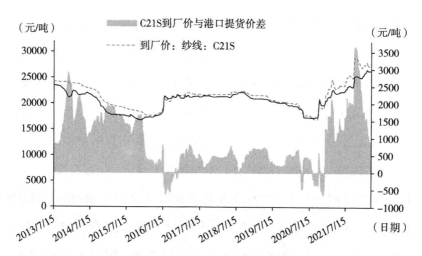

图 1-40　中国 21 支普梳纱进口价差（2013/7/15—2022/3/31）

资料来源：海关总署、中州期货研究所。

（三）棉布出口

中国是棉布净出口国，2020 年初新冠肺炎疫情暴发以来，中国控制疫情效果显著，工业产能迅速恢复，2020/2021 年度棉布出口快速恢复，2021/2022 上半年度棉布出口量继续大幅同比增长（见图 1-41）。

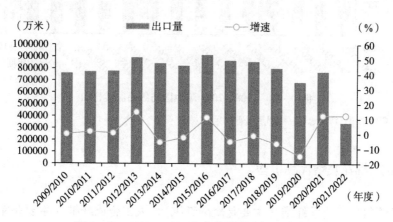

图 1-41　2009—2021 年中国棉布出口量及增速

资料来源：海关总署、中州期货研究所。

（四）纺织品服装出口

中国是全球最大的纺织品服装出口国，美国、欧盟、东盟、日本是中国纺织品服装出口的主要市场。自 2014/2015 年度中国纺织品服装出口总值逐年增长达到顶峰后，2015/2016 年度至 2016/2017 年度连续两个年度下降，2017/2018 年度至 2019/2020 年度纺织品服装出口稳定在 2700 亿美元上下（2019/2020 年度新冠肺炎疫情暴发，但中国率先控制住疫情，生产率先恢复，成为全球工业品供给中心），2020/2021 年度和 2021/2022 上半年度中国纺织品服装出口量继续大幅增长，主要因为中国控制疫情得当，疫情对国内生产影响有限。

2021/2022 年度前六个月（2021 年 9 月至 2022 年 2 月）纺织品服装累计出口金额 1668 亿美元，同比大幅增长 20.70%。其中，中国纺织品累计出口金额 771 亿美元，同比增长 8.38%；中国服装累计出口 897 亿美元，同比增长 13.83%。2021/2022 年度中国纺织品服装出口继续大幅增长（见图 1-42）。

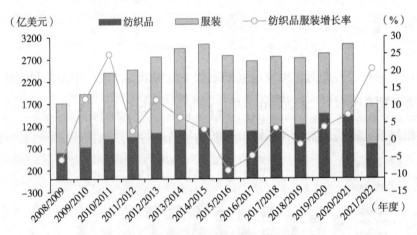

图 1-42　2008—2021 年中国纺织品服装出口

资料来源：海关总署、中州期货研究所。

（五）棉花及替代品价差

纺织原料包括化学纤维（主要是聚酯纤维）、人工合成纤维（主要是粘胶纤维）和植物纤维（主要是棉、麻、丝等），棉花的主要替代品是聚酯纤维中的涤纶短纤和长丝，其中涤纶短纤在纺织环节直接对棉花形成替代。因为涤纶产量规模较大，远远大于粘胶产量规模，因此，棉花替代品主要关注涤纶短纤对棉花的替代。

棉花与涤纶短纤价差超过 10000 元/吨就属于高价差范围，历史上有两个价差超过 1 万且有较长持续时间的阶段：（1）2010 年 9 月下旬至 2010 年 7 月中旬，其间价差最高一度达到 16350 元/吨（2011/3/14）；（2）2021 年 7 月下旬至今（2022 年 3 月底），价差一路扩大，截至 2022 年 3 月底达到此期间最大值且突破 14800 元/吨（见图 1-43）。

棉花与粘胶短纤的价差正常水平维持在 5000 元/吨以内，2021 年 8 月中旬棉花与粘胶短纤价差突破 5000 元/吨，2021 年 12 月下旬一度扩大至 9600 元/吨以上，截至 2022 年 3 月底棉花与粘胶短纤价差仍接近 9000 元/吨。

棉花与涤纶短纤和粘胶短纤价差过大且长期维持，替代品将对棉花消费形成抑制。

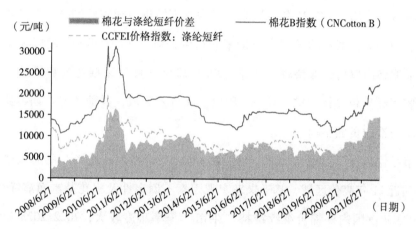

图 1-43 中国棉花与涤纶短纤价差（2008/6/27—2022/3/31）

资料来源：WIND、中州期货研究所。

六、分析结论

从宏观角度而言，宏观环境复杂且面临十字路口的方向选择。新冠肺炎疫情暴发两年来反反复复，至今仍影响全球经济生活。各国央行宽松货币政策推高通胀，逆全球化和物流不畅使通胀高企，俄乌冲突又进一步加剧了通胀；各国央行为抑制通胀开始货币政策边际收紧，这将打击消费者信心，也将持续影响全球经济。金融资产和大宗商品目前处于高估值阶段，资产价格再创新高需要新的驱动力。

从棉花平衡表角度看，2021/2022 年度全球、中国和外围市场仍处于连续去库存过程中，2021/2022 年度平衡表去库存但仍相对宽松且外围市场强于国内市场，因为新年度植棉面积增大及人们对新年度全球经济增长不确定性担忧，2022/2023年度全球去库存大概率会严重钝化且不排除增库存的可能。公开数据显示国储棉资源量几乎抛储殆尽，但根据抛储历史的成交违约误差、市场传言的国储对进口棉收储量、海关进口数据与滑准税数量差额等因素，预估国储棉资源量可能大于市场一般预估，但总体而言国储棉对市场影响力在下降。

从纺织产业链角度观察，2021/2022年度国内上游新疆籽棉收购成本高导致皮棉成本居高不下，上游棉花加工厂受高成本制约，皮棉销售率远落后于常年水平。在国外高通胀环境下，印度产量以外连续大幅度调降和全球需求恢复，这些因素刺激国际棉价快速飙升。2021年底以来，国内高支纱进口成本已倒挂，低支纱仍有进口利润。因全球疫情持续及国内疫情率先得到控制，2020/2021年度以来中国坯布和纺织品服装出口持续保持较高增速。2021/2022年度以来棉花与替代品（涤纶短纤和粘胶短纤）价差持续扩大且达到历史上高价差区域，这种状况长期维持将对棉花消费增长造成负面影响。

本节结论和建议：2021/2022年度国内外棉花价格因高通胀及商品金融属性因素而达到近11年高价区域，基于未来宏观因素不确定性及棉花基本面演绎可能性，2022/2023年度国内外棉价继续维持"牛市"概率难度较大，2022/2023年度棉花投资策略应该以防范高位风险为主。

（撰稿人：中州期货有限公司　杨志江）

第二章　能源类大宗商品

第一节　概述

一、石油、天然气行业概述

2021 年全球油气价格呈现整体上升的态势，油气价格走出了 2020 年的低迷，并保持高位运行。新冠肺炎疫情不仅给全球经济发展带来阻碍，而且深刻地影响着全球能源格局。这一年，随着各国疫情好转和新冠疫苗的快速普及，美国带头多国采取量化宽松政策，各国复工复产进程加速，全球经济逐渐从疫情的阴霾中走出，能源需求出现反弹，能源供需基本面出现转变。

2021 年全球能源市场注定是不平静的一年，这一年能源类大宗商品价格大幅上涨。在"双碳"的宏观背景下，多国制定"碳中和"路线图。煤炭供给侧加大缩减力度，天然气作为相对清洁的化石能源，在短期内是替代煤炭使用的最佳选择，国际社会对天然气在可再生能源转型发展中的重要过渡作用寄予厚望，天然气成为各国"减碳"行动中的"宠儿"。这也加剧了天然气需求，全球全年天然气市场呈现供需偏紧的格局。在原油方面，2020 年 WTI 原油价格一度跌入负值，石油、石化行业价格快速下行，全球原油产量 41.7 亿吨，同比减少 7.2%。2021 年，被新冠肺炎疫情压抑的需求得到释放，国际原油市场呈现供需偏紧的态势，而美国为刺激经济发展采取的量化宽松政策加速推涨油价。2021 年前三季度国际油价持续走高，直至 2021 年底，美国、日本等国相继向市场释放储备原油，价格出现小幅回落。这一年油价回升至 2018 年 10 月的高位水平，有继续上涨的势头，布伦特原油期货全年均价涨至 70.95 美元/桶。天然气定价体系与原油有密切联系，大量长期协议挂钩油价，原油价格的上涨也在拉动长协气价的上行。欧洲和亚洲天然气价格在这一年里屡创新高，12 月 21 日荷兰产权转让设施指数（TTF）价格达到 59.65 美元/百万英热单位，较上年同期上涨约 10 倍，普氏日韩标杆指数（JKM）现货价格达到 44.19 美元/百万英热单位，同比上涨 288%。2021 年，天然气市场表现出"淡季不淡""量价齐升"的特点。

从全球角度来看，能源供需出现错配，能源供给不足问题严重，多国相继爆发能源危机。由于 2020 年全球化石能源产能的压缩，能源市场供给弹性不足，在需求快速增长的同时供应相对滞后，部分地区叠加自然灾害影响加剧能源短缺。2021 年开年暴雪使得美国得克萨斯州爆发大规模停电，之后欧洲北海地区风力减弱，能源供应出现持续紧张，而干旱使得巴西和阿根廷等国水力发电大幅减少。印度则因为煤炭供给跟不上需求，10 月全国处于电力危机之中。局部地区能源供需失衡加速国际市场的价格上行。能源产品价格的上涨不仅增加民众用能成本，而且引起各国通货膨胀加剧，欧美地区的影响显著，这严重影响着全球经济的发展。

天然气区域市场联动更加紧密，传统区域市场的边界正逐步打破。在可再生能源尚未成为能源行业的支柱背景下，欧洲加速了能源转型，"碳排放权"价格大幅上涨，抑制煤炭消费，天然气需求激增。2021 年 4 月欧洲遭遇极寒天气，同期欧洲北海地区的风力发电量远低于历史同期，用于发电和取暖的能源消耗增加，电力、天然气等价格纷纷上涨。极寒天气致使欧洲多国地下储气库存量低于季节性平均水平。8 月欧洲库存量仅为 6543.7 亿千瓦时，占库存能力的 58.81%，同比下跌 27.91%。欧洲补库需求也在推高亚洲和美国的天然气价格，亚洲买家需要提高价格与欧洲竞争有限的天然气现货资源，美国天然气出口强劲，库存下降，本国天然气价格上涨。补库存在一定程度上提升了市场需求。此外，大国博弈下的政治因素也在影响着天然气的贸易格局。9 月北溪 2 线建设完成，但是地缘政治因素导致德国监管机构在 11 月暂停了北溪 2 线的认证，美国的 LNG 正加速与俄罗斯的管道气竞争欧洲市场。随着 LNG 运输配套设施和交易规则不断完善，天然气贸易表现出明显的价格驱动流向的特征。不限目的地的 LNG 贸易合同正逐步增多，相较于指定目的地交货的合同，不限目的地的合约会让贸易商的转卖更加灵活。

原油产量增长有限，价格整年持续上涨。2021 年全球石油产量共计 42.1 亿吨，仅比上年增长 3300 万吨，增幅为 0.8%。2021 年，全球石油需求量为 9663 万桶/日，较 2020 年 9098 万桶/日，同比增长 6.22%。全球石油产量达 9511 万桶/日，较 2020 年 9367 万桶/日，同比增长 1.5%。2020 年在全球原油产量下降的同时，产能也在压缩，"欧佩克＋"展开了强势的减产周期。尽管 2021 年 7 月的"欧佩克＋"会议上达成自 8 月起逐月增产 40 万桶/日，力争在 2022 年 9 月前完全退出 580 万桶/日的减产配额，但新增产量有限，8 月到 12 月期间"欧佩克＋"增产的幅度持续低于配额要求。2020 年，美国众多中小型页岩油气企业破产，2021 年页岩油气恢复有限，美国石油活跃钻机数量仅恢复至疫情前的 67%。此外，一次能源价格具有联动的影响，欧洲天然气价格的率先上涨，引发天然气与原油价格相互推涨，并带动煤价上涨。总体来看，油价全年呈现上涨态势，在年底受多国储备向市场释放和新冠肺炎疫情的反复等多重因素的叠加影响，出现小幅回调。

能源治理格局出现新变化，美国试图以技术优势主导新形势下国际能源治理体系。拜登政府重返《巴黎协定》后，美国增加对可再生能源技术方面的投资。俄罗斯在加速天然气业务的同时加速其他清洁能源发展。一方面，俄罗斯通过增加对欧洲管道气出口，在缓解欧洲能源危机的同时，一直试图签订长期协议替代欧洲的现货贸易，以此稳固其能源大国地位。另一方面，俄罗斯也开始加快布局清洁能源领域，加速氢能发展，推进高效制氢技术研发，计划在 2024 年实现 22 亿立方米的氢气出口量，在 2035 年实现 222 亿立方米的氢气出口量，以获得氢气出口大国的地位。而"欧佩克＋"组织围绕增减产内部分歧严重。2021 年全球油气勘探新增储量创新低，油气储量增量下降。油气企业对上游投资在新冠肺炎疫情和能源转型背景下保持谨慎态度，投资意愿不强。2021 年，全球勘探开发投资支出为 3470 亿美元，较 2020 年增长 450 亿美元，增幅为 15.0%，但上游投资增长不及预期。全球能源清洁化进程不断提速，"碳中和"已经成为能源行业新主题的时代背景，这将为石油、天然气未来发展增添不确定因素。

中国在新冠肺炎疫情暴发后迅速采取有效措施，疫情得到明显管控，被抑制的需求得到释放，经济生产生活得到有序恢复。国际社会受疫情影响，大量海外订单流向中国，2021 年中国外贸进出口规模达到 6.05 万亿美元，创历史新高。中国政府网数据显示，2021 年经济总量达 114.4 万亿元，按年平均汇率折算达 17.7 万亿美元，稳居世界第二，占全球经济的比重预计超过 18%，对世界经济增长的贡献率预计达到 25% 左右。2021 年是"十四五"开局之年，中国全面建成了小康社会，正在向着全面建成社会主义现代化强国的第二个百年奋斗目标迈进。在外部环境剧烈变化的局势下，中国能源供应保障有力，能耗强度继续下降，用能效率不断提升，油气行业继续快速发展。随着能源清洁化进程不断推进，特别是在中国二氧化碳排放力争 2030 年前达到峰值、力争 2060 年前实现"碳中和"的大背景下，2021 年中国可再生能源发电装机规模突破 10 亿千瓦，中国制定出台了《2030 年前碳达峰行动方案》，启动全国碳排放权交易市场，积极应对气候变化，这些新变化既为油气行业带来挑战，也创造着新机遇。

2021 年中国能源行业继续砥砺前行。受国际市场能源价格大幅上涨影响，2021 年以来，国内电力、煤炭、天然气等供需持续偏紧，各级相关部门采取有力措施保障能源供应特别是民生用能，通过充分发挥煤电油气运保障机制作用，坚持宜煤则煤、宜电则电，实事求是、因地制宜的保障民生原则，能源供需紧张形势有所缓解，供应能力和水平不断提升，有效保障了国家能源安全。2021 年，中国原油产量 19898 万吨，较上年增长 2.4%；进口量 51298 万吨，下降 5.4%。2021 年，天然气产量 2053 亿立方米，比上年增长 8.2%；进口量 12136 万吨，增长 19.9%。原油进口 20 年来首次下降，国内原油对外依存度上升趋势有所减弱，上升势头得到遏制，未来随着国内继续加大勘探开发力度，以及"七年行动计划"的有效实施、国内天然气产供储销体系建设的持续推进，中国原油、天然气产量将继续上升，预计未来一段时间油气产量将保持稳健增长态势。

二、石油、天然气行业发展趋势

（一）世界石油、天然气发展趋势

随着新冠肺炎疫情得到有效管控以及新冠疫苗普及率的提升，全球经济活动有序恢复，原油除交通领域需求受抑制外，其他领域的需求逐步向疫情前水平恢复。全球石油需求增量主要来源于发达国家以及疫情管控较好的发展中国家。但是2022年俄乌冲突爆发以及美国对俄罗斯的制裁，加剧了市场对供给面偏紧的预期，能源价格快速攀升，剧烈震荡中高位运行。俄乌冲突加速了全球能源格局的重塑，能源供给安全重新成为主要进口国的考量。随着美国对俄经济制裁的加码，多个欧美国际能源公司相继表态撤离俄罗斯，尽管对俄制裁看似是可以起到掣肘其经济发展的效果，但不可避免的是还会引发全球能源市场的震荡，油价不断向2014年以来的新高突破。后续油价的变化仍需关注石油输出国组织（简称"欧佩克"，OPEC）增产情况、美伊谈判进程、美国对俄能源制裁的具体措施落地，以及美国是否会放松对委内瑞拉的制裁管控。短期内，伊朗和委内瑞拉原油是弥补俄罗斯原油出口缺口的关键。值得注意的是沙特阿拉伯和也门胡塞武装的冲突不时发生，极端地缘政治事件的发生会引发油价大幅波动。

全球经济和石油市场正在从历史性的衰退中复苏，疫情抑制的需求也将得到反弹。2021年积累的石油库存（非战略储备）正在减少，经济合作与发展组织（OECD）商业石油库存降至5年均值下方，供给端的滞后预计全球石油库存量可能会继续下滑。但是疫情仍在反复，变异病毒"德尔塔"和"奥密克戎"的快速蔓延，会延缓经济活动复苏的进程，居家办公等新模式在后疫情时代将会延续，交通领域油品需求仍处于低迷状态。与此同时，多国政府加码清洁能源的研发与投入，以寻找可持续发展的新能源潜力作为加速经济复苏的途径，低碳、环保、可持续发展将成为未来能源市场发展的主旋律，石油、天然气等化石能源发展势必将遭受冲击。

近年来，世界天然气发展势头强劲，虽然2020年新冠肺炎疫情对天然气行业冲击显著，但2021年全球天然气需求迅速增长，供需平衡进一步收紧，天然气价格屡创新高，淡旺季价差拉大。在需求强劲的同时，2021 年全球 LNG 运费水平季节性变化明显，冬季运费屡创新高。在未来 30 年，随着能源清洁化进程不断推进，预计天然气将在居民、商业、工业、交通等多个领域需求上升，整体规模将稳定增长。

2021 年多国出现能源紧张的情况，短期来看，石油、天然气和煤炭的消费需求得到提振，煤炭起到重要的调峰作用。长期而言，世界主要经济体都制定了"碳中和"计划和目标。能源行业向清洁化、低碳化和多元化转型进程不断提速。化石能源价格高位运行，有利于刺激新能源产业的发展，对化石能源加速替代。受此趋势影响，国际大型石油公司不断加大对能源清洁化技术投入力度，谋求转型升级。道达尔、壳牌、英国石油等公司不断加大在风电、光伏、氢能等领域的技术研发，同时不断推进对碳封装、碳回收等关键技术的研发。预计到 2040 年，天然气、非化石能源、石油和煤炭将逐渐形成"四分天下"的多元格局，在中短期内，油气的主导地位仍难以扭转。

（二） 中国石油、天然气发展趋势

2021 年，新冠肺炎疫情在中国政府的迅速反应下得到控制，中国人民生活得到切实保障，经济增长实现快速复苏，中国经济同比增长 8.1%，在全球主要经济体中名列前茅。2021 年，疫情导致世界范围内开工不足，加大了对中国制造业产品的需求，进一步带动了中国制成品出口的增长，工业成为推动中国经济发展的重要力量。2020 年中国工业增长 2.4%，而 2022 年中国工业增长 9.6%，超过 GDP 增速5.6 个百分点。大量海外制造业订单流入的同时，也给我国能源供给带来挑战，国内出现煤炭、电力供需持续偏紧，一些地方出现限电限产。随着国内需求的好转，预计中国石油消费量将向疫情前水平回升。但是原油进口 20 年来首次的下降，具有重要的象征意义，国内原油对外依存度上升的趋势得到缓解。与之相反的是，天然气进口 12136 万吨，增长 19.9%，其中 LNG 进口 7893 万吨，中国超越日本成为全球第一大进口国，天然气的对外依存度有不断攀高的趋势。

国内新能源不断发展将对传统石化能源形成一定制约。"十三五"时期，我国能源结构持续优化，低碳转型成效显著，非化石能源消费比重达到 15.9%，煤炭消费比重下降至 56.8%，常规水电、风电、太阳能发电、核电装机容量分别达到 3.4

亿千瓦、2.8 亿千瓦、2.5 亿千瓦、0.5 亿千瓦，非化石能源发电装机容量稳居世界第一。《"十四五"现代能源体系规划》中指出，2035 年中国将基本建成现代能源体系，能源安全保障能力大幅增强，绿色生产和消费模式广泛形成，非化石能源消费比重在 2030 年达到 25% 的基础上进一步大幅提高，可再生能源发电成为主体电源，新型电力系统建设取得实质性成效，碳排放总量达峰后稳中有降。随着新能源汽车在交通领域的快速发展，预计石油需求增速放缓，对外依存度不断上升的趋势有望扭转。

在碳达峰背景下，中国天然气需求将逐步上升，消费增速将保持稳定，中国天然气产业仍将长期处于黄金发展期，预计 2022 年天然气消费量继续增长。随着国家管网公司的正式运营，管网、接收站等基础设施实现向第三方公平开放，市场配置资源机制将不断发挥作用，天然气资源落实将进一步得到强化，局部区域季节性供需矛盾将得到缓解，市场活力将进一步释放。2025 年全国油气管网规模将由 2020 年 17.5 万公里达到 21 万公里左右。预计中国天然气产业短期保持产量增长较快、进口增长稳定、供需维持平衡、调峰储气能力持续完善的趋势。值得关注的是，2021 年天然气进口对外依存度达到 44.6%，同比增长 2.4%，当前正值国际天然气价格高位运行周期，高昂进口成本会增加相关产业和企业的用能负担，也要警惕输入性通胀对国内的影响。

未来，中国油气行业发展必须顺应现代能源体系规划要求，加快油气产业数字化、智能化升级，增强科技创新能力，瞄准清洁低碳战略方向，加快转型发展，持续深化市场化改革，化挑战为机遇，由增量发展向高质量发展转变。

第二节　原油

2021 年进入后疫情时代，全球多地疫情常态化，对经济生产活动冲击影响减弱，国际原油市场逐渐修复。在全球经济复苏拉动需求、去库存加速、欧洲天然气价高涨及货币宽松等多重因素作用下，全年国际油价大幅上涨。展望 2022 年，新冠肺炎疫情反复、国际政治局势动荡及通胀压力下的货币政策收紧等或将成为国际原油市场的不确定性因素。此外，随着全球掀起新能源转型浪潮，也要警惕能源发展特殊阶段原油供需错配引发的国际油价波动。

一、全球原油市场分析

（一）原油需求分析

2021年，经济活动开始从新冠肺炎疫情带来的巨大冲击中缓慢复苏，带动原油需求增长，供需基本面得到修复。根据 OPEC 统计，2021 年全球石油需求量为96.63百万桶/日，相对 2020 年的 90.98 百万桶/日，增长 6.22%，1~4 季度需求量呈递增趋势（见图 2-1），分别为 93.83 百万桶/日、95.45 百万桶/日、97.66百万桶/日、99.49 百万桶/日。

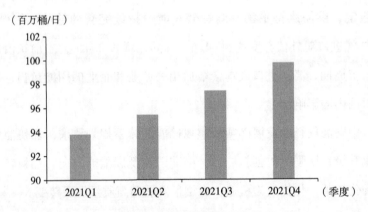

（百万桶/日）

图 2-1　2021 年全球石油需求

资料来源：OPEC。

分区域看，以美国为主的美洲地区和以中国为主的亚洲地区是 2021 年全球石油需求复苏的主力，需求量分别为 24.16 百万桶/日和 14.5 百万桶/日，占总需求量比例分别为 25% 和 13%（见图 2-2）。作为 2021 年全球第一、第二大经济体，美国和中国当年经济增长亮眼，GDP 增速分别达 5.6% 和 8.1%，经济复苏进程刺激石油需求同步走高。

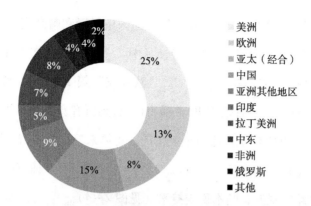

图 2 - 2　2021 年分区域石油需求占比

资料来源：OPEC。

与此同时，2021 年多个主要国家和地区均逆转了 2020 年石油需求同比下降形势，呈现出普遍增长状态（见图 2 - 3），其中以美洲、中国、欧洲需求增长最为突出，分别增长 172 万桶/日、98 万桶/日和 54 万桶/日。亚太地区（经合组织）增长 25 万桶/日。印度及亚洲其他地区分别增长 33 万桶/日和 50 万桶/日。此外，拉美、中东、非洲全年需求分别同比增长 29 万桶/日、44 万桶/日和 18 万桶/日。

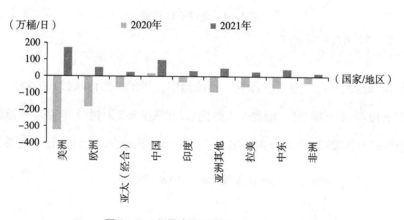

图 2 - 3　世界主要地区石油需求增长

资料来源：OPEC。

（二）原油供给分析

2020 年为避免特殊形势下国际油价大幅波动，"欧佩克＋"进行了史无前例的减产。在 2021 年 1 月 5 日，"欧佩克＋"第 13 次会议达成了调整原油日产量的协议，2 月和 3 月，参与减产的 10 个"欧佩克"成员国和 8 个非"欧佩克"产油国原油日产量与 1 月保持一致。非"欧佩克"产油国俄罗斯和哈萨克斯坦 2 月共计增加原油日产量 7.5 万桶，3 月共计再增加 7.5 万桶。沙特阿拉伯在 2 月和 3 月额外资源共减产 100 万桶/日。2021 年 7 月 19 日，"欧佩克"第 19 次部长级会议达成共识，自 8 月起，"欧佩克 +"每月增产 40 万桶/日，直到所有暂停的产能（580 万桶/日）恢复为止，努力在 2022 年 9 月底前结束减产。总体来看，随着产油国逐渐恢复暂停的产能，2021 年全球石油产量（Liquids 口径）为 95.11 百万桶/日，相对 2020 年的 93.67 百万桶/日略有提升，基本稳定持平（见图 2 - 4）。

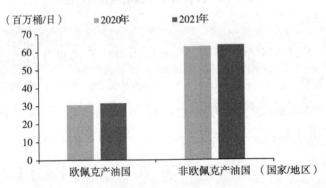

图 2 - 4　全球石油产量

注：统计数据为 Liquids 口径。
资料来源：OPEC。

分国家和地区来看，在"欧佩克"产油国中，伊朗、委内瑞拉和沙特阿拉伯原油产量分别增加 41.6 万桶/日、增加 5.4 万桶/日和减少 9.2 万桶/日；在非"欧佩克"国家中，俄罗斯和美国原油产量分别增加 18.96 万桶/日和减少 11 万桶/日（见图 2 - 5）。

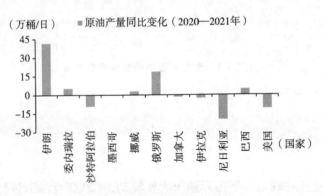

图 2 - 5　OPEC 及非 OPEC 供应

注：统计数据为原油口径，含预测值和估测值。
资料来源：OPEC。

2016 年，"欧佩克"减产联盟成立，致力于应对国际油价下跌，维护国际石油市场供需稳定。2021 年，"欧佩克"减产联盟为应对疫情反复，制订谨慎的产量调节计划，推动了国际石油市场供需平衡发展。

目前，国际石油市场依然是"欧佩克"、俄罗斯和美国"三分天下"的局势，市场供需与国际油价受到三大产油势力彼此博弈的影响。"欧佩克"产油国生产石油具有十分低廉的成本，但国家财政对国际石油贸易具有更高的依赖性；俄罗斯能源出口品种相对较多，并非单一依赖石油；美国石油产量较高，但页岩油开发意味着高昂的成本。

通常而言，国际市场高油价意味着美国石油有机会获得更多逐利空间和占据更多市场份额，但 2021 年美国石油产量呈现出了相对平稳的态势。根据 OPEC 报告，美国 2021 年 Liquids 口径下总产量为 17.74 百万桶/日，相对 2020 年的 17.61 百万桶/日略微增加 0.13 百万桶/日，而原油口径下 2021 年总产量为 11.17 百万桶/日，相对 2020 年 11.28 百万桶/日减少 0.11 百万桶/日。这一非正常现象或许与美国投资方对石油产业上游领域投资热情衰减有关。美国页岩油产出高度依赖上游勘探投资，但 2020 年油价暴跌对全球油气生产企业投资造成巨大打击，美国钻机数量一度达到有史以来最低水平。新冠肺炎疫情冲击对石油行业投资理念的改变为上游勘探带来了阻力，此外，美国新任总统拜登的"绿色新政"也对页岩油产业带来政策上的阻碍。拜登更注重清洁能源发展，强调"禁止在公共土地和水域进行新的石油和天然气开采"。在对页岩油可能面临极限打压的担忧下，美国页岩油上游勘探复苏低迷。根据贝克休斯发布的统计数据，近两年来美国钻机数量缓步增加，截至 2021 年最后一周，美国在用钻机为 480 台，相对 2020 年初 670 台左右的水平仍有一段距离（见图 2 - 6）。

（三）原油供需平衡

2021 年，全球石油市场在疫情冲击减缓的情况下，供需基本面情况有所改善，整体维持在相对均衡状态，呈现出供给略小于需求的态势（见图 2 - 7）。分季度看，1—4 季度供需平衡差异分别为 - 1.10 百万桶/日、- 1.56 百万桶/日、- 1.85 百万桶/日、- 2.34 百万桶/日，逐季递增。这一缺口扩大的主要原因在于欧洲天然气

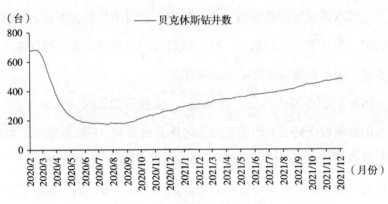

图 2-6　美国动用钻机数量

资料来源：贝克休斯。

"气荒"现象出现。2020 年，受疫情影响，欧洲天然气需求大幅下降，在 2021 年该地区天然气需求超预期复苏，但天然气库存处于低位，且受欧洲气田停产、减碳政策等影响，天然气供应跟不上不断上涨的需求，导致供需错位，气价飙升，对石油能源的替代性需求也因此随之快速增加。

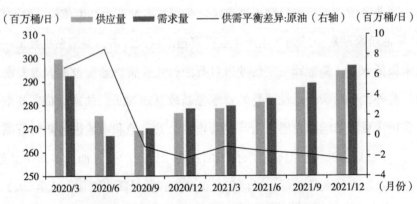

图 2-7　2020—2021 年世界石油市场基本面

资料来源：WIND。

2021 年，以石油、天然气等为代表的大宗商品价格上涨，带来通胀隐忧。年内全球货币整体宽松，进一步加大通胀压力。3 月 11 日，美国总统拜登签署 1.9 万亿美元新冠纾困救助法案，该笔资金用于向个人分发支票、延长失业保险、向州和地方政府拨款、提高疫苗接种和检测能力等多个方面；11 月 15 日，拜登签署 1.2 万亿美元基础设施建设法案，主要用于重建美国基础设施、加强制造业、创造高薪就业机会、发展经济和解决气候变化危机等问题。此外，2021 年全年美国联邦公开市场委员会（FOMC）基准利率维持在0%～0.25%区间不变，利率在低位波动，未超预期加息。直到11月FOMC会议结束，美联储在CPI创下近41年来新高的同时宣布缩减购债规模，并在2022年3月结束购债。此前美联储曾宣布，除非就业取得"实质性进展"，否则将保持宽松政策，并愿意容忍更高的通胀。

为应对通胀压力、打压油价，美国总统拜登下令释放战略储备并号召主要石油消费国抛储，呼吁"欧佩克"产油国增加石油产出。尽管"欧佩克"第19次部长级会议决定从2021年8月开始增产，但40万桶/日的小幅增长并不能弥补需求缺口，主要石油消费国的石油库存在2021年全年呈现出快速去化趋势，库存总量从一季度的2921百万桶下降至四季度的2680百万桶（见图2-8）。

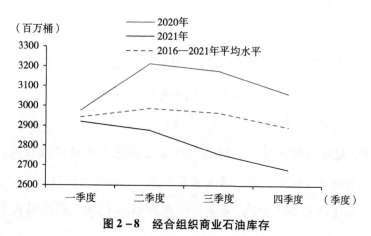

图2-8 经合组织商业石油库存

资料来源：WIND。

二、中国原油市场分析

（一）中国石油储量现状

2021年自然资源部发布的《全国石油天然气资源勘查开采情况通报（2020年度）》显示了我国最新石油储备情况。截至2020年底，全国已探明油田771个，累计探明石油地质储量422亿吨，当年石油新增探明地质储量13.22亿吨，同比增长17.7%，保持2018年以来增长态势。其中，新增探明地质储量大于1亿吨的盆地有

4 个，分别是鄂尔多斯、渤海湾（含海域）、准噶尔和塔里木盆地；新增探明地质储量大于 1 亿吨的油田有 2 个，分别为鄂尔多斯盆地的庆城油田和准噶尔盆地的昌吉油田。

2019 年起，随着油气探采一体化积极推进、探矿权竞争出让等勘查开采管理制度改革措施落地，政策驱动持续提振国内油气勘探开发。2021 年，我国石油和天然气开采业单位数为 145 个，同比增加 20 个（见图 2-9）。

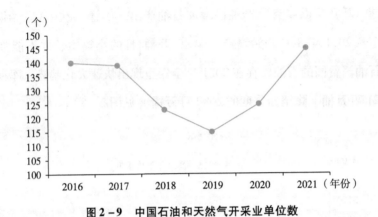

图 2-9 中国石油和天然气开采业单位数

资料来源：智研咨询。

2020 年新冠肺炎疫情暴发，对油气行业上游生产活动造成极大冲击，随着 2021 年油气勘探开发复苏，经营情况显著改善：石油和天然气开采业投资收益为 19.9 亿元，同比增长 107.3%；营业利润为 1881.4 亿元，同比增长 1385%（见图 2-10）。

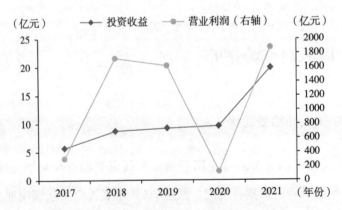

图 2-10 中国石油和天然气开采业投资收益和营业利润

资料来源：智研咨询。

（二）原油需求分析

2021 年，我国石油需求出现 20 年来首次下降。具体来看，2021 年，我国原油表观消费量为 71195.6 万吨，相对 2020 年减少 2535.4 万吨；原油进口量 51298 万吨，相对 2020 年减少 2941 万吨（见图 2 - 11）。原油进口下滑的主要原因在于政府对私营炼油厂的整顿，这些炼油厂拿到的进口配额被削减，直到 12 月，随着各炼油厂把手中剩下的进口配额用尽，月度原油进口量才出现增长，增幅达 20%。除此之外，国际高油价也对进口需求产生了影响。

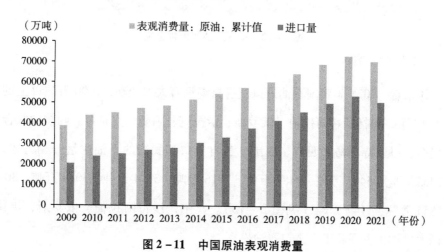

图 2 - 11 中国原油表观消费量

资料来源：WIND。

进口原油配额正式名称为"原油非国营贸易进口允许量"，拥有配额的炼油企业可以在允许量的限度内使用进口原油，且仅限其符合条件的炼油装置自用，不能转售。进口原油配额为以民营为主体的地方炼油企业带来了重大发展机遇，地方炼油企业也成为原油进口增长的重要推动者。但是，2021 年政策管控加强，配额下发开始收紧，全年共进行了四批配额发放，其中传统地炼获得 12275 万吨原油进口配额，同比下跌 6%，其中获得足额的企业降至七成左右，而 2020 年 40 家传统地炼均获得了足额配额。同时值得注意的是，新型炼化一体化集团共获取 4200 万吨进口原油配额，同比上涨 5%。获得进口原油配额的主体分化更加明朗。在"双控""双碳"等政策背景下，我国原油进口或仍将受到顶层设计制约。

2021 年中国原油对外依存度为 72.05%，该数据 20 年来首次下降（见图 2 - 12）。

我国"富煤、贫油、少气"的资源禀赋决定了经济发展带动更高的石油需求，在国内增储上产的同时也要做好进口资源供应保障。

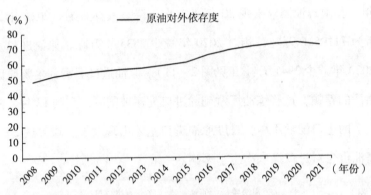

图 2-12　中国原油对外依存度

资料来源：WIND。

　　总体来看，2021 年我国石油进口贸易格局没有太大变动，1000 万吨以上的来源国共有 10 个，包括沙特阿拉伯、俄罗斯、伊拉克、阿曼、安哥拉、阿拉伯联合酋长国、巴西、科威特、马来西亚、挪威，各自出口到我国的石油数量分别为 8757 万吨、7965 万吨、5407 万吨、4482 万吨、3916 万吨、3194 万吨、3029 万吨、3016 万吨、1854 万吨、1147 万吨（见图 2-13）。其中，沙特阿拉伯、俄罗斯、伊拉克、阿曼四大供油国占据超半数进口石油份额。

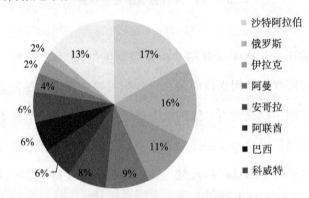

图 2-13　中国石油进口来源

资料来源：WIND、国家统计局及《中国能源发展前沿报告（2021）》。

（三）原油供给分析

　　2021 年，我国经济快速复苏，原油产量受下游需求拉动，整体维持在较高水平。2021 年全年生产原油 19940 万吨，比 2020 年增长 2.4%，比 2019 年增长 4.0%，两年平均增长 2.0%（见表 2-1）。

表 2-1 2021 年原油月度生产情况

单位：万吨

月份	原油	
	产量	同比增长（%）
1	3210	0.3
2		
3	1708	3.1
4	1641	3.4
5	1702	3.4
6	1668	2.7
7	1686	2.5
8	1702	2.2
9	1662	3.2
10	1683	2.6
11	1632	2.2
12	1646	1.2

资料来源：国家统计局。

2021 年，我国加工原油 70350 万吨，比 2020 年增长 4.3%，比 2019 年增长 7.4%，两年平均增长 2.0%。从趋势变化来看，上半年原油加工量均同比增长但增幅快速下滑，下半年原油加工量均同比减少，直至 11 月、12 月减少幅度才相对缩窄，主要仍与私营炼油厂整顿有关（见表 2-2）。

表 2-2 2021 年原油月度加工情况

单位：万吨

月份	原油	
	加工量	同比增长（%）
1	11422	15.2
2		
3	5980	19.5

月份	原油	
	加工量	同比增长（%）
4	5790	7.5
5	6051	4.5
6	6081	5.1
7	5906	−0.8
8	5834	−1.9
9	5607	−2.2
10	5840	−2.4
11	5964	−2.2
12	5875	−2.1

资料来源：国家统计局。

三、原油价格体系进展

原油的定价大致先后经历了洛克菲勒时代、"七姐妹"时期、"欧佩克"时期、交易所时期，基本形成了五大现货市场和三大期货市场，定价机制逐步由垄断定价过渡到市场化定价，而定价机制的演变往往伴随着原油贸易格局以及供求双方谈判力量的变化。

五大现货市场包括西北欧市场、地中海市场、加勒比海市场、新加坡市场和美国市场。三大期货市场包括纽约商业交易所（NYMEX）、伦敦洲际交易所（ICE）和迪拜商品交易所（DME）。

长期以来，国际原油市场公信度最高的基准原油，是美国西得克萨斯轻质低硫原油（West Texas Intermediate，缩写 WTI）和北大西洋北海布伦特基准原油（Brent）。2018 年中国推出的上海原油期货，在原油期货市场中规模仅次于 WTI 和 Brent 原油期货，已成为全球第三大原油期货。

上海原油期货是中国在争取大宗商品国际市场定价权过程中的一个缩影。自1975 年石油美元体系建立以来，以美元为国际石油贸易计价结算货币，强力巩固了美国超级大国地位。直到目前，80% 的国际石油贸易依然采用美元计价结算，其余以欧元和人民币结算。近年来，部分国家也在寻求"去美元化"的结算方式，例如伊朗将人民币和欧元列为主要外汇货币，委内瑞拉推出"石油币"，俄罗斯新出口原油以欧元计价，中国原油期货以人民币计价等。但短期内在国际石油贸易中绕开美元计价结算还难以实现。一方面，当前还未出现足够有影响力的非美元价格标杆。尽管上海原油期货身居第三大国际原油期货地位，但其缺乏大规模交易支撑，合约日均成交不足 20 万手，与日均成交超出 100 万手的代表性美元计价合约相比存在很大差距。另一方面，以我国为例，在金融账户尚未完全开放的情况下，人民币国际化依然"在路上"，货币影响力的扩大和提升仍需时间。

四、原油价格趋势分析

2021 年国际油价走势整体上涨。在全年货币宽松的环境下，上半年油价上涨主要依赖全球经济复苏带来的需求端拉动；下半年油价维持涨势，主要受欧洲气价飙升带来的能源替代效应影响，在此过程中还受到疫情反复、"欧佩克＋"决定恢复产能、主要石油消费国联合抛储等多因素干扰，波动明显。

截至 2021 年底，布伦特原油期货结算价为 77.78 美元/桶，同比上涨 50.15%；WTI 原油期货结算价为 75.21 美元/桶，同比上涨 55.00%（见图 2－14）。由于国际石油市场供需基本面整体改善，而北美地区天然气供应恢复偏慢，布伦特和 WTI 价差在 2021 年继续收窄至 2.57 美元/桶，同比减少 0.71 美元/桶（见图 2－15）。

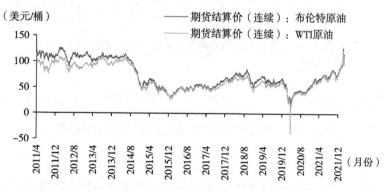

图 2－14　国际主要原油期货结算价（截至 2021 年底）

资料来源：WIND。

图 2 – 15　Brent – WTI 期货结算价差

资料来源：WIND。

如果延续 2021 年全球石油市场供需平衡修复的态势，随着欧洲冬季结束，能源供给压力减弱，以及"欧佩克＋"和美国产能恢复，国际油价在 2022 年趋势或相对明朗。但截至本报告完稿（3 月下旬），2022 年初国际油价一路飙升并开启高位宽幅震荡行情。2022 年 3 月 8 日，布伦特和 WTI 期货结算价分别为 127.98 美元/桶和 123.7 美元/桶，相较 2021 年底分别上涨 65.54% 和 64.47%（见图 2 – 16），创2008 年以来新高，此后到 3 月下旬，国际油价剧烈波动但仍维持在高位。

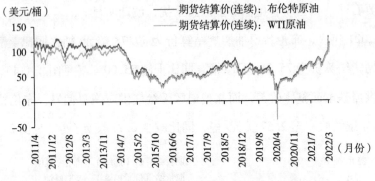

图 2 – 16　国际主要原油期货结算价（截至 2022 年 3 月）

资料来源：WIND。

这一轮油价剧烈波动主要受俄乌冲突这一重大地缘政治风险事件以及后期俄乌谈判等一系列消息面干扰，导致国际石油市场供给风险集中爆发。

俄乌冲突导致全球资产系统性风险抬升，市场避险情绪高涨，风险资产受到较大打击。另外，俄罗斯是全球能源供应大国，在全球原油和天然气出口份额分别为11.3% 和 16.2%。俄乌冲突发生以来，欧美对俄制裁升级，对俄罗斯能源出口造成了极大的不利影响，从而加剧了国际石油市场供应链紧张程度。

2022年初的国际石油市场行情已脱出供需基本面逻辑，不确定性在全球资本市场显现，对国际油价走势预期造成极大干扰。除去地缘政治风险，通胀压力下美国进入加息周期、全球能源转型浪潮推进等因素都有可能对国际油价造成干扰，市场参与者还需警惕流动性紧张、供需错配等带来的价格风险。

第三节　成品油

一、全球成品油市场分析

（一）全球成品油供需

2021年，各式新冠疫苗不断投入市场，加之各国不断推出经济刺激政策，全球经济不断复苏，国际货币基金组织（IMF）预计2021年全球GDP涨幅将超5%。全球经济复苏使成品油市场需求量回升明显。据统计，2021年全球成品油需求总量8253万桶/日，较2020年相比增加约491万桶/日，同比上升6.3%。2021年全球供应总量为8493万桶/日，较上年增加527万桶/日，同比上升6.6%，供应富余240万桶/日，同比增加36万桶/日。从全球看，主要成品油存在一定的供过于求（见表2-3、表2-4）。

表2-3　2020—2021年全球主要成品油供给量

单位：万桶/日

成品油种类	2020年	2021年
汽油	2398	2595
柴油	2725	2846
航空煤油	690	617
残渣燃料油	679	655

资料来源：OPEC Outlook、IHS。

汽油、柴油、航空煤油以及残渣燃料油需求量受经济复苏影响，都在大幅度回升，其中受疫情影响最大的航空煤油在 2021 年得到快速反弹，但受制于全球航空业的复苏缓慢，需求大约恢复至 2019 年的 65%。国际航班的恢复远低于预期，是抑制航空煤油需求的主要原因。汽油和柴油的需求随着经济的反弹得到大幅改善，分别恢复至 2019 年的 96% 和 98%。全球贸易在全球经济好转中得到有效复苏，叠加液化石油气价格的高位，推涨高硫燃料油需求，刺激着燃料油市场需求改善，燃料油需求恢复至 2019 年的 98%。

表 2 - 4　2020—2021 年全球主要成品油需求量

单位：万桶/日

成品油种类	2020 年	2021 年
汽油	2396.3	2559
柴油	2628.3	2761
航空煤油	443.0	571
残渣燃料油	692.0	625

资料来源：OPEC Outlook。

随着新冠肺炎疫情逐步得到控制，新冠疫苗大范围接种，2021 年全球汽油、柴油、航空煤油等主要成品油需求从最低点反弹（见表 2 - 5）。2022 年，因地缘关系而导致的俄乌战争使得西方多国企业抵制俄原油出口，使得俄原油供给大幅减少约 1/4。因此，原油供给的减少也会影响全球成品油市场的供给。

在后疫情时代，清洁燃料能源政策关注力度不断加码。在此背景下 IEA 预计2025 年，用于运输的生物燃料产量达到 1861 亿升或 321 万桶/日，较 2019 年水平增长 14%；生物燃料将在 2025 年满足约 5.4% 的道路运输能源需求，而 2019 年这一比例略低于 4.8%；未来 10 年，液化天然气和生物燃料需求量将增加 300 万桶/日，达到 2360 万桶/日，占全球液体燃料需求量 22%，增长速度极快。

2021 年全球各地区成品油需求量都表现出大幅反弹，其中亚洲的需求量增量最大。数据表明，成品油需求量随着经济活动的复苏，正在从新冠肺炎疫情影响的低谷中走出。总体而言，北美和欧洲地区存在成品油供应过剩的情形，而非洲和亚太地区供应出现一定缺口。

表 2 – 5　2021 年各地区主要成品油需求量

单位：万桶/日

成品油种类	北美洲	亚洲	欧洲	非洲
汽油	967	756	203	115
柴油	417	947	687	159
航空煤油	146	221	79	19

资料来源：IHS。

在供应方面，2020 年全球主要原油炼厂受疫情影响严重，开工率低。2021 年随着防疫的不断推进以及全球经济的复苏，全球炼厂复工明显。全球成品油供给数据还不得而知，分析查阅全球主要炼厂的信息如 BP、壳牌等后，预计 2021 年成品油供给将明显回升。

（二）全球成品油价格

1. 2021 年三大市场汽油、柴油以及航空煤油价格均大幅回涨

2021 年上半年，在俄罗斯拒绝 OPEC 联合减产提议后，沙特阿拉伯随即提高原油产量，加之新冠肺炎疫情在全球的蔓延对世界经济产生了巨大的冲击，国际油价暴跌。而随着 2021 年疫苗的不断投入缓解了疫情对市场的冲击，以及 OPEC＋宣布减产，市场需求不断增加。原油市场的供需平衡不断修复，油价不断上升。据统计，2021 年原油现货 WTI 平均价格 65.54 美元/桶，涨幅 67.36%；布伦特原油现货2021 年平均价格 67.48 美元/桶，涨幅 61.63%。三大市场汽油、柴油以及航空煤油2021 年平均现货价格与 2020 年相比都有较大幅度的上涨（见表 2 – 6）。

表 2 – 6　2021 年三大市场成品油平均价格

单位：美元/桶

品种	成品油现货价格						原油现货价格			
	美国纽约港	同比（%）	欧洲鹿特丹	同比（%）	亚洲新加坡	同比（%）	WTI	同比（%）	布伦特	同比（%）
汽油	89.34	84	106.9	150	79.96	68.5				
柴油	86.91	65.5	90.58	93.0	77.22	59.4	65.54	67.36	67.48	61.63
航空煤油	80.19	41.2	96.61	88.5	74.68	– 66.1				

资料来源：WIND。

2. 世界部分国家和地区汽、柴油零售价格持续走高

总体来看，2021 年国际汽、柴油市场行情步入上行通道，部分国家和地区汽、柴油平均零售价上升明显，汽、柴油零售价格走势与原油价格走势基本一致（见表2－7）。

表 2－7　2021 年（1—10 月）部分国家和地区汽、柴油平均零售价

单位：元/升

国家/地区	规格品号	含税	
		汽油	柴油
中国（北京）	92#V 汽油/0#V 柴油	6.9	6.5
韩国	92#汽油/超柴	9	7.8
日本	91#汽油/柴油	9.1	7.9
新加坡	95#汽油/超柴	11.3	9.2
美国	普通汽油/柴油	5.3	5.6
英国	95#汽油/柴油	11.8	11.1
平均价格	汽油/柴油	6.3	5.7

资料来源：各国各地区成品油零售价格官网。

国际成品油市场定价方式国际化程度相对较低，且进展较慢。目前国际上主要有三大成品油市场，即欧洲荷兰鹿特丹成品油市场、美国纽约商品交易所以及新兴亚洲新加坡市场，各地区成品油国际贸易都主要以该地区的市场价格为基准作价。此外，最近发展起来的日本东京市场对远东市场贸易也有一定参考意义。

以新加坡市场为例，作为定价基准的成品油主要有：

（1）汽油定价主要以石脑油或 92 号汽油为基准，也有个别交易以 95 号或 97 号汽油定价。

（2）柴油定价主要以 0.5% 含硫柴油为基准。其他不同等级规格的柴油可以此为定价基准，也可以其独立的报价定价，如 0.25% 和 1.0% 含硫的柴油。

（3）航空煤油、双用煤油及灯油的定价主要以煤油为基准。

（4）燃料油的定价主要以粘度为 180 或 380 的燃料油价格为基准。此外，也有个别交易以 Dubai 原油为基准定价。

二、中国成品油市场分析

（一）中国成品油生产供给

因国内疫情控制较好，中国经济持续回暖，国内投资、消费水平继续恢复，2021年我国成品油产量总体有所上升，其中汽油、柴油产量增加，煤油产量下降。2021年我国汽、柴、煤油实际产量35738万吨，同比增长5.0%。伴随我国新冠肺炎疫情防控取得进一步成效，全国经济继续回暖，预计未来我国成品油产量将恢复保持中速增长，增速将会上升（见表2-8）。

表2-8　2018—2021年汽、柴、煤油产量及增速

单位：万吨

年份	汽油		柴油		煤油		汽柴煤油合计	
	产量	增速（%）	产量	增速（%）	产量	增速（%）	产量	增速（%）
2018	13888	4.6	17376	-5.1	4770	12.7	36034	0.6
2019	14150	1.9	16620	-4.4	5290	10.9	36060	0.07
2020	13187	-6.8	15972	-3.9	4869	-8	34028	-5.6
2021	15457	17.4	16337	2.7	3944	-19	35738	5.0

资料来源：WIND、国家统计局。

（二）中国汽、柴油市场消费

2021年国内成品油消费量达34148万吨，同比上升18%（见图2-17）。其中汽油表观消费总量为12282.05万吨，同比增长5.7%；柴油表观消费总量为14118.32万吨，同比增长0.5%；煤油表观消费总量为3495.19万吨，同比增长5.7%。

2020年新冠肺炎疫情期间，国内经济发展受限。为防控疫情，国内高速公路和诸多普通道路长时间进行道路管制，企业多次暂停并延迟复工复产，诸多相关因素导致国内成品油消费量锐减。虽然从2020年2月开始，国家就已出台一系列政策刺激消费，但效果依然不明显。

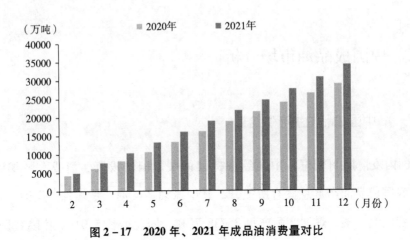

图 2-17　2020 年、2021 年成品油消费量对比

资料来源：WIND。

　　虽然我国在十四五规划中提出将大力发展新能源以不断减少对化石燃料的依赖，同时，新能源汽车对汽油替代效应不断扩大，且利好补贴政策不断加码，国内高铁运力发展迅猛，对公路运输替代程度进一步加大，但这些因素并不能阻止 2021 年国内成品油消费量的快速增长。

　　2021 年，随着疫情防控取得进一步成效，企业均复工复产，道路管制也不断放开，我国成品油消费量有了明显增长。成品油消费量达 34148 万吨，同比上升 18%。

　　其中，我国汽油消费同比增长 5.7%，远高于柴油 0.5% 的增长量。原因如下：2020 年，因疫情管控及国民出行意愿的降低，国内汽油消费一度出现下降至常规五成的局面。2021 年随着疫情防控的不断成功，国内汽油消费量大幅上升。在柴油消费方面，2020 年，为刺激消费，国家已出台了多项利好基建和物流的措施，所以柴油消费在 2020 年已实现了上涨。2021 年，基建和物流行业对柴油消费的推动难以大幅提升，所以柴油消费量增长速度有所下滑。

　　（三）中国成品油进出口分析

　　1. 进口分析

　　2021 年，中国成品油进口量 2712 万吨，同比下降 4.34%；2021 年中国成品油进口金额 1311778 万美元（131 亿美元），同比减少 27.27%（见图 2-18）。

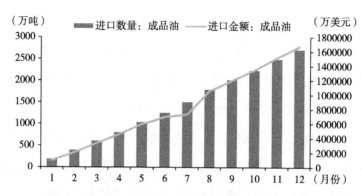

图 2 - 18　2021 年中国成品油月度进口量与进口金额

资料来源：WIND、海关总署。

据分析，2021 年我国汽油进口量多维持在低位水平，全年进口量同比减少超 1/4。全年最高进口水平为 5 月，进口量达到 8 万吨（见图 2 - 19）。

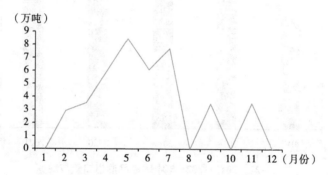

图 2 - 19　2021 年中国汽油月度进口量

资料来源：WIND、海关总署。

2021 年我国煤油进口量总体较 2020 年有所下降，全年只有 2 月、8 月、10 月进口量略高于 2020 年同期水平，分别达到 15.85 万吨、13.20 万吨、13.33 万吨（见图 2 - 20）。

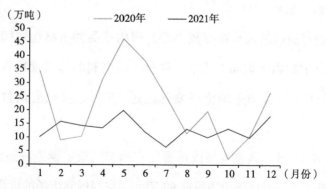

图 2 - 20　2020—2021 年中国煤油月度进口量

资料来源：WIND、海关总署。

2. 出口分析

2021年，中国成品油出口数量约为6031万吨，同比下降2.49%（见图2-21）。新冠肺炎疫情的有效控制以及国家对复工复产要求的不断加码，使得国内炼厂较早开工，产能逐步趋于正常。近年来，国内炼厂不断扩产并提升炼化效益，运行安全且平稳，同时扩大了在国际市场上的影响力。随着炼油能力不断增强，伴随国内疫情影响逐步消退，成品油产量未来将会逆转颓势持续增加，未来成品油出口量将位于世界前列。

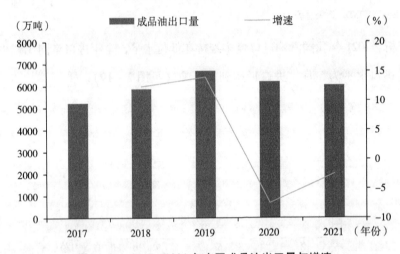

图2-21 2017—2021年中国成品油出口量与增速

资料来源：WIND、海关总署。

（四）中国成品油价格分析

1. 成品油定价机制

根据中国现行的成品油价格形成办法，国内成品油价格选取国际市场原油价格作为基础，外加国内平均加工成本、税金、适当利润等因素确定。当国际市场原油连续22个工作日移动平均价格变化超过4%时，可相应调整国内汽、柴油价格。

2016年1月13日，国家发展改革委发布通知，决定设置成品油调控上下限。调控上限为每桶130美元，下限为每桶40美元。即当国际市场油价高于每桶130美元时，汽、柴油最高零售价格不提或少提；低于40美元时，汽、柴油最高零售价格不降低；在 40～130 美元之间运行时，国内成品油价格机制正常调整，该涨就涨，该降就降。

具体核算是，以布伦特（Brent）、迪拜（Dubai）和米纳斯（Minas）三地平均原油价格 + 成本 + 适当的利润率（按 2004 年行业平均利润率为 5% 左右），来确定成品油价格。其中，18～50 美元之间按照上述公式计算，50 美元以上开始扣减加工环节利润，每上涨 1 美元扣减 1% 的利润率，到 55 美元减为零，55～65 美元为零利润。

2. 成品油价格分析

综合来看，数据显示，截至 2021 年 12 月 31 日，汽油价格 7841 元/吨，年涨幅 30.29%，柴油价格 7494 元/吨，年涨幅 34.81%。

国内成品油价格主要参考国际原油定价，汽、柴油价格受国际油价冲击较大。2021 年内共经历 21 轮调价周期，汽油累计上调 1345 元/吨，柴油累计上调 1295 元/吨（见图 2-22、表 2-9）。

截至目前，在全球疫情得到控制、国际原油价格持续攀升的背景下，国内成品油价格依然经历了"九连涨"。由于零售端价格快速扩大，国内批发价差短时加大；随着新冠疫苗的逐步推广接种，国内需求恢复，后期下游补货将加强。

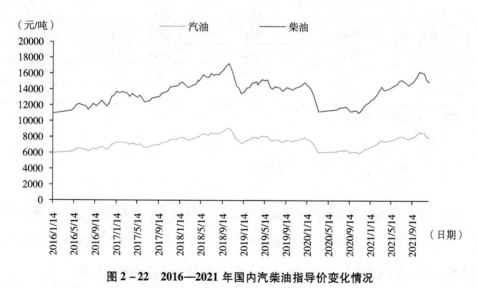

图 2-22　2016—2021 年国内汽柴油指导价变化情况

资料来源：WIND。

表 2 - 9　2021 年国家发展改革委指导汽柴油价格统计表

单位：元/吨

调整日期	汽油指导价	调整幅度	柴油指导价	调整幅度
2021/1/1	6645	- 90	5695	86
2021/1/16	6830	185	5875	180
2021/1/30	6905	75	5945	70
2021/2/19	7180	275	6210	265
2021/3/4	7440	260	6460	250
2021/3/18	7675	235	6690	230
2021/4/1	7450	- 225	6470	- 220
2021/4/29	7550	100	6565	95
2021/5/15	7650	100	6665	100
2021/6/12	7825	175	6835	170
2021/6/29	8050	225	7050	215
2021/7/13	8120	70	7115	65
2021/7/27	8020	- 100	7020	- 95
2021/8/24	7770	- 250	6775	- 245
2021/9/7	7910	140	6915	140
2021/9/19	8000	90	7000	85
2021/10/10	8345	345	7330	330
2021/10/23	8645	300	7620	290
2021/11/20	8550	- 95	7530	- 90
2021/12/4	8120	- 430	7115	- 415
2021/12/18	7990	- 130	6990	- 415

资料来源：国家发展改革委。

（五）中国成品油炼化市场现状

2021 年，伴随着疫情防控取得成功，经济不断复苏，我国炼油行业产能呈现继续扩张趋势，其中，民营炼厂数量继续扩张，占比进一步增加。2021 年是国内炼厂的检修大年，虽然诸多炼厂进入检修期，但产量有着明显的同比上升。

近年来我国炼厂综合能力明显增强，主流炼厂的运行周期越来越长，但总体来看，中国炼厂的运行负荷率过低，与国际先进水平仍存在较大差距。2016—2020

年，美国炼厂平均开工率为88.51%，欧洲十六国炼厂平均开工率为83.65%，中国炼厂平均开工率仅为77.47%，低于世界炼厂平均80.9%的水平。

2021年，国内炼厂进入检修大年，不同于2020年的被动检修，诸多炼厂在2021年上半年进入检修期，累计产能约达到1.8亿吨。因此，我国炼厂2021年运行负荷率进一步降低，从约77%的高位下滑至约70%。

2019年以后，恒力以及浙石化两大炼化一体化炼厂相继投产，对民营炼厂资源形成进一步补充，民营炼厂成品油产量增幅扩大。2021年，国内独立炼厂达到4.1亿吨/年的产能，占比首次超过40%。预计在2025年，独立炼厂产能或超5亿吨/年，这表明我国炼化产能的格局正在改变。相比于独立炼厂，2021年中石油产能为2.2亿/年，中石化产能为3.2亿吨/年，中海油为0.5亿吨/年。

整体来看，近年来，国内炼化产能持续扩张，大型炼化项目接连上马，成品油资源供应过剩形势进一步加剧，国内成品油出口量也不断升高。2021年成品油出口配额总计6031万吨。

2021年，在国内炼油产能过剩、竞争加剧的大格局下，我国炼化领域朝着一体化、规模化、集群化的方向发展。国内原油加工量已由2016年5.41亿吨增长至2021年7.0355亿吨（见图2-23），按目前在建、已批准建设和规划的炼油项目产能测算，到2025年我国炼油能力将超10亿吨/年，位居全球产能榜首。目前业内一体化程度低、受原料及成品油价格波动影响较大的小型燃料型炼厂将逐步被淘汰，行业整体集中度和竞争力将大幅提高。

图2-23 2016—2021年国内原油加工量

资料来源：国家统计局。

第四节　天然气

从全球 GDP 来看，世界主要经济体在后疫情时代经济持续复苏，以中国、美国、欧盟为主要代表的经济体，预计 2021 年 GDP 同比增长均在 5% 以上，IMF 预计 2021 年全球经济同比增长 5.9%。

经济形势的持续向好带动了全球一次能源消费量持续增长，但增速放缓，2021 年全球疫情得到控制，部分地区生产活动缓慢恢复。近五年来，天然气在全球一次能源消费中的占比也在不断提升。天然气作为重要的桥梁能源，在碳达峰、碳中和进程中，发挥着举足轻重的作用。天然气消费在全球一次能源中的占比由 2017 年的 23.32% 提升至 2021 年的 27.27%。

后疫情时代，国际天然气需求大幅提升，而供应量增幅不及预期的现状导致国际天然气价格整体处于高位。国内天然气对外依存度日渐攀高，国内天然气市场在高价冲击下，呈现出了与往年市场相异的走势。在"淡季不淡，旺季更旺"的走势下，国内天然气行业经受住了气价、天气、国际局势等多方面挑战，平稳过渡。

天然气作为清洁能源，在我国能源结构优化中扮演了重要的角色，中国天然气市场风云变幻却又蓬勃发展。据统计，2021 年，中国天然气表观消费量达 3697.04 亿立方米，同比增长 12.68%，消费量创历史新高。

一、全球天然气市场分析

（一）全球天然气供需分析

1. 全球天然气需求现状

2017—2021 年，全球天然气消费量累计增加 4390.8 亿立方米，年均复合增速约为 2.88%。2021 年新冠肺炎疫情影响减弱，全球经济逐渐复苏，加上欧洲碳交易对天然气需求增加，预计全球天然气消费量 4.09 万亿立方米，较 2020 年大幅上升约 7%，再创历史新高（见图 2 - 24）。

分地区来看，北美地区是全球天然气消费量最大的地区，2021 年消费量为 1.14 万亿立方米，约占全球总消费量的 27.73%；其次是亚太地区，2021 年消费总量为 0.95 万亿立方米，约占全球的 23.22%；2021 年欧洲天然气消费量为 0.59 万亿立方米，占比约为 14.41%。中东、CIS（独立国家联合体，包括俄罗斯、白俄罗斯、摩尔多瓦、亚美尼亚、阿塞拜疆、塔吉克斯坦、吉尔吉斯斯坦、哈萨克斯坦及乌兹别克斯坦）、中南美和非洲用气量分别占全球总用气量的 13.57%、13.40%、3.88% 和 3.79%。

受到中国天然气需求快速增长的带动，亚太地区消费量在全球消费量中的占比由 2017 年的 21.15% 增加至 2021 年的 23.22%，累计提高了 2.07 个百分点，增幅位居所有地区之首。

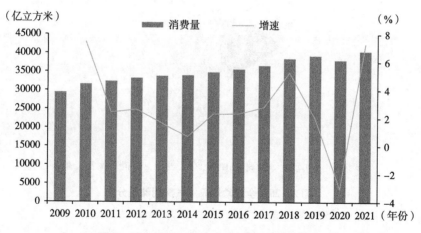

图 2 - 24　2009—2021 年全球天然气消费量

资料来源：BP。

2. 全球天然气供给现状

得益于勘探开发技术的不断进步，全球常规天然气探明储量逐年提高。虽然受新冠肺炎疫情肆虐影响，2020 年全球天然气探明储量增速小幅下降 1.16%，但是伴随疫情影响的逐渐消退，2021 年全球天然气探明储量达到了 190.53 万亿立方米（见图 2 - 25）。

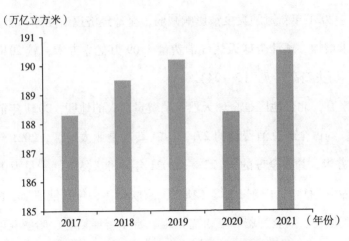

图2-25 2017—2021年全球天然气探明储量

资料来源：BP。

分区域来看，中东地区常规天然气储量占全球探明储量的42%，达到58.3亿立方米；CIS地区天然气储量占比为28%；其他地区占比按排名依次为非洲、亚太地区、北美、中南美及欧洲（见图2-26）。

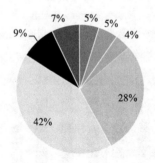

■北美 中南美 欧洲 CIS地区 中东 ■非洲 ■亚太地区

图2-26 全球常规天然气探明储量分布

资料来源：根据公开资料整理。

与探明储量不同，北美地区是全球最大的天然气生产国，2021年产量占到了全球产量的29.13%；其次是独立国家联合体，占比为20.93%；排在第三位的是亚太地区，2021年天然气产量占到全球总产量的16.77%。值得注意的是，在页岩气革命的推动下，北美地区天然气产量在五年内增幅较大，由2019年的9583.4亿立方米增加至2021年的11350亿立方米，增幅达18.43%。受外部环境和本国经济形势影响，俄罗斯天然气产量亦将会有提升空间（见图2-27）。

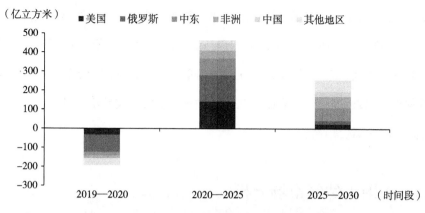

图 2 - 27　2019—2030 年全球天然气产量增量预测

资料来源：IEA。

（二）全球天然气进出口分析

在疫情影响下全球贸易流动减少，2020 年世界天然气贸易量 1.17 万亿立方米，同比下降 2.6%，打破了自 2016 年以来的长期增长势头。伴随新冠疫苗接种普及等因素提振，全球经济活动逐渐恢复，同时欧洲碳交易需要大量天然气，世界天然气贸易流动性增强，2021 年世界天然气贸易量将会达到 1.36 万亿立方米（见图 2 - 28）。

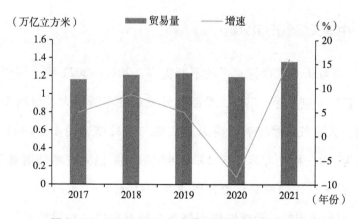

图 2 - 28　2017—2021 年全球天然气贸易量及增速

资料来源：BP。

在价格方面，截至 2021 年底，HH 期货价格在 3.73 美元/百万英热，较年初价格上涨 1.15 美元/百万英热，涨幅 44.57%；NBP 期货价格在 23.00 美元/百万英热，较年初价格上涨 14.93 美元/百万英热，涨幅 185.01%；TTF 期货价格在 23.30 美元/百万英热，较年初价格上涨 8.37 美元/百万英热，涨幅 178.38%。全球天然气市场价格飞涨是 2021 年全球天然气市场的重要特点，全球地缘政治影响因素、全球范围内的"减碳"活动、复工复产的推进叠加极端气候环境，预计天然气价格在一段时间内将在高位徘徊。

二、中国天然气市场分析

中国天然气市场在 2020 年疫情影响下发展收缩之后，2021 年呈现供需两旺的新局面。总体来看，国内天然气市场行情稳中有升，得益于"增储上产"的举措，以及在国际天然气价格高企背景下体现出来的长协价格优势，助力我国天然气事业在 2021 年取得长足的进步与发展。

同时，天然气市场化改革进入深水期。"托运商"入市，打破了之前寡头垄断的进口天然气市场，天然气多元供应时代正式来临；多家省级管网公司并入国家管网集团，理顺供气环节，基础设施配置更加合理；多省出台大工业直供标准，市场化改革取得实质性突破。

（一）中国天然气产量分析

随着国内常规天然气勘探水平的不断提高，2017—2021 年，国内天然气产量呈持续增长态势。但是近五年来，受勘探开发难度不断增大、市场发展预期不明等因素制约，天然气产量增速始终未能实现与消费增速同步。2021 年，国内天然气总产量为 2053 亿立方米，较 2020 年增加 147 亿立方米，增幅 7.75%（见图 2 - 29），低于全国消费总量增长率约 5 个百分点。

"双碳"目标提出后，天然气作为过渡时期重要的"桥梁能源"，在实现碳达峰、碳中和过程中扮演着重要的角色，我国国内对天然气的需求量也随之增加。为了满足国内日益增长的天然气需求，同时也要保障国内天然气能源供应安全，2021 年国内天然气大力"增储上产"，天然气产量得到有效提升。

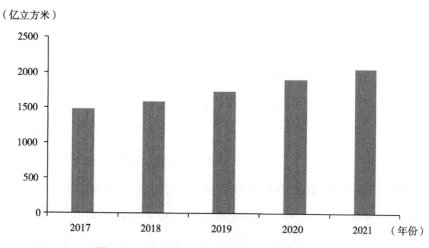

图 2 - 29 2017—2021 年我国常规天然气产量

资料来源：根据国家发展改革委公开资料整理。

随着"增储上产"计划的不断深入，我国日渐重视非常规天然气如煤层气、煤制气的开发利用，多措并举保障非常规天然气产量大幅增长。

以煤层气为例，2021 年是煤层气"增储上产"三年行动的关键之年，我国煤层气"增储上产"进度加快，煤层气年产量达到 104.7 亿立方米，较 2017 年增加 34.5 亿立方米，增幅达 49.15%。山西是我国煤层气产量最高的省份，也是煤层气产业开发的"领头羊"。山西省境内 2000 米以内浅层煤层气地质资源量约 8.31 万亿立方米，占全国预测资源量的 27.7%。其中，探明储量占到全国总量的 75%，累计产量占比超过 70%。贵州、新疆、内蒙古等地也蕴藏着丰富的煤层气资源。

以上游企业中海油为例，2021 年全年有三个天然气重大油气发现：一是惠州 26 - 6 油气田探明地质储量为 5000 万立方米油当量，标志着我国珠江口盆地再获重大油气发现；二是渤中 13 - 2 油气田，探明地质储量亿吨级油气当量，进一步夯实了我国海上油气资源储量基础；三是山西临兴气田探明地质储量超 1010 亿立方米，在陆上成功发现千亿方大气田。

与此同时，中海油"深海一号"大气田于 2021 年 6 月 25 日投产，当年气田已进入产量峰值开发水平。"深海一号"大气田于 2014 年勘探发现，距海南省三亚市 150 千米，天然气探明地质储量超千亿立方米，最大水深超过 1500 米，最大井深达

4000 米以上，是我国迄今为止自主发现的水深最深、勘探开发难度最大的海上超深水气田。

2019 年我国开始实施"国内油气勘探开发七年行动计划"，将海洋油气勘探开发列为重点之一，力争把南海北部、东海盆地建成天然气增储上产的重点地区，到 2035 年前形成南海北部、东海海域两个万亿立方米增储区。2021 年中海油海上油气勘探重大发现进一步夯实了海上油气资源储量基础，对海上油气田稳产上产，助力国家"双碳"目标早日实现，保障国家能源安全具有重要意义。

多年来，受制于技术制约，我国深海油气勘探开发进展不大。"深海一号"大气田的成功达产，标志着我国海上油气工业已经独立掌握了超深水气田生产运维的完整技术体系，必将加快推动我国深水油气田的勘探开发，切实维护国家海洋油气资源。同时，"深海一号"大气田高峰年产气量将超 30 亿立方米，可满足粤港澳大湾区 1/4 的民生用气需求，成为供给粤港澳大湾区和海南自贸港清洁能源的主力气田之一，使南海天然气供应能力提升到每年 130 亿立方米以上。此外，"深海一号"大气田将带动周边陵水 25 - 1 等新的深水气田开发，形成气田群，为南部沿海区域天然气供应安全、增强"南气北送"能力增加支撑气源。

（二）中国天然气需求分析

1. 中国天然气消费分析

在天然气被确定为主体能源之后，国内天然气市场蓬勃发展。随着煤改气政策不断深入，国内天然气表观消费量增速，连续两年保持在两位数。2017—2021 年国内天然气消费量呈上涨趋势。2017 年，国内天然气表观消费量为 2402 亿立方米，同比增加 15%；2018 年，表观消费量为 2809 亿立方米，同比增加 17%；2019 年天然气消费稳中趋缓，但依然保持 9% 左右的增长；2020 年受到新冠肺炎疫情影响，表观消费量增速进一步放缓至 7% 左右。

2021 年国内经济恢复良好，生产经济活动活跃，工业及发电对天然气需求增加明显，天然气表观消费量增速重回两位数至 13%，预计全年天然气表观消费量达到 3697 亿立方米（见图 2 - 30）。

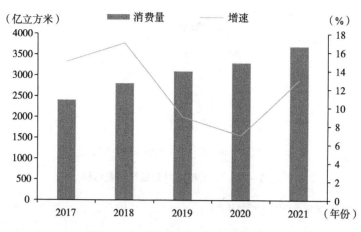

图 2-30　中国天然气消费量及增速

资料来源：根据 BP 公开资料整理。

分省市来看，2021 年消费量排名前五的省份分别为广东省、江苏省、四川省、山东省及河北省。五个省份总消费量占到了全国总消费量的 40.05% 。上述省份消费量大的原因主要有以下几点：①省内有天然气电厂，发电用气消耗量大；②工业发达，工业用气量大；③人口多，民用气基数大。

从消费结构层面分析，2021 年中国城市燃气用气量占到天然气消费总量的 38% ，较 2020 年增加 3 个百分点，达到 1405 亿立方米。随着天然气管道覆盖率的提高，国内天然气气化率水平也在不断提升，居民用气量增加。另外，随着供暖线南移，南方居民采暖用气增加，为城市燃气用气提供增量。

工业用气是除城市燃气外，我国最大的天然气下游消费领域。2021 年经济复苏提振，国内生产订单增加明显，工业用气明显增加，2021 年工业用气在总用气中的占比达到 37% ，约为 1368 亿立方米。

2021 年我国发电用气占到总用气量的 16% ，用气量达到 592 亿立方米；化工用气较为稳定，2021 年国内化工用气量约为 333 亿立方米，占总用气量的 9% （见图 2-31）。

2. 中国天然气对外依存度分析

近年来，我国天然气市场迅速发展，但存在天然气消费快速增长与供应之间的矛盾，对外依存度也持续保持高位，一定程度上对我国能源安全造成一定影响。

2021 年，我国天然气产量达到 2053 亿立方米，较 2020 年增加 7.75% ，而天然气消费量增幅高出同期增产量 268 亿立方米，这部分空缺需要进口来补足，导致我

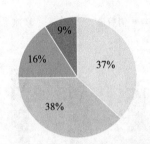

□ 工业用气　□ 城市燃气　□ 发电用气　□ 化工用气

图 2 − 31　2021 年国内天然气消费结构

资料来源：根据 WIND 公开资料整理。

国天然气进口依存度进一步提高。

自 2017 年以来，我国天然气对外依存度持续攀升，至 2019 年高达 46.4%。虽然"增储上产"行动一定程度上缓解了我国天然气对进口的依赖，2021 年我国天然气对外依存度回落至约为 44.6%，但是伴随"双碳"目标的持续推进，进口天然气在短期内依然会成为我国天然气供给侧的主要力量。

3. 天然气基础设施建设

在管道建设方面，从建设里程数上看，2017—2021 年，我国天然气管道里程数逐年增长，但增速有所放缓，其主要原因是受到天然气管网改革等因素的影响。2020 年，我国天然气管道里程数达到 8.34 万千米，同比增长 2.96%。预计 2021 年中国天然气管道里程数将达 8.63 万千米。根据国家《中长期油气管网发展规划》，预计到 2025 年，国内天然气管道总里程将会达到 16.3 万千米（见图 2 −32）。

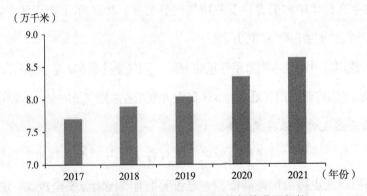

图 2 - 32　2017—2021 年中国天然气管道里程数

资料来源：根据 WIND 公开资料整理。

在储气设施方面，截至 2021 年，全国基本形成了以地下储气库和沿海 LNG 接收站储罐为主、其他调峰方式为补充的综合调峰体系。2021 年全国已建成地下储气库（群）总工作气量比 2016 年增加 89 亿立方米，增幅 160%。沿海 LNG 接收站储罐罐容实现翻番，2021 年比 2016 年增加 566 万立方米，增幅 113%。截至 2021 年，全国储气能力达到 237.32 亿立方米，占天然气消费量的 6.4%，比 2016 年提高 2.9 个百分点。

（三）中国天然气进口分析

2021 年我国进口天然气量达 1700 亿立方米，对外依存度高达 44.6%。目前，我国天然气进口主要以进口管道气及进口 LNG 为主（见图 2-33）。

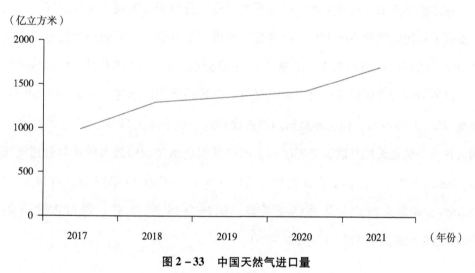

（亿立方米）

图 2-33　中国天然气进口量

资料来源：根据 BP 公开资料整理。

1. 进口管道气

在进口量方面，2020 年受到新冠肺炎疫情影响，国内经济生产活动一度陷入停滞，对天然气需求减少，同时由于国际 LNG 价格低廉，相对管道气经济优势明显，管道天然气进口量较 2019 年减少 6% 回落至 481 亿立方米。2021 年国内疫情基本得到控制，经济生产活动恢复，对天然气需求有恢复性增长，另外中俄管道中段的投产也为国内管道气进口提供增量。2021 年，我国管道气进口量较 2020 年大幅增加 23% 至 590 亿立方米（见图 2-34）。

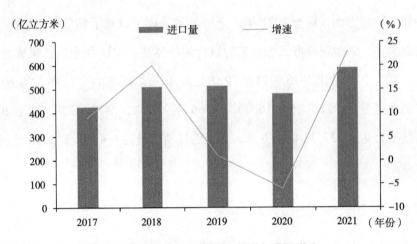

图 2 – 34　中国天然气进口管道气量及增速

资料来源：根据 WIND、海关数据、公开资料整理。

在来源国方面，近五年来，我国管道天然气进口努力实现多元化，在一定程度上提高了我国的能源供应安全。随着长协的进一步签署，土库曼斯坦的进口占比降至 2019 年的 66%，较 2017 年下降了 15 个百分点。而 2020 年开始，中俄管道气投产，俄罗斯成为我国第五个管道天然气进口来源国且占比迅速，由 2020 年的 9% 提升至 2021 年的 17%，而土库曼斯坦的占比则进一步下降至 58%。截至 2021 年，我国共有 5 个管道天然气进口来源国，土库曼斯坦仍然是我国最大的进口管道气来源国，2021 年进口量占到了总进口量的 56.57%，其次为俄罗斯，进口占比为 17.76%，哈萨克斯坦、乌兹别克斯坦、缅甸分列 3 ~ 5 位，进口占比分别为 9.95%、8.55%、7.17%（见图 2 – 35）。

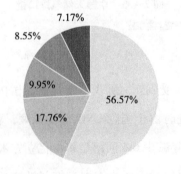

土库曼斯坦　俄罗斯　哈萨克斯坦　乌兹别克斯坦　缅甸

图 2 – 35　中国天然气进口管道气来源国

资料来源：根据 WIND、海关数据、公开资料整理。

在进口价格方面，我国管道气进口价格与国际油价挂钩，所以进口管道气价格的涨跌受到国际原油价格影响较大，且价格相关性存在 3~6 个月的滞后性，即油价的涨跌会在 3~6 个月之后体现在管道气进口价格方面，例如 2018 年下半年国际原油价格涨至 90 美元/桶的历史高位，2019 年的管道气进口价格也攀升至了历史高点；2020 年国际油价历史性下跌导致 2021 年管道气进口价格也落至近五年最低点。在 2022 年原油价格高企的局面下，预计 2023 年上半年管道气进口价格将会回归至历史高位。

2. 进口 LNG

在进口 LNG 量方面，随着我国清洁能源利用率的提高，国内天然气消费量逐年攀升。在"富煤贫油少气"的基本国情制约下，国内天然气产量增速有限，而管道气进口弹性较小，基础设施建设周期较长。为满足日益增长的天然气需求，扩大 LNG 进口是当前我国现实的选择。

近 5 年来我国 LNG 进口量呈现逐渐攀升态势。2017—2018 年我国推行"煤改气"举措，国内天然气需求高速增长。2017 年，我国 LNG 进口量为 3829 万吨，同比大幅增长 46%。2018 年进口量为 5371 万吨，同比增幅为 40%。2019 年增幅回落，全年进口量为 6065 万吨，增幅降至 13%。2020 年受到疫情影响，国内天然气需求增幅收窄，相应进口量增幅继续回落至 11%，全年进口量为 6739 万吨。随着疫苗接种率的提升，国内天然气需求恢复，2021 年国内 LNG 进口量增加至 7893 万吨，超过日本正式成为全球第一大 LNG 进口国（见图 2-36）。

在进口 LNG 来源国方面，近年来进口 LNG 来源国不断增加，由 2017 年的 20 个来源国增加至 2021 年的 27 个，进口来源更加多元化，有利于保障我国能源进口安全，增强天然气进口积极性。近五年来，澳大利亚一直是我国最大的 LNG 进口来源国，但随着我国进口来源多样性的增加，澳大利亚在我国 LNG 总进口的占比下降。值得注意的是，在 2020 年中美贸易关系缓和之后，美国对我国的 LNG 进口量有明显增加。另外，俄罗斯在近年也成为我国主要的 LNG 来源国之一，俄罗斯也是唯一与我国有 LNG 和管道气贸易的国家。

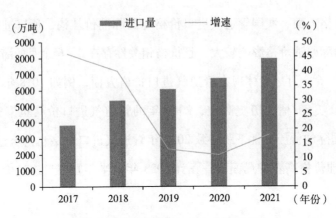

图 2 – 36　中国进口 LNG 量及增速

资料来源：根据 WIND、海关数据、公开资料整理。

2021 年，在中国 LNG 进口来源国中，澳大利亚依然高居我国进口量榜首，2021 年我国从澳大利亚进口 LNG 量达 3140 万吨。美国凭借大量现货，一跃成为我国第二大进口 LNG 来源国，进口量达 926 万吨，同比上年增加 187.58%。近些年卡塔尔新投产 LNG 项目较少，且由于产线老化检修等因素，整体 LNG 供应量也逐年走低，但仍然位居我国第三大 LNG 进口来源国，进口量为 907.96 万吨。马来西亚位列第四，进口量达 827 万吨，同比增加 635.13%，我国以罐箱形式进口的 LNG 大都来自马来西亚。印度尼西亚位居第五大进口来源国，2021 年进口量为 515 万吨（见图 2 – 37）。

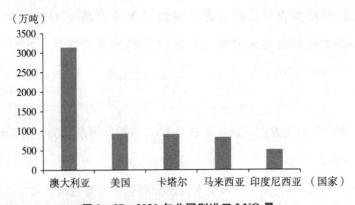

图 2 – 37　2021 年分国别进口 LNG 量

资料来源：根据 WIND、海关数据、公开资料整理。

在接收站方面，随着我国接收站建设进程的加快，我国 LNG 接收站由 2017 年的 18 座增加至 2021 年的 22 座，截至 2021 年末，总接收能力 9915 万吨，沿海 LNG 资源接收能力进一步增强。2021 年，在我国 22 座接收站中，接收量最大的为中海油大鹏 LNG 接收站，接收 809.45 万吨 LNG。同时，我国 LNG 接收站建设热情不减，初步测算，2035 年 LNG 接收能力可达 2.8 亿吨/年左右。

从整体来看，2021 年接收站利用率明显高于 2020 年，2021 年年平均利用率为79%，较 2020 年增加 11 个百分点，这主要是由于 2020 年疫情影响了一部分国内需求，进而导致接收站进口量减少。而 2021 年国内天然气消费继续增长，接收站增加 LNG 进口，保证国内供应，接收站利用率同步达到历史峰值。

此外，2021 年各类 LNG 进口商积极寻求货源，也使得 2021 年成为我国签署长贸 LNG 合同量最大的一年。据不完全统计，2021 年签署长贸 LNG 合同量将近 2000万吨。除中石化、中海油外，其他非油企业签署的合同量超过 460 万吨。

近年来，我国进口 LNG 占总进口量的比重逐渐提升，2021 年进口 LNG 占总进口量达 64.5%，占我国总消费量达到 30.5%，LNG 成为我国多气源供应的重要形式。从长期来看，由于国产气增量有限，加之进口管道气渠道和数量基本稳定，进口 LNG 将是满足国内需求的主要方式。

目前 LNG 出口国仍是长期资源供应的主力，美国未来几年有可能问鼎全球 LNG出口第一位，预计五年内 LNG 出口能力将近 1 亿吨。卡塔尔 2027 年出口能力上升到 1.26 亿吨，极有可能与美国争夺出口 LNG 第一的地位。此外，俄罗斯、加拿大、伊朗、中亚区域经合组织国家都有出口 LNG 的庞大规划。

三、天然气改革举措相继落地实施

据初步统计，2021 年 6 月 9 日，国家发展改革委正式发布《天然气管道运输价格管理办法（暂行）》和《天然气管道运输定价成本监审办法（暂行）》（发改价格规〔2021〕818 号）（简称新办法），新办法依然延续现行"准许成本＋合理收益"的管道运输定价方法不变，但对现行的天然气管道运输价格管理体系进行了适当调整完善，与 2017 年管道定价管理办法相比（简称旧办法），此次新办法主要调整内容包括七个方面。

一是对现行运价率按管道区域进行了简化。以宁夏中卫、河北永清、贵州贵阳等管道关键节点为主要界限，将国家管网公司的天然气管道分为西北、西南、东北以及中东部4个价区。二是分区域核定国家管网公司运价率。三是对准许收益率实行动态调整。四是新办法将管道折旧年限由现行的30年延长至40年，体现从严监管要求，有助于降低当期运价率，释放改革红利。五是对于管道周转量的调整，新办法是管道运输合同约定路径的距离×结算气量，而旧办法是管道实际运输气量×平均运输距离。六是新办法规定国家管网集团应与所有用户签订管道运输合同，根据国家规定运价率以及天然气入口与出口的路径和距离，明确管道运输费用；旧办法没有对签订合同、运输路径等事宜做明确规定。七是新办法规定管道铺底天然气按照原值计价，同时铺底天然气不计入管道定价成本，即不计提折价。

新办法为行业带来两项利好：一是简化了定价区，将旧办法的15个减少到4个，这样一方面适应"全国一张网"的改革方向，另一方面有利于托运商较快计算运输路径。二是降低用户管输费，主要是管道折旧年限的延长，这与国际惯例相一致。

但是，由于我国采用服务成本法计算管输费的时间较短，因此新办法也有许多需改进之处：一是新办法对签订合同的要求将会对现行管输费结算方式构成挑战。从国家角度看，签订管道运输合同并明确管输路径不仅能规范管输业务行为，同时也能对国家管网集团形成一定约束，防止人为"绕道"等问题。不过，签订管道运输合同并明确管输路径，将会对中石油等现行按照"节点法"（管输理论流向）计算管输路径的管输费结算方式构成挑战；同时由于天然气管道存在管容问题，对于谁应该使用管输距离最近的天然气管输容量等问题，在实际运行中可能也会存在一定争议。二是管输费、配气费的准许收益率仍偏高。国家发展改革委核定管输价格时准许收益率取8%，核定地方配气价格时准许收益率不超过7%。根据国务院2015年9月下发的《关于调整和完善固定资产投资项目资本金制度的通知》（国发〔2015〕51号），以规定管道项目的最低资本金比例为20%测算，管输权益资本收益率可以高达20%左右，配气权益资本收益率高达15%左右。天然气管网输配送与电力电网输配送都属于网络型自然垄断行业，投资和经营风险类似，目前国家发展改革委在核定电网输配电价格时权益资本收益率取值约为5%，表明天然气输配送的准许收益率明显偏高。此外，新办法分区域核定管道运价率预计将会出现新的交叉补贴问题。

第五节　2022 年展望

2021 年全球能源在后疫情时代的影响下供不应求，油气价格一路飙升，高位震荡。原油的未来价格趋势将取决于美欧对俄罗斯实施的现有制裁、任何潜在的未来制裁以及各行业公司对俄罗斯的石油生产或销售的影响程度。预计各国对于天然气和石油的需求不会很快消失，但是在需求层面边际效应会不断下降。未来几年内可再生能源生产力的增长对各国的净零目标有着极大的影响，如何将化石能源和可再生能源有效结合从而降低对环境的影响是未来几年能源研究的重要发展方向。

随着 5G 和区块链等技术的应用，全球经济正在向数字化转型，数字经济作为新一轮工业革命的驱动力，将开启万物互联时代。作为传统工业化代表的原油产业链，也将更多拥抱数字经济，通过与数字化融合来重塑整个产业链。碳达峰、碳中和政策对石油价格长期走势有利空影响，但也不能过分夸大对石油实际需求的冲击。

一方面，新能源产业的发展目前还离不开油气产业，只有不断突破技术壁垒才能不断降低成本，和油气发电竞争；另一方面，碳达峰、碳中和政策的实施是一个循序渐进的过程，油气产业也在积极谋求转型之路，油气需求与新能源需求将在较长时间里并驾齐驱，共同推动全球经济发展。

一、全球石油、天然气市场展望

（一）全球石油市场展望

2022 年，世界油价和需求持续复苏，地缘局势因素和天然气的价格支持等因素是石油市场强有力的支撑。自 2021 年第三季度起，原油价格一路飙升，后疫情时期旅游业复苏也带动了对石油的需求，且俄乌局势极大程度地迅速推高价格。在美国能源信息署（EIA）3 月发布的能源展望中，预计 2022 年布伦特原油平均价格为

105.22 美元/桶，比起 2 月的预测价格大幅上涨，但是同时也表示目前的石油价格存在极大的不确定因素，与对俄罗斯的制裁程度息息相关。OPEC 在对于 2022 年原油需求展望中表示，预计 2022 年世界石油需求量将增加 415 万桶/日，与 2021 年急剧增长的石油需求（570 万桶/日）相比呈相对稳速上升的趋势。

低碳能源和开发环保新能源仍然是世界能源发展的主旋律，但是目前疫情带来的全球供应链挑战和物流价格上涨可能会阻碍大量低碳技术的蓬勃发展。对于 OPEC 成员国来说，推动油价大幅上涨，可能会导致新能源加速取代传统能源。在 OPEC 成员国实现经济转型前，最佳策略就是推动油价中枢温和抬升。虽然大型石油公司纷纷转型，投资开发新能源例如潮汐能，继续推动成熟的太阳能和风能的发展，但是现阶段新能源仍然无法完全取代石油及天然气等大宗商品的能源地位。在未来的几年里，蓬勃发展的美国太阳能产业将在巨大的机遇和重大的绊脚石之间摇摆不定。国际能源署也表示，未来几年内可再生能源生产力的增长对各国的净零目标有着极大的影响。总体来说，虽然对可再生能源的投资不断加码，2022 年可再生能源对石油和天然气未来的发展影响存在着较大的不确定性。

俄罗斯作为资源大国，能源出口是其重要经济支柱。俄乌冲突下，以美国为首的西方国家对其采取了经济制裁行为，除了会对俄罗斯的发展起到掣肘作用，还会给国际能源格局带来深远影响。尽管美国总统拜登签署禁止进口俄罗斯石油、煤炭等能源产品的禁令，但实际上美国还需要俄罗斯原油继续供应国际市场，以防止油价快速暴涨。因此，大概率不会对俄罗斯实施油气禁运。2021 年下半年起，美国汽油价格不断攀高，高企的油气价格是其通胀恶化的重要因素之一。拜登在 3 月 1 日的国情咨文中宣布美国将释放 3000 万桶石油储备，以缓解国内能源价格上涨。为应对此次油价暴涨，其他 IEA 约 30 个成员国预计向市场投放 3000 万桶石油储备。欧洲需要俄罗斯油气资源，保障其能源供给安全。欧洲进口原油约 30%、天然气约 40% 来源地为俄罗斯。俄罗斯油气管道和贸易是其能源安全的重要保障。国际市场中，暂无任何国家和地区可以产能替代。总体来说，欧美对俄罗斯的石油出口制裁短期内对世界石油价格起到了推涨作用，未来石油价格可能会从高点回落，但是不确定因素极大。

另外，油气勘探量连年减少，且上游公司对于油气勘探的投资因疫情和能源转型而锐减，很大程度上影响了未来油气储存量。挪威能源咨询公司 Rystad 发布的全球油气勘探状况报告显示，截至 2021 年 11 月底，全球油气资源量仅为 47 亿桶油当量，产能大幅下降，这是 1946 年以来勘探所获最低年份。2021 年，全球勘探生产公司（E&P）的投资预计约 3800 亿美元，其中约 20%（即 760 亿美元）可能面临推迟或减少的风险，其余投资将被归类为较安全的中、低风险级别。预计未来 5 年上游投资将保持 3000 亿～4000 亿美元的低位。

总体来说，全球油气供应量存在的极大不确定性且勘测难度也在持续加大。深水是近期油气增储的重点，重大发现主要集中在大西洋两侧、东非、地中海等被动大陆边缘盆地。随着勘探开发理论的发展及技术进步，向更深、更古老层系寻找油气资源已成为油气公司的重要目标。同时，油气行业也在努力转型，通过投资新能源项目，缓解石油开发对全球气候变化带来的负面影响。

新冠肺炎疫情肆虐全球以及世界格局动荡，引发了全球原油及其衍生品的供需不平衡。低碳能源转型的紧迫性，叠加其他不确定因素令全球石油价格极其动荡，为整个石油行业带来了极大的挑战。一方面，原油的未来价格趋势将取决于对俄罗斯实施的现有制裁、任何潜在的未来制裁以及各行业公司对俄罗斯的石油生产或销售的影响程度。此外，其他石油生产国对当前石油价格的反应程度，以及宏观经济发展对全球石油需求可能产生的影响，对 2022 年后三个季度的价格形成也很重要。另一方面，旅行限制将有可能放松，使成品油，尤其是航空燃油的需求反弹。展望 2022 年，国际石油市场将加快恢复，国际油价前景总体乐观但持续上涨空间有限，国内石油市场也将继续稳定复苏。

（二）全球天然气市场展望

天然气作为相对清洁的化石能源，在如今向新能源转型的过程中起着重要的作用。作为技术成熟、应用广泛的过渡能源，天然气将在 2022 年持续提高能源占比，与清洁能源更好地结合，为全球低碳发展做出贡献。彭博社的研究表明，亚洲的 LNG 需求在 2022 年可能增加 5%，成为最大的天然气进口国家聚集地。而美国则将领跑天然气供应侧，2022 年 LNG 供应预计将增长 20%。

2021 年开年的寒流在 1 月的亚洲和 2 月的北美引发了价格飙升。随后，经济强劲复苏和其他天气事件，导致需求同比增长估计为 4.6%。2022 年初，欧洲和亚洲主要进口市场的天然气价格创下历史新高：需求的增长和低于预期的供应相结合，导致 2021 年最后几个月的天然气市场形势极为紧张。而其中欧洲的情况更为严峻，很大的一个因素就是俄罗斯管道供应的灵活性有限，库存水平低于平均水平，促使人们从供暖季节开始就感到更加焦虑。

全球 LNG 市场需求逐步恢复，但供应端受到其他计划外的影响而充满不确定性。计划外的 LNG 出口中断导致了 2021 年的市场供需紧张，这种情况在 2022 年继续延续下去，因为一些供应商仍有问题需要解决。路透社报道显示，Equinor 在挪威的 Hammerfest 设施（每年 420 万吨产量）自 2020 年 9 月起因火灾而停运，预计最早要到 2022 年中恢复生产。彭博社预计大西洋液化天然气公司的利用率将继续受压，产量能否增长将取决于重组谈判是否成功。同时，印度尼西亚国家石油公司的邦唐液化天然气公司和马来西亚国家石油公司的民都鲁项目的液化天然气出口增长可能在第一季度受到上游限制的影响。总体而言，2022 年全球液化产能利用率预计约为 86%，略高于 2021 年。

亚洲主要消费国家受经济复苏和低碳政策影响，天然气需求再释放，在 2022 年增加了 5%。预计 JKM LNG 价格将保持高位，但鉴于能源供应压力，通常对价格比较敏感的国家，如孟加拉国和泰国，其需求将保持弹性。印度的 LNG 进口在 2021 年有所下滑，但在 2022 年出现反弹，出现高个位数的增长。亚洲的强劲需求对埃克森、伍德赛德、桑托斯和马来西亚国家石油公司等出口商来说是个好兆头。中国于 2021 年超过了日本，成为最大的液化天然气进口国。中国进一步的煤改气政策使其用气需求在 2022 年反弹，彭博社预计 2022 年将增长 10%。

在价格方面，天然气价格因市场局势和气温原因在高位震荡。因为北半球主要市场的住宅和商业客户的供暖需求推动了天然气需求，天然气价格一直跟随气温变化。同时，气温影响被欧洲极度紧张的市场形势加剧，导致价格波动出现极端水平。适宜的气温，加上较高的液化天然气流入量，在 2022 年初缓和了欧洲的价格，但每一个新的天气变冷或供应紧张的迹象都会迅速促使价格上涨。

俄乌冲突，对国际能源格局与市场带来许多新的冲击与挑战。全球能源公司正在密集撤出在俄罗斯的投资。有些公司即使面临巨额经济损失，也要退出俄罗斯。英国石油公司 BP 宣布将退出其在俄罗斯石油公司 Rosneft 持有的 19.73% 的股权。

挪威国家石油、壳牌、道达尔等公司也宣布退出其在俄罗斯的大型石油和天然气项目。另外，"北溪 2 号"天然气管道公司的"认证"暂停，正在改变着欧洲天然气供应格局，美国 LNG 正在抢占俄罗斯管道气的市场份额。

油气出口大国的话语权显著提升。美国、沙特阿拉伯、俄罗斯是全球三大油气供应国。美国即将有望取代沙特阿拉伯成为全球第一大石油出口国，取代俄罗斯成为第一大天然气出口国。一旦俄罗斯的油气出口量大幅下降或中断出口，美国及其盟国（包括沙特阿拉伯、澳大利亚、卡塔尔等）就会成为俄乌冲突的能源赢家。全球油气供给侧和需求侧的结构性失衡将进一步加剧。

综合分析，2022 年天然气市场需求明显复苏，亚洲地区需求上涨明显，但是上游产量充满不确定性，供需出现不平衡的趋势。在供应端，来自俄罗斯的产量增量如何在市场流通还是个未知数，但是高气价有利于其他主要出口国的天然气生产，供应有望进一步恢复。总体来说，市场极大的波动将对全球产量增幅起到抑制作用，全球天然气供需仍存在趋紧的可能。

二、中国石油、天然气市场展望

（一）中国石油市场展望

展望 2022 年，在国家能源进入"固根基、扬优势、补短板、强弱项"新阶段的背景下，能源供应保障基础不断夯实，且能源转型也在稳步前进。能源发展的低碳化趋势将带来石油供需新变化。

中国作为能源进口大国，将以碳中和为抓手，全面进行能源结构持续优化，打造对社会负责和有中国特色的发展道路。"十三五"期间，中国低碳转型成效显著，煤炭消费比重下降至 56.8%，非化石能源消费比重达到 15.9%，常规水电、风电、太阳能发电、核电装机容量分别达到 3.4 亿千瓦、2.8 亿千瓦、2.5 亿千瓦、0.5 亿千瓦，非化石能源发电装机容量稳居世界第一。"十四五"时期是为力争在 2030 年前实现碳达峰、2060 年前实现碳中和打好基础的关键期。

预计 2022 年中国原油需求仍保持稳定增长。到 2025 年，国内能源年综合生产能力达到 46 亿吨标准煤以上，原油年产量回升并稳定在 2 亿吨水平。原油作为国家战略物资之一，将保证能源储备体系更加完善，能源自主供给能力进一步增强，同时为国家能源转型做好准备。

国家的节能减排政策对传统的石油行业发起了新的挑战，鼓励石油行业开展新能源的探索以及投资，积极完成转型。近日，国家发展改革委、国家能源局发布了《关于完善能源绿色低碳转型体制机制和政策措施的意见》，提出要尽快推动炼化行业转型升级，加大减污降碳协同力度，支持生物燃料乙醇、生物柴油、生物天然气等清洁燃料接入油气管网，制定煤制油气技术储备支持政策，探索建立氢能产供储销体系。这是一次挑战，同时也是一次机遇。传统能源企业将会更有动力去探索节能减排方案和与新能源有机结合的方法。

预计 2022 年中国原油进口量将保持稳定，同时中国正努力提高本国相对低碳的原油以及衍生品的产量，从而降低对外依存度。芝商所的数据显示，2022 年原油非国营贸易进口允许量总量为 2.43 亿吨，较 2021 年持平，这意味着中国原油进口量或仍将保持稳定。自 2022 年以来，我国对炼油行业的格局作出重大调整，首批成品油出口配额同比下降了 55.93%，预计全年出口总量控制在 2000 万吨以内，计划在未来 5 年内逐步缩减至零。从近期一系列成品油出口暂缓的政策可见国家稳定国内成品油市场的决心。

（二）中国天然气市场展望

2022 年，我国天然气行业稳步增长，生产和消费保持稳定增长，成为亚洲最重要的天然气进口国之一。从市场整体供需来看，国内市场需求保持较快增长但是增速放缓。在供给方面，天然气生产企业不断提高产能，从而进一步实现增储上产。在需求方面，天然气作为较为清洁的过渡能源，在我国能源结构中的作用愈发重要。在碳中和目标下，天然气在各个领域已经成为重要能源，并且将持续担当重要的角色。

2022 年，预计我国能源消费全球天然气市场形势出现重大变化，供需已突破周期性规律，三大市场气价大幅上涨至历史新高。在全球天然气市场供需失衡、短期内供应紧张仍将持续的背景下，国内天然气价格也随之波动剧烈。国家发展改革委的数据显示，2021 年我国天然气消费增量突破历史极值。全年表观消费量 3726 亿立方米，同比增加 420 亿立方米，超过 2018 年历史最高增幅 417 亿立方米。国内天然气产量 2085 亿立方米，同比增加 126 亿立方米，增幅 6.4%。进口资源 1691 亿立方米，其中管道气进口 591 亿立方米，占比 35%；LNG 进口 1100 亿立方米，占比 65%。

通过综合判断分析，2022 年全国天然气总需求量在 4070 亿立方米左右，新增需求约 350 亿立方米，增幅放缓，四个季度增速总体将呈现前低后高走势。资源供应稳步提升，但季节性矛盾仍然难免。中国石油新闻中心的数据表示，石油公司持续推进勘探开发七年行动计划，预计 2022 年国产气可增加 130 亿～140 亿立方米。全年可供资源合计 4050 亿～4080 亿立方米，年度供需融合基本平衡。但是，年内计划投产的北燃天津、新天唐山、中国海油滨海、国家管网漳州等 LNG 接收站基本都在 10 月之后甚至年底才投产，采暖季前难以形成有效接收能力。同时，储气库建设也相对滞后，高峰月特别是高月高日保供能力仍将有欠缺，局部时段局部地区继续承压，还需要采取需求侧调节措施。

从供应端来看，中长期供销合同将持续为国内 LNG 市场带来稳定资源，但是俄罗斯管道对中国进口市场带来的不稳定因素还未可知。2021 年，我国 LNG 进口现货资源占 2/3 左右，给资源进口商和下游用户带来了巨大的成本负担，同时给生产运行协调带来了极大的压力。一方面，新的国内上下游签订中长期购销合同将鼓励采用与国际油价、国际气价等标杆价格挂钩的灵活定价公式，在国际市场争取更大的话语权。另一方面，提高国家管网设施公平开放的程度，在现有政策的基础上持续改革创新，进一步迭代优化，逐步构建中国特色的气量平衡市场。

目前，油气体制机制改革的主要政策已经落地，国家管网的创新产品也在紧锣密鼓地筹备中。国家管网独立运营为新的市场参与者提供了新的可能，但是国际 LNG 资源紧张且充满不确定性，也加剧了我国天然气市场竞争。在新的市场格局下，上中下游各方互相渗透，传统供用气企业的客户关系需要重塑，由原来单纯的买卖关系变为竞合关系。上中下游各方须通力合作，包容发展，共同维持产业健康稳定发展。

（撰稿人：上海石油天然气交易中心　王连生、李雷、刘明磊、杨驿昉、徐珊珊、

徐凌霄、胡砚匀、李昊隆、周广吉）

第三章 基本金属类大宗商品

基本金属（Base metals）包括铜、铝、铅、锌、镍、锡六个品种，按照世界金属统计局（WBMS）提供的全球表观需求量和国际市场现货均价测算，2021年各品种的市场规模分别约为2273亿美元、1736亿美元、317亿美元、421亿美元、525亿美元和118亿美元，合计市场规模约5390亿美元，同比大幅增长51%。增幅较大一方面因2021年有色金属价格较2020年明显上涨；另一方面随着2021年欧美经济逐渐复苏，海外消费受新冠肺炎疫情影响边际减弱，除铜以外多数品种表观需求均有所增长。

2021年全球经济逐步复苏，受新冠肺炎疫情影响边际转弱，货币政策层面虽然边际有所收紧，但流动性依然很强，在偏暖的宏观环境下，有色金属价格延续牛市。不过随着美联储加息预期走强，有色金属品种间分化开始加剧。在"双碳"政策主基调下，新能源消费高速增长，铝和镍走势明显偏强；受供应增加预期影响，叠加传统行业需求增速下滑，铅和锌走势明显偏弱；铜由于富含了较多的金融属性，且在2020年涨幅较大，2021年更多表现为高位震荡。

值得注意的是，2021年下半年，在国内"双碳"政策和海外能源危机共同影响下，有色金属价格出现了一波比较大的涨势，此后为应对大宗商品价格过快上涨对实体行业造成的冲击，国家"保供稳价"政策开始发力，有色金属价格高位回落。但从趋势上看，有色金属价格偏强运行的大趋势未被破坏。

2022年"黑天鹅"再次出现，3月俄乌之间冲突爆发，导致大宗商品价格剧烈波动。从短期影响看，俄乌冲突对全球能源危机起到助推作用，有色金属成本中能耗占比普遍较高，估值明显抬升，价格普遍上涨，其中俄罗斯产能占比较高的铝和镍影响最为明显。但从中长期看，俄乌冲突对资产价格的影响，不太可能长期化，一般以短期冲击为主。从全年来看，随着美联储加息步伐的加快，货币政策收缩预期在一定程度上将抑制有色金属价格继续上行，有色金属下半年或整体出现见顶回落趋势。不过各品种依照基本面的不同，在节奏上可能有所分化。

第一节　铜

2021年，全球铜价高位盘整，宽幅震荡。2021年上半年，受美国1.9万亿美元财政刺激计划以及全球制造业加速扩张推动，伦敦金属交易所（LME）铜价最高上行至10750美元/吨年内高点。2021年下半年，随着海外货币政策边际收紧，国内抛储政策落地，市场预期逐步降温，高估值品种不再受到资本青睐，全球铜价运行重心小幅回落，随后转入高位盘整，伦铜价格围绕9000~10000美元/吨运行。三季度虽有欧洲能源危机和中国限电影响，造成铜价阶段性冲高，但由于市场更多锚定低估值品种，铜价未能攻破5月高点。

一、全球铜市场供给

按照产业链划分，全球铜市场供给主要包括上游铜精矿供给，中游粗铜、废铜、阴极铜（精炼铜）供给，以及下游铜材供给几部分。我们通常提到的基本金属铜指的是阴极铜，即精炼铜。根据原料和冶炼工艺的不同，精炼铜可分为原生铜和再生铜，其中原生铜主要由铜矿石和铜精矿经过火法冶炼或湿法冶炼制得，约占精铜总产出的85%，再生铜则以废铜为原料制得。

智利是全球最大的铜矿供给国。美国地质调查局（USGS）数据显示，全球铜矿资源主要分布在智利、澳大利亚、秘鲁、墨西哥、美国、俄罗斯以及中国、赞比亚、刚果等国家。结合世界金属统计局（WBMS）数据（见表 3-1），近两年全球铜矿产量同比增速偏缓，其中 2019、2020 两年全球铜矿产量分别为 2078.5 万吨和 2084.6 万吨，同比分别增长 0.2% 和 0.3%。智利作为全球铜矿生产第一大国，全球占比超过 1/4，2021 年产量为 569.9 万吨，同比下滑 0.8%；秘鲁作为全球铜矿生产第二大国，全球占比约 10%，2021 年产量为 227.0 万吨，同比增长 4.7%；中国以 185.5 万吨年产量位居全球第三。此外，美国、刚果也是全球主要铜矿生产国，年产量均在百万吨以上。

过去几年，全球铜矿供给受到新冠肺炎疫情、罢工等意外因素扰动，产量增速大幅下滑，仅保持同比微幅增长。在各铜矿主要供给国中，受影响最严重的是秘鲁，该国 2021 年铜矿产量仅为 227.0 万吨，虽然较之疫情最严重的 2020 年产量有所提升，但对比 2019 年的高产，该国铜矿产量依然处于相对低位。2021 年，除中国以外的国家，铜矿产量增长和减少的比例大致相当，其中增长较多的国家是印度尼西亚，增幅达到 38.7%。2021 年中国铜矿产量小幅增长 1.0%，在铜矿主产国中变化相对温和，增长主因是上年国内疫情控制较好，疫情对矿山生产构成的影响很小。

表 3-1 过去四年全球主要铜矿生产国产量（金属量）变化

单位：万吨

国家/地区	2018 年	2019 年	2020 年	2021 年
智利	583.1	578.8	573.3	568.9
秘鲁	148.5	245.5	216.9	227.0
中国	243.8	160.1	185.5	187.3
美国	118.6	123.6	125.1	115.9
刚果	117.3	143.8	157.7	140.0
澳大利亚	95.4	95.9	90.6	88.7
俄罗斯	74.4	76.3	78.4	79.1
加拿大	53.1	57.2	57.8	55.4
赞比亚	99.8	82.3	83.0	88.1
墨西哥	73.4	75.4	74.6	72.8

续 表

国家/地区	2018 年	2019 年	2020 年	2021 年
哈萨克斯坦	80.1	77.6	74.2	67.9
印度尼西亚	74.6	46.5	48.5	67.3
其他	302.2	310.8	312.9	326.2
全球合计	2064.3	2073.9	2078.5	2084.6

资料来源：WBMS、中国金属矿业经济研究院。

中国是全球最大的精炼铜供给国。世界金属统计局（WBMS）数据显示，除中国外，全球精炼铜产出主要分布在智利、日本、美国、俄罗斯、印度、韩国等国家。结合世界金属统计局（WBMS）数据（见表3-2），近两年全球精炼铜产量同比保持微幅增长，其中2020、2021两年全球精炼铜产量分别为2382.9万吨和2414.0万吨，同比分别增长0.8%和1.3%。中国作为全球精炼铜生产第一大国，全球占比超1/3；智利作为全球精炼铜生产第二大国，全球占比约10%；日本以158.1万吨年产量位居全球第三。此外，美国和俄罗斯也是全球主要精炼铜生产国，年产量均在百万吨附近。

2021年，全球精炼铜供应受疫情影响边际减弱。分区域来看，除中国以外国家中增速较快的是印度，2021年产量46.5万吨，同比增长36.8%；其次是韩国和澳大利亚，增速分别为18.4%和16.9%；波兰和德国增速也在2%~5%之间；俄罗斯产量同比基本持平。部分精炼铜主产国产量出现不同程度下滑，其中降幅最大的是墨西哥，2021年产量为23.9万吨，同比下滑47.4%；此外，智力、日本、美国也分别出现了2%~5%的降幅。根据世界金属统计局（WBMS）数据，2021年中国精炼铜产量为1023.8万吨，同比增长2.1%。中国精炼铜产量继续增长主因是国内疫情得到有效控制，冶炼企业开工率提高。

表3-2 过去四年全球主要精炼铜生产国产量变化

单位：万吨

国家/地区	2018 年	2019 年	2020 年	2021 年
中国	894.2	944.7	1002.6	1023.8
智利	246.1	226.9	233.0	221.9
日本	159.5	149.6	158.3	154.3

续　表

国家/地区	2018 年	2019 年	2020 年	2021 年
美国	110.1	102.6	103.7	98.5
俄罗斯	92.2	99.6	102.4	102.8
印度	55.5	42.8	34.0	46.5
韩国	52.0	60.9	62.8	74.4
波兰	50.5	56.7	56.1	59.1
德国	66.3	61.7	62.7	64.8
赞比亚	52.9	52.9	36.1	26.4
墨西哥	41.3	41.6	45.4	23.9
澳大利亚	38.3	42.6	38.6	45.1
其他	492.7	482.2	447.0	472.3
全球合计	2351.6	2364.8	2382.9	2414.0

资料来源：WBMS、中国金属矿业经济研究院。

二、全球铜市场需求

铜下游最终产品分为线杆材、管材、板材、型材及其他等四大类别，主要应用于电力工业、建筑/装修、工业设备、交通运输、家用电器和其他领域。国际铜研究小组（ICSG）数据显示，目前全球 30% 的铜被用于建筑/装修领域，而中国这一比例仅为 6% 左右。相对而言，中国电力工业用铜比重（31%）显著高于全球（12%）。

2021 年全球精炼铜表观消费增速有所增长。结合世界金属统计局（WBMS）数据（见表 3 - 3），2021 年全球精炼铜表观消费量为 2449.3 万吨，同比下滑 2.1%。其中，中国是全球最大的精炼铜消费国，全球消费占比超过一半，2021 年精炼铜表观消费量为 1370.4 万吨，同比下滑 5.7%；其次为美国，全球占比仅为 7%，2021 年精炼铜表观消费量为 167.8 万吨，同比下滑 6.5%。此外，德国也是全球排名前五的精炼铜消费国，年需求量在百万吨左右。2021 年，全球前五大精炼铜消费国合计需求量全球占比接近 75%。

分区域看，欧洲国家铜消费受新冠肺炎疫情的影响表现出明显的边际改善。

意大利铜消费同比增长40.1%，是全球增速最快的铜消费国。除此之外，德国和日本消费增长也保持在1%~3%之间。而除中国以外的发展中国家铜消费则下滑较大，其中巴西和俄罗斯降幅分别为24.1%和19.0%，是铜主要消费国家中降幅最大的。

表3-3　过去四年全球主要精炼铜消费国/地区表观消费量变化

单位：万吨

国家/地区	2018年	2019年	2020年	2021年
中国	1274.0	1265.3	1453.5	1370.4
美国	174.1	182.1	179.5	167.8
德国	116.5	97.7	102.7	104.1
日本	103.6	101.1	87.8	90.8
韩国	57.2	60.4	60.9	79.0
意大利	55.1	55.4	47.0	65.9
印度	20.9	20.1	15.7	15.4
中国台湾	38.2	37.6	36.7	38.9
俄罗斯	28.9	30.9	35.4	28.7
巴西	31.5	30.3	26.4	20.1
其他	479.2	475.8	456.5	468.3
全球合计	2379.2	2356.5	2502.3	2449.3

资料来源：WBMS、中国金属矿业经济研究院。

三、中国铜资源进出口

中国铜资源严重依赖进口。由于资源禀赋较差，中国是全球最大的铜资源进口国，进口产品形态包括铜矿（铜矿砂及精矿）、精炼铜（电解铜）、铜材、未铸造的铜、铜合金、废铜等。海关总署数据显示（见表3-4），2021年中国铜矿、精炼铜、废铜进口量分别为2340.4万吨（实物量，下同）、362.7万吨、169.3万吨。除精炼铜进口量同比下滑外，铜矿和废铜进口量均有所增长，其中废铜进口量增长幅度达到79.3%，增幅较大一方面是由于废铜自由进口政策顺利落地，另一方面也受废铜自身供需影响，国内较大的废铜缺口导致废铜的大量流入。

表 3 – 4 过去四年中国铜资源进口量变化

单位：万吨

品种	2018 年	2019 年	2020 年	2021 年
铜矿	1971.6	2199.0	2176.5	2340.4
精炼铜	375.3	355.0	467.0	362.7
废铜	241.3	148.7	94.4	169.3

资料来源：海关总署、中国金属矿业经济研究院。

中国铜资源进口区域较为集中。从资源区域进口分布来看（见表 3 – 5），中国铜矿进口主要来自南美的智利、秘鲁、墨西哥，北美的美国以及中亚周边的蒙古、哈萨克斯坦、土耳其等国家/地区，澳大利亚进口量大幅萎缩至接近于零进口。2021年，前五大进口国家/地区累计进口铜矿为 1788.48 万吨，占比总进口量的 75.8%。此外，中国精炼铜进口主要来自智利、秘鲁、澳大利亚、日本以及哈萨克斯坦等国家/地区，2021 年前五大国家/地区累计进口精炼铜接近 160 万吨，占比总进口量的 45%。

表 3 – 5 过去两年中国铜资源进口来源区域分布

单位：万吨

铜矿			精炼铜		
国家/地区	2020 年	2021 年	国家/地区	2020 年	2021 年
智利	771.8	888.18	智利	126.9	75.8
秘鲁	481.0	554.3	秘鲁	20.3	14.5
蒙古	130.0	120.4	日本	31.8	19.9
墨西哥	173.5	145.6	哈萨克斯坦	30.1	26.3
澳大利亚	78.4	1.14	澳大利亚	21.0	16.1
哈萨克斯坦	79.7	80	波兰	10.1	9.9
美国	9.2	8.6	韩国	15.4	21.3
菲律宾	28.1	66.1	比利时	4.8	3.3
土耳其	15.1	15	巴西	2.6	1.1
其他	409.9	461.1	其他	204.1	174.5
全球合计	2176.7	2340.42	全球合计	467.1	362.7

资料来源：海关总署、中国金属矿业经济研究院。

四、市场均衡及价格

过去几年，全球精炼铜库存呈现宽幅震荡，震荡重心逐渐下移。观察伦敦金属交易所（LME）、上海期货交易所（SHFE）、纽约金属交易所（COMEX）、以及中国保税区库存（见图3-1），可以看到过去五年，全球精炼铜库存在60万~150万吨之间大幅摆动，平均每年经历一个完整的库存周期。2021年，全球精炼铜库存也呈现出了和过去几年相似的走势，但运行重心有所下移。一季度由80万吨攀升至100万吨附近；二季度库存维持在相对高位，高点出现在4月上旬；三季度开始库存转入下滑通道；四季度库存继续下探，至年末库存减少至40万吨。从波动幅度来看，2021年下半年全球精炼铜库存波动幅度较上半年明显放大。

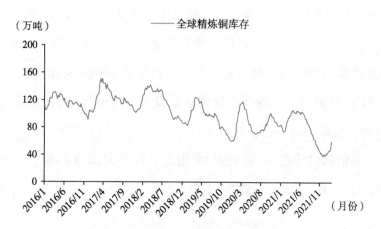

图3-1　2016年以来全球精炼铜库存变化

资料来源：LME、SHFE、中国金属矿业经济研究院。

从供需均衡角度来看，2015年以来全球精炼铜市场供应长期处于小幅过剩格局。2019年受铜矿罢工等因素影响，全球铜供应增速放缓，由此导致全球精炼铜市场由供应过剩转为供应短缺，2020年因供应端受疫情影响导致全球精炼铜缺口扩大，2021年疫情对供应影响边际减弱，供应缺口明显收窄。结合世界金属统计局（WBMS）数据（见图3-2），2021年全球精炼铜供应短缺34.9万吨，缺口较前一年缩小了104万吨。

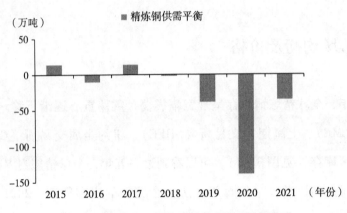

图 3 - 2　2015 年以来全球精炼铜供需均衡变化

资料来源：WBMS、中国金属矿业经济研究院。

由于基本面长期处于供应过剩状态，在过去的十年里，大多数时间铜价都处于"熊市"，"牛市"相对短暂。2018 年之后，伴随美元走强和中美贸易摩擦加剧，铜价结束了短暂的"牛市"重回下行周期，2020 年新冠肺炎疫情加速了铜价的探底。但是随着全球央行大量放水，铜价迎来了反转，在 2020 年二季度开始到 2021 年二季度持续一年多的时间里，铜价大幅上涨。伦敦金属交易所（LME）3 月期铜价从最低 4800 美元/吨一路反弹，最高突破 10000 美元/吨；上海期货交易所（SHFE）沪铜主力合约收盘价则从最低点 36000 元/吨，上涨至最高突破 76000 元/吨，涨幅超过一倍。2021 年下半年，全球铜价结束了"长牛"，转入盘整，至年末伦铜维持在 9700 美元/吨附近，较年初涨幅 24%，沪铜至 70000 元/吨，较年初涨幅 21%（见图 3 - 3）。

图 3 - 3　过去几年国际及国内市场铜期货收盘价变化

资料来源：LME、SHFE、中国金属矿业经济研究院。

五、全球铜行业竞争格局分析

海外铜矿产能集中度相对较高，智利国家铜（Codelco）、嘉能可（Glencore）、自由港集团、必和必拓、南方铜业为全球五大铜矿生产企业。2022 年，全球铜矿扩建和新投项目较多，主要包括：紫金矿业 Kamoa – Kakula 一期产能进一步释放以及二期项目投产，预计约带来 15 万吨增量；自由港（Freeport）旗下 Grasberg 矿山项目产能进一步提高，带来 6 万吨增量；英美资源（Anglo American）旗下 Quellaveco 矿山投产带来 5 万吨增量；泰克资源（Teck Resources）旗下 Quebrada Blanca 二期投产带来 5 万吨增量；嘉能可（Glencore）旗下 Mutanda 项目复产带来 2 万吨增量；除海外企业外，国内中色矿业、盛屯矿业、洛阳钼业、中铁资源等中国企业在刚果（金）投扩建湿法铜项目有望带来约 20 万吨增量。此外，除了新老项目的投扩建，很多铜矿都在通过各种手段提升生产效能并降低干扰率，包括全球最大的铜矿 Escondida 矿山、自由港（Freeport）北美和秘鲁的铜矿项目、五矿资源（MMG）旗下 Las Bambas 铜矿以及淡水河谷（Vale）旗下项目等。

全球精炼铜产能超过 50 万吨/年的企业，除了智利国家铜（Codelco）、嘉能可（Glencore）、自由港集团和南方铜业等资源型企业外，还有铜陵有色、江西铜业、奥鲁比斯（Aurubis）和住友金属四家加工型企业。未来几年，全球铜冶炼产能将处于扩张期。2022 年产能增量主要来自紫金矿业旗下塞尔维亚波尔铜业扩建项目以及中国有色矿业旗下刚果（金）卢阿拉巴冶炼厂产能进一步释放，以上增量预计在 20 万吨左右。

六、2022 年全球铜市场展望

从供应端来看，在铜矿方面，随着全球铜矿供应增速的进一步提高，预计 2022 年全球铜矿供应增量在 125 万吨附近，同比增速约 5%，其中 70% 为铜精矿增量，30% 为湿法铜增量。在精炼铜方面，国内精炼铜产能增量超过 80 万吨，但只有少数产能可以在年初开始投放，多数产能的投放时间都集中在下半年；海外精炼铜新增项目相对较少，不过随着开工率回升以及湿法铜产量增加，海外精炼铜产量有望维持增长，预估 2022 年全球精炼铜产量较 2021 年增加 110 万吨，同比增长约 4% 。在再生铜方面，2022 年国内再生铜产量有望继续增长，但增速较前一年将有大幅下滑，原因是持货商库存在逐步去化的同时基数也在扩大。此外，马来西亚对于废金属进口管控力度加强，相关配套政策即将落地，海外废铜加工产能转入阶段性紧缺，同时欧盟对固体废物运输条例进行修订，这些外因都会影响我国的再生铜进口。海外铜价高企以及经济复苏虽然有望刺激再生铜供应增长，但增速预计也将下滑。预计 2022 年全球再生铜供应增加约 20 万吨。

从终端需求来看，需求预期较强的行业来自新能源汽车和清洁能源等相关行业，需求预期偏弱的行业则是地产相关行业。2021 年国内新能源汽车产量约 340 万辆，同比增长超过 130% ，2022 年新能源汽车产量有望维持高增速，按照每辆新能源汽车拉动 0.08 吨铜消费测算，拉动国内用铜需求有望达到 10 万吨。2022 年国内光伏新增装机容量也有望维持高增长，据相关国际机构预测，新增装机容量有望达到 100GW。除国内装机，组件出口也将拉动国内用铜需求。在风电方面，2022 年风电新增装机容量预计 65GW，预计 2022 年国内清洁能源行业总计带来 30 万吨用铜需求增量，再叠加传统行业用铜需求增长，2022 年国内精炼铜需求预计将增加 45 万吨，增幅 3% 。2022 年海外经济复苏有望带动铜需求增长，但受基数上调影响，增速不太可能维持上年高位，预计海外精炼铜需求增速下调至 2% ，对应增量约 20 万吨。综上，预计 2022 年全球精炼铜消费量增长 3% ，增速较 2021 年有所放缓。

综合来看，2022 年全球铜精矿和精炼铜供应均延续增长，但由于铜精矿供应增速略高于精炼铜供应增速，因此铜矿供应转向边际宽松。同时精炼铜需求虽然受新能源汽车以及清洁能源行业拉动，但增速预计有所放缓，全球精炼铜供需平衡有望由 2022 年的短缺转为紧平衡。在价格方面，宏观层面全球经济扩张趋于放缓，在海外货币政策收缩以及基本面供需边际转向宽松等因素叠加下，预计 2022 年铜价上行动力衰减，或走出见顶回落形态。

第二节　铝

2021 年，全球铝价趋势上行。支撑铝价上行的主逻辑一方面来自国内碳中和政策带来的产能抑制，另一方面来自新能源行业高速发展对铝需求的拉动。在三季度，海外能源危机以及国内多地频繁限电，致使国际铝价上涨至 3200 美元/吨，国内铝价涨至 24770 元/吨，达到年内高点。从运行趋势来看，2021 年铝价延续了 2020 年以来的"牛市"，虽然四季度随着国内政策端对煤炭价格的不断施压而有所下跌，但铝供需基本面未发生根本扭转，长期向好的基本盘仍然扎实。

一、全球铝市场供给

按照产业链划分，全球铝市场供给主要包括铝土矿供给、氧化铝供给、原铝（电解铝）供给、废铝供给、铝材供给等几个部分。其中，氧化铝是铝土矿与原铝的中间产品，原铝是下游铝材加工的基础产品。

2021 年全球原铝供应稳中有增。结合世界金属统计局（WBMS）数据（见表 3-6），2021 年全球原铝产量为 6926.5 万吨，同比小幅增长 4.0%。其中，中国是全球最大的原铝生产国，2021 年原铝产量达到 3922.2 万吨，同比增长 5.4%，增幅较前一年基本持平，中国 2021 年原铝产量全球占比超过 50%。在中国以外原铝主要生产国家中，俄罗斯是全球第二大原铝生产国，2021 年原铝产量为 390.9 万吨，同比增长 0.8%。此外，加拿大、阿联酋、印度、澳大利亚、挪威也是全球主要的原铝生产国，年产量规模均在百万吨以上。从产量增速来看，挪威 2021 年原铝产量 157.7 万吨，同比增长 21.5%，是主要供给国家中产量增长最快的；其次是加拿大，2021 年产量增长了 10.2%；美国 2021 年原铝产量 89.8 万吨，同比减少 12.5%，是主要供给国家中产量下滑最多的。近几年美国为保护其国内铝工业，经常将铝作为反倾销的主要工具，其国内原铝产量在 2018—2019 连续两年实现较快增长，但 2020 年新冠肺炎疫情遏制了美国原铝产量的增长势头。2021 年，全球前五大原铝生产国合计产量全球占比超过 75%，比重与前一年相比基本持平。

表3-6 过去四年全球主要原铝生产国产量变化

单位：万吨

国家/地区	2018 年	2019 年	2020 年	2021 年
中国	3358.5	3514.2	3721.0	3922.2
俄罗斯	367.3	363.6	388.0	390.9
加拿大	292.3	285.4	311.3	324.4
阿联酋	253.9	227.9	227.1	226.3
印度	217.5	331.1	360.1	396.8
澳大利亚	157.9	156.8	157.7	157.4
挪威	122.0	127.9	129.7	157.7
美国	89.7	112.6	102.7	89.8
巴林	101.1	136.5	154.9	155.7
冰岛	86.5	74.3	69.8	62.5
其他	932.0	944.5	1036.6	1042.9
全球合计	5978.8	6274.7	6658.9	6926.5

资料来源：WBMS、中国金属矿业经济研究院。

二、全球铝市场需求

铝下游最终产品分为线杆材、管带材、扁平板、箔材、型材等类别，主要应用于建筑/装修、耐用消费品、交通运输、电力、包装、机械设备等领域。全球原铝的 2/3 被用于建筑/装修、交通运输、电力三大领域。与全球原铝消费产业结构对比，中国建筑领域消费占比（34%）明显偏高，而交通运输领域消费比重（17%）显著偏低。目前在中国汽车制造行业中，部分传统的钢铁制品（如发动机缸体）正在逐步被铝制品取代，预计中国铝制品在交通运输行业中的消费占比将逐渐提高。

2021 年全球原铝表观需求增速有所扩大。结合世界金属统计局（WBMS）数据（见表3-7），2021 年全球原铝表观消费量为 7009.0 万吨，同比增长 9.1%，增速较前一年有所加快，增量主要来自新能源行业。中国作为全球最大的原铝消费国，消费全球占比超过一半，2021 年表观消费量为 4191.7 万吨，同比增长 7.0%；其次为美国，全球占比接近 7%，2021 年原铝消费量为 446.6 万吨，同比增长 3.1%。此外，德国、日本、印度、韩国、土耳其、意大利也是全球主要的原铝消费国，各国年需求量均在百万吨左右。从需求变化角度看，发展中国家表观消费增速较快。在除中国以外国家中，增长最快的是巴西，2021 年实现表观消费增速 52.0%；其次是土耳其，增速为 46.4%。欧美发达国家表观消费增速相对温和，其中日本和意大利增速分别达到 13.1% 和 16.5%，是发达国家中增速较快的。2021 年，全球前五大原铝消费国合计需求量全球占比接近 75%，比重与前一年相比基本持平。

表 3-7　过去四年全球主要原铝消费国表观消费量变化

单位：万吨

国家	2018 年	2019 年	2020 年	2021 年
中国	3311.6	3538.1	3918.3	4191.7
美国	513.4	512.2	433.2	446.6
德国	209.0	190.2	146.0	214.0
日本	198.3	175.4	143.3	162.1
印度	115.1	149.9	174.6	160.4
韩国	116.2	114.4	106.2	115.1
土耳其	97.7	99.0	104.2	152.5
意大利	99.0	94.8	74.7	87.0
巴西	79.5	90.0	78.6	119.4
其他	1265.4	1254.4	1247.2	1360.2
全球合计	6005.1	6218.4	6426.2	7009.0

资料来源：WBMS、中国金属矿业经济研究院。

三、中国铝资源进出口

2021 年中国铝上游原料进口量下降，废铝及下游成品进口量增加。过去，中国是全球最大的铝资源进口国，进口产品形态包括铝土矿（铝矿砂及精矿）、氧化铝、原铝、铝材、未铸造铝、铝合金、废铝等。海关总署数据显示（见表 3-8、表 3-9），2021 年中国铝土矿、氧化铝、原铝进口量分别为 10737.4 万吨、332.7 万吨、

156.9 万吨。其中铝土矿进口量同比下滑 3.8%，氧化铝净进口量同比下滑 12.6%，原铝、铝材、废铝进口量同比分别增加 47.6%、18.9%、24.7%。除了大量进口铝资源，中国也是全球主要铝材出口国，2021 年未锻造铝及铝材（海关总署合并统计）出口量为 561.9 万吨，同比增长 15.7%，增速较高的主因为海外需求受疫情影响边际效应减弱。

表 3 - 8　过去四年中国铝资源进口量变化

单位：万吨

品种	2018 年	2019 年	2020 年	2021 年
铝土矿	8262.4	10066.4	11155.8	10737.4
氧化铝	51.2	164.5	380.6	332.7
原铝	12.4	7.5	106.3	156.9
铝材	39.7	35.5	270.4	321.4
废铝	156.5	139.4	82.5	102.9
未锻造铝（包括铝合金）	19.9	29.1	—	—

资料来源：海关总署、中国金属矿业经济研究院。

表 3 - 9　过去四年中国铝资源出口量变化

单位：万吨

品种	2018 年	2019 年	2020 年	2021 年
氧化铝	146.2	27.5	15.5	12.0
原铝	5.4	7.5	0.7	0.0
铝材	523.0	515.0	485.7	561.9
未锻造铝（包括铝合金）	56.3	57.8	—	—

资料来源：海关总署、中国金属矿业经济研究院。

2021 年中国铝土矿进口区域变化不大。从铝资源进口区域分布来看（见表 3 - 10），近几年中国铝土矿进口主要来自澳大利亚和几内亚，且澳大利亚进口量增长较快，几内亚进口量亦有增长，过去铝土矿主要进口来源国印度的进口量则持续萎缩。2021 年全年累计，中国自澳大利亚进口铝土矿 5481.3 万吨，澳大利亚连续三年超过几内亚成为中国最大的铝土矿进口来源国。此外，印度尼西亚铝土矿进口量也保持在 150 万～200 万吨之间，几内亚、澳大利亚、印度尼西亚三大进口来源国进口总量达到 9067.4 万吨，占全部进口量比重的 85%，比重较前一年有所增长。

2021 年中国氧化铝进口量有所下滑。其中进口来源国澳大利亚的进口量达到 223.4 万吨，同比下降 12.7%，继续作为氧化铝进口来源第一大国；印度尼西亚进口量下滑了 14.3%。美国作为过去中国氧化铝主要进口国之一，受前几年中英贸易摩擦影响，连续两年进口量降至近乎为零。

表 3 – 10　近两年中国铝资源进口来源区域分布

单位：万吨

铝土矿			氧化铝		
国家/地区	2020 年	2021 年	国家/地区	2020 年	2021 年
澳大利亚	5266.8	5481.3	澳大利亚	255.9	223.4
几内亚	3700.8	3407.9	印度尼西亚	18.9	16.2
印度尼西亚	186.2	178.2	印度	9.6	7.3
巴西	84.2		法国	2.1	2.4
马来西亚	63.8		日本	2.4	2.4
印度	26.5		美国	0.1	0.3
其他	1827.5		其他	91.7	81
全球	11155.8	10737.4	全球	380.6	332.7

资料来源：海关总署、中国金属矿业经济研究院。

四、市场均衡及价格

通过观察全球原铝库存［这里观察的全球原铝库存为伦敦金属交易所（LME）、上海期货交易所（SHFE）库存以及中国国内的社会库存］（见图 3 – 4），可以看到过去几年全球原铝库存总体呈区间震荡走势，2018 年以后，震荡重心略有下移。2021 年，全球原铝库存先升后降，波动幅度有所加剧，但重心仍然呈现下移走势。

分季度看，2021 年一季度由于中国季节性累库，拉动全球原铝库存由年初的 190 万吨上升至 320 万吨附近。二季度中国需求开始发力，库存转入季节性降库，至二季度末全球原铝库存降至 240 万吨附近。下半年全球原铝库存延续下滑趋势，但下降速度有所放缓，至年底全球原铝库存降至 170 万吨附近。从降幅上看，2021 年全球原铝库存总计下降了 20 万吨，降幅略高于 2020 年的 11 万吨。

图 3 - 4　2015 年以来全球原铝库存变化

资料来源：LME、SHFE、中国金属矿业经济研究院。

从供需均衡角度看，2015—2018 年全球原铝市场长期处于供应短缺格局，每年短缺量约在 50 万～100 万吨之间，相对于全球 5000 万吨/年的消费规模来看，50 万～100 万吨的短缺规模很难构成产业层面的大矛盾。2019 年开始，全球原铝市场供应由短缺转为过剩，2020 年供应过剩规模进一步扩大，达到 154 万吨。2021 年全球原铝市场重回供应短缺格局，世界金属统计局（WBMS）数据（见图 3 - 5）显示，2021 年全球原铝供应短缺量达到 148 万吨，缺口较 2015—2018 年明显扩大。

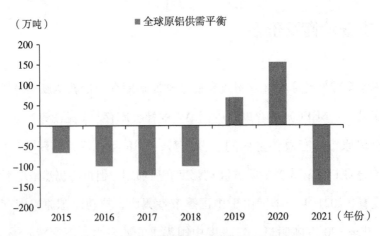

图 3 - 5　2015 年以来全球原铝供需均衡变化

资料来源：WBMS、中国金属矿业经济研究院。

近年来国际市场铝价走势和基本金属价格走势基本趋同（见图 3 - 6）。2016—2017 年是铝价的"牛市"，主要受到供给侧改革电解铝去产能支撑。2018—2019 年是铝价的"熊市"，主要是随着供给侧改革去产能进入边际效用递减阶段，铝产业矛盾弱化，在宏观环境转向偏冷的大背景下，铝价追随有色金属整体回落。2020年二季度开始，全球铝价开启"牛市"，国际铝价由1400美元/吨低点，至2021年一路上行至3000美元/吨附近；国内铝价则由11500元/吨低点大幅攀升至20000元/吨以上，甚至一度逼近25000元/吨。2021年末，LME铝价格较年初上涨了38.6%，SHFE铝价格较年初上涨了32.3%，LME铝涨幅略高于SHFE铝。

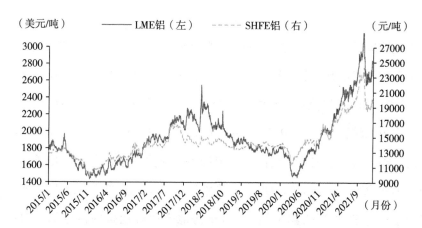

图3-6　过去几年国际及国内市场铝期货收盘价变化

资料来源：LME、SHFE、中国金属矿业经济研究院。

五、全球原铝行业竞争格局分析

海外主要原铝生产企业包括俄罗斯铝业（UCRusal）、力拓集团（Rio Tinto）、美国铝业（Alcoa）、海德鲁（Hydro）、韦丹塔（Vedanta）、南方32（South32）等。其中俄罗斯铝业拥有10个冶炼厂，全部位于俄罗斯境内，原铝冶炼产能近400万吨，是全球最大的原铝生产企业之一；力拓集团拥有14个冶炼厂，多数位于加拿大境内，原铝冶炼产能近350万吨；美国铝业拥有15个冶炼厂，主要位于加拿大和美国，合计产能超过300万吨；海德鲁和韦丹塔分别拥有11个和4个冶炼厂，合计产能均接近200万吨；南方32拥有2个冶炼厂，全部位于非洲，产能近100万吨。

中国原铝行业近几年处于产能逐渐释放阶段，2021年国内虽然新增了近80万吨产能，但受限电以及"双碳"政策的影响，产能释放受阻。2022年，包括云南红塔 60 万吨、甘肃中瑞 40 万吨、内蒙白音华 38 万吨、昭通铝业 30 万吨等在内的新建及投建项目产能总量接近 250 万吨。但是只有少数企业已经明确了投产计划在二、三季度，其余企业都没有明确的投产时间表，能耗双控等政策层面因素仍然是限制原铝产能释放的最大变量。

六、2022 年全球铝市场展望

从供应端来看，预计 2022 年新增产能约 200 万吨，增速较 2021 年有所扩大，但是其中多数产能没有准确的投放时间。除新增产能外，原有产能复产进度也是一大变量，2021 年能耗双控政策对供应端冲击较大，2022 年随着缺电问题缓解，政策端压力或将边际转弱。预计 2022 年供应量 3800 万吨，同比下滑 1%。

从需求端来看，国内铝消费面临一定的下行压力。但由于经济增长的基本盘比较稳健，消费也不会出现大幅滑坡。在终端行业，房地产新开工增速大幅下滑更多影响黑色金属等房地产前端消费品，对于房地产后端消费的传导仍需时间，因此 2022 年电解铝需求仍有支撑。另外新能源汽车、清洁能源行业也是拉动铝消费的主要板块，这些板块仍然存在增长空间。预计 2022 年全球铝消费增速基本持平。

综合供需两端，在碳中和大背景下，铝供应瓶颈依然存在，并且俄乌冲突造成俄罗斯铝出口受阻，导致全球铝供应收缩，铝依然是有色金属板块中的多头配置品种。但在流动性收缩、需求下滑的大背景下，铝绝对价格继续延续上行趋势的可能性不大。LME 铝价格预计 3000 ~ 4000 美元/吨之间，SHFE 铝价格预计在 20000 ~ 26000 元/吨之间。

第三节　铅

2021 年，新冠肺炎疫情对铅供应端的影响有所弱化。全球铅矿山进入复产增产周期，原生铅产能相对平稳，中国国内再生铅产能继续处于高速扩张期，从而使得国内精炼铅供应压力显著大于海外。但是由于疫情对海运的影响持续，中国铅出口进行得并不顺利，两市间过高的供需差很难通过铅出口来有效平衡，从而使得国内和国际市场铅价呈现出明显的外强内弱特征。2022 年，全球铅供需仍处过剩格局，且过剩量较过去两年有所扩大，基本面依然羸弱，预计全球铅价运行重心较 2021 年有所下移。

一、全球铅市场供给

全球铅精矿供给区域高度集中。美国地质调查局（USGS）数据显示，全球铅矿资源主要分布在澳大利亚、中国、俄罗斯、秘鲁、墨西哥、印度、波兰和玻利维亚等国家。结合世界金属统计局（WBMS）数据（见表 3－11），2020 年全球铅精矿产量为 567.4 万吨（金属含量，下同），其中中国产量 319.3 万吨，全球占比超过 50%，居世界第一。除中国外，澳大利亚、美国、秘鲁、墨西哥和俄罗斯也是全球铅精矿主要的生产国。

2021 年，全球铅矿山产能增长有限，受中国环保减产影响，全球产量出现下滑。结合世界金属统计局（WBMS）数据（见表 3－11），2021 年全球铅精矿产量为 551.5 万吨，同比减少 2.8%，主要生产国多数产量有所增长。在除中国以外的主要生产国家中，减产幅度最大的是俄罗斯，2021 年铅精矿产量同比下滑了 15.5%；在产量增长的国家中，增幅最大的是墨西哥，其 2021 年铅精矿产量同比增长 16.1%，其次是秘鲁，增幅为 13.1%，印度和美国产量也分别增长了 8.0% 和 5.4%。中国 2021 年铅精矿产量为 288.1 万吨，同比下滑了 9.8%。

表 3－11　过去四年全球主要铅精矿国家产量变化

单位：万吨

国家	2018 年	2019 年	2020 年	2021 年
中国	292.9	296.0	319.3	288.1
澳大利亚	46.8	45.7	48.6	50.3
美国	27.7	29.2	29.2	30.7
秘鲁	28.9	30.7	23.3	26.3

续 表

国家	2018 年	2019 年	2020 年	2021 年
墨西哥	23.7	25.8	23.6	27.4
俄罗斯	17.5	21.7	20.7	17.5
印度	16.8	19.4	18.2	19.7
其他	87.5	84.9	84.5	91.5
全球合计	541.8	553.4	567.4	551.5

资料来源：WBMS、中国金属矿业经济研究院。

近两年，全球精炼铅产量增速呈加快趋势。结合世界金属统计局（WBMS）数据（见表 3-12），2020 年全球精炼铅产量为 1321.8 万吨，其中中国是全球最大的精炼铅生产国，2020 年产量达到 643.2 万吨，全球占比接近 50%。其次为美国和韩国，两国 2020 年精炼铅产量分别为 115.4 万吨和 82.7 万吨。此外，墨西哥、德国以及英国也是全球主要的精炼铅生产国，年产量规模均在 30 万吨。

2021 年，全球精炼铅产量增速有所加快。结合世界金属统计局（WBMS）数据，2021 年全球精炼铅产量为 1412.8 万吨，同比增长 6.9%，增速较 2020 年有所加快。分区域来看，在除中国以外国家中，墨西哥 2021 年产量增幅最大，达到 10.1%，其次是日本和澳大利亚，两国产量增幅分别为 7.1% 和 6.4%，英国和德国产量也有所增长。在产量下滑的国家中，美国产量降幅最大，2021 年产量下滑 8.0%，其次是加拿大，降幅 6.5%，韩国也有 1.3% 的下滑。在中国方面，由于近三年再生铅产能快速扩张，2021 年精炼铅产量达到 715.6 万吨，同比增长 11.2%。2021 年，全球前五大精炼铅生产国合计产量约 980 万吨，全球占比接近 70%，比重与前一年相比基本持平。

表 3-12 过去四年全球主要精炼铅生产国产量变化

单位：万吨

国家	2018 年	2019 年	2020 年	2021 年
中国	509.6	598.9	643.2	715.6
美国	115.7	118.0	115.4	106.2
韩国	81.3	76.7	82.7	81.7

续　表

国家	2018 年	2019 年	2020 年	2021 年
墨西哥	33.7	35.5	38.7	42.7
德国	31.1	31.6	33.1	33.5
英国	35.0	35.1	36.0	37.2
加拿大	26.3	27.1	18.6	17.4
日本	24.0	23.7	23.6	25.3
澳大利亚	21.8	12.8	15.9	16.9
其他	298.3	300.9	314.5	336.5
全球合计	1176.8	1260.2	1321.8	1412.8

资料来源：WBMS、中国金属矿业经济研究院。

二、全球铅市场需求

中国是全球最大的精炼铅消费国。结合世界金属统计局（WBMS）数据（见表 3-13），2020 年全球精炼铅表观消费量为 1327.7 万吨。其中，中国消费量为 646.5 万吨，全球占比接近 50%；其次为美国，消费量为 152.1 万吨。此外，韩国消费量也在 50 万吨以上，德国、西班牙、日本、意大利消费量也均在 20 万吨以上。

2021 年，全球精炼铅表观需求增速有所加快。结合世界金属统计局（WBMS）数据（见表 3-13），2021 年全球精炼铅表观消费量 1440.1 万吨，同比增长 8.5%。分区域来看，在除中国以外的国家中，西班牙精炼铅消费增长较快，2021 年同比增长了 7.5%；全球精炼铅第二大消费国美国仅增长 2.1%；而包括德国、意大利在内的欧洲国家消费均出现大幅下滑，降幅分别达到 18.9% 和 7.8%。在中国方面，2021 年精炼铅表观消费量 717.0 万吨，同比增长 10.9%。需要注意的是，世界金属统计局（WBMS）统计的消费数据通常采用供应总量扣减可观测库存变量的表观算法得到，并不能完全等同于实际需求。2021 年全球前五大精炼铅消费国合计需求量 999.7 万吨，全球占比接近 70%，比重与前一年相比基本持平。

表 3 – 13　过去四年全球主要精炼铅消费国表观消费量变化

单位：万吨

国家	2018 年	2019 年	2020 年	2021 年
中国	513.0	610.8	646.5	717.0
美国	163.5	162.9	152.1	155.4
韩国	64.2	57.7	67.9	67.3
德国	37.7	37.2	38.6	31.3
西班牙	24.7	27.5	26.7	28.7
日本	27.3	23.8	27.7	25.4
意大利	23.1	20.5	19.3	17.8
其他	333.3	349.0	348.9	397.4
全球合计	1186.7	1289.3	1327.7	1440.1

资料来源：WBMS、中国金属矿业经济研究院。

三、中国铅资源进出口

2021 年中国铅资源对外依赖程度进一步下降。中国铅资源对外依存度相对较低，进出口规模相对于铜、铝要小很多，外贸领域业务主要为铅精矿（铅矿砂及精矿）进口以及铅酸电池出口。海关总署数据显示（见表 3 – 14），2021 年中国铅精矿进口量为 120.2 万吨，同比减少 10.0%；精炼铅净进口量为 0.2 万吨，同比减少 90.0%；铅酸电池净出口量为 1.98 亿个，同比增长 17.7%。铅资源进口量收缩主因为中国国内再生铅产能扩大，产能占比提高，且原生铅冶炼厂更多使用再生铅进行配矿。铅酸蓄电池净出口量大幅增长，主因为海外消费受疫情影响边际效应转弱，需求增加。

表 3 – 14　过去四年中国铅资源进出口量变化

单位：万吨

品种	2018 年	2019 年	2020 年	2021 年
进口量				
铅矿砂及精矿	117.3	161.2	133.5	120.2
精炼铅	12.8	9.4	2.0	0.2
铅酸电池（万个）	1093.9	904.1	586.3	581.6

品种	2018 年	2019 年	2020 年	2021 年
出口量				
精炼铅	2.6	0.6	0.4	9.5
铅酸电池（万个）	19016.3	17029.1	16943.4	19830.1

资料来源：海关总署、中国金属矿业经济研究院。

从进出口区域分布来看（见表3－15），中国铅精矿进口主要来自俄罗斯、秘鲁、美国和澳大利亚，铅酸电池出口主要面向印度、美国、孟加拉国和意大利。2021 年，俄罗斯继续作为中国铅精矿第一大进口来源国，但进口量较前一年有所下滑；美国超过秘鲁成为中国铅精矿进口第二大来源国，澳大利亚跌至第四；此外，来自波兰和墨西哥的进口量也有所萎缩。

表 3 - 15　近两年中国铅精矿进口区域分布

单位：万吨

国家	2020 年	2021 年
俄罗斯	29.2	26.7
秘鲁	22.6	11.9
美国	13.8	19.0
澳大利亚	8.7	9.4
波兰	2.7	0.9
墨西哥	2.9	1.0
南非	3.3	3.1
其他	50.6	48.2
全球	133.5	120.2

资料来源：海关总署、中国金属矿业经济研究院。

四、市场均衡及价格

2021 年中国铅库存波动幅度较往年明显加剧（见图3－7）。由于国际和国内市场铅锭含铅纯度不同，国际市场铅锭难以在国内的期货交易所进行交仓，国内下游铅酸蓄电池企业对海外铅锭的认可接受程度也不同，因此国际和国内市场的铅锭贸易流很小。在观察库存时，主要应观察国内市场铅锭库存变化情况。2015 年以来，中国铅锭库存总体呈现震荡走势，2021 年初，国内上海期货交易所（SHFE）铅锭库存仍然维持在 5 万吨以下。然后，由于疫情对海运造成巨大影响，中国国内过剩的铅锭难以向海外出口，造成上海期货交易所铅锭库存大幅走高，由年初的 5 万吨至下半年增至 20 万吨以上，增幅超 4 倍，达到多年以来高点。进入四季度后，随着出口条件改善，国内铅锭库存高位回落，至年末回落至 10 万吨附近。

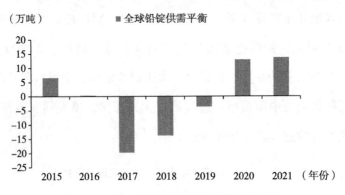

图 3 - 7   2015 年以来中国精炼铅库存变化

资料来源：SHFE、中国金属矿业经济研究院。

2021 年全球精炼铅市场供应延续大幅过剩。2017 年以来，全球精炼铅市场供应缺口逐年收窄，2019 年基本处于紧平衡格局。缺口收窄的原因主要是 2017 年以来全球铅矿山产量开始增长，同时中国国内再生铅产能占比及产量逐年提高，供应增速快于需求增速。2020—2021 年，随着中国再生铅产能高速扩张，全球铅锭供应由短缺转为过剩。国际铅锌研究小组（ILZSG）数据显示，2021 年全球精炼铅市场供应过剩 13.7 万吨，2020 年为过剩 13.0 万吨（见图 3 -8）。

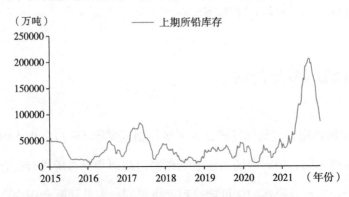

图 3 - 8   2015 年以来全球精炼铅供需均衡变化

资料来源：ILZSG、中国金属矿业经济研究院。

　　2017 年全球铅矿山开始增产，导致加工费（TC）转入上行趋势，2020 年初国产矿加工费（TC）上调至 2400 元/金属吨，进口矿加工费（TC）上调至 160 美元/干吨，达到多年以来高位（见图 3 - 9）。2020 年二季度开始，海外铅矿山产量受到新冠肺炎疫情影响，铅精矿供应宽松环境逐步收紧，铅精矿加工费亦高位回落。2021 年，随着疫情对全球矿山影响边际弱化，大量海外铅矿山复产增产，海外铅精矿加工费开始进入上行通道，至 2021 年末，进口矿加工费（TC）由年初的 60 美元/干吨，上调至 100 美元/干吨，涨幅接近 70%。然而同期国产矿加工费（TC）价格则持续维持在 1200 元/金属吨左右，并未跟随进口矿加工费上调。原因主要是新冠肺炎疫情虽然对矿山生产的影响有所弱化，但对海运的影响仍然严重，海外增产的铅精矿向中国进口受到阻碍，使得国内铅精矿供需平衡并未向过剩扭转，全年国内铅精矿供应持续偏紧。

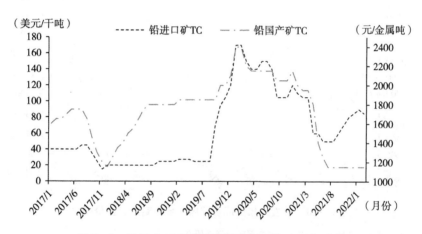

图 3 - 9　2017 年以来全球铅精矿加工费（TC）走势

资料来源：上海有色网、中国金属矿业经济研究院。

　　过去几年，国际市场铅价同基本金属走势趋同。2014—2015 年，LME 铅价格缓慢下跌，至 2015 年底筑底。此后，随着全球铅锌矿山减产和关闭，铅价低位企稳，于 1600 ~ 1850 美元/吨之间窄幅震荡。2016—2017 年，由于供应端收缩，特别是在锌价拉涨的支撑下，国际市场铅价迎来"牛市"。2018 年后，在海外铅锌矿山持续复产增产导致供需缺口收窄、基本面边际效应转弱的影响下，铅价见顶回落，转入"熊市"。2021 年，国际和国内铅价走势有所分化，伦敦金属交易所（LME）铅 3 月期货收盘价由年初的 2060 美元/吨上调至 2290 美元/吨附近，涨幅 11.2%；同期上海期货交易所（SHFE）铅主力合约收盘价则维持在 15000 元/吨附近，年末较年初持平（见图 3-10）。两市铅价分化明显，原因主要是国内再生铅产量增幅较大，导致国内精炼铅市场供应相对国际市场更为过剩，国内铅价压力相对较大，并且国内铅价更多追随基本面运行，与宏观面，尤其是美元指数运行的相关性相对较低，全球央行放水对国内铅价的提振相对有限。

此外，导致国内铅价与国际铅价分化明显的另一个原因是，国内铅期货合约的标的产品和市场上流通的再生铅产品不匹配，再生铅产品以及进口铅无法参与期货交割，铅产品进口相对较少，国内外市场之间存在一道屏障。国内铅价运行相对其他有色金属品种更具有独立性，受全球经济影响较小，而受中国环保政策以及产业链自身因素的影响较大。

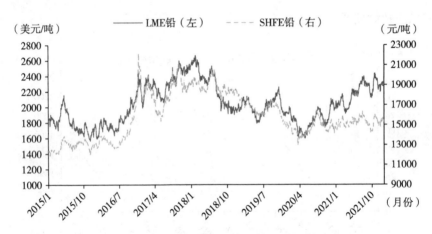

图 3-10 过去几年国际及国内市场铅期货收盘价变化

资料来源：LME、SHFE、中国金属矿业经济研究院。

五、全球铅行业竞争格局分析

近几年，海外铅竞争格局趋于稳定，而中国铅产业链则发生了较大变化，主要表现为再生铅合规规划快速扩张以及再生铅产业相互融合。相关国内机构数据显示，2020 年国内新增废电瓶处理能力达到 235 万吨，再生铅精炼产能达到 146 万吨；2021 年国内新增废电瓶处理能力和再生铅精炼产能分别达到 250 万吨和 155 万吨，中国国内再生铅产能处于集中扩张期。2022 年，国内又有 260 万吨新增废电瓶拆解产能投放，以及 160 万吨再生铅精炼产能投产，再生铅产能将进一步扩张。

最近两年，疫情虽然对全球铅冶炼企业生产造成了一定扰动，但对原生铅和再生铅冶炼的影响则有所不同，相对原生铅，疫情对再生铅企业的影响更大。原因可能来自两方面：一是再生产业链流转环节相对原生产业链更多；二是再生企业生产环节更具弹性，设备关停和重启的成本相对原生铅企业更低。

六、2022 年全球铅市场展望

从供应端来看，随着疫情对海外铅锌矿山影响减弱，铅精矿产量有望保持增长；原生铅由于环保政策压力，从中长期视角看产能将逐步向再生铅转移，但短期原生铅产能退出偏缓慢；再生铅产能持续增长，且 2022 年国内再生铅产能仍将快速扩张，在原生铅产能有序退出前，再生铅利润中枢将逐步下移，这将使得再生铅供应弹性收缩，再生铅企业生产很难因小幅亏损而受到阻碍，铅的成本支撑将下移。此外，需要特别关注的是再生铅原料供应，由于再生铅产能的快速扩张，对于废旧铅酸蓄电池的需求也在快速增长，这将考验整个铅酸蓄电池产业链的循环能力。由于汽车用电池和自行车用电池差异较大，一般认为报废期平均不会少于 4~6 年。而根据相关机构统计数据，国内铅酸蓄电池产量峰值是 2014 年，可以推测蓄电池报废高峰期已经逐渐过去，2022 年废旧铅酸蓄电池供应压力较大，再生铅企业原料获取将变得困难，这可能会限制再生铅产能利用率的提高。

从需求端来看，铅的需求行业较为单一，全球 80% 左右的铅资源用于铅酸蓄电池生产。铅酸蓄电池按应用领域可分为动力型铅酸蓄电池、起动型铅酸蓄电池和固定型蓄电池，其中动力型铅酸蓄电池应用于电动自行车行业，起动型铅酸蓄电池应用于汽车行业，固定型蓄电池应用于移动基站设备行业。近几年锂电池对铅酸蓄电池替代压力逐年增加，但不宜过高估计锂电池对铅酸蓄电池的替换速度。原因主要是由于锂电池稳定性较铅酸蓄电池略差，在某些领域铅酸蓄电池更令人放心，比如汽车使用的电瓶，作为汽车的关键部件，如果使用锂电池，那么在极冷的气候条件下对于整车设备的稳定性或将构成影响。因此，短期来看，电动自行车所用电池和移动基站设备电池是锂电池替代铅酸蓄电池的主要领域。由于终端消费行业增速放缓以及锂电替代压力，预计2022年海外铅消费维持平稳，国内铅消费增速较2021年有所放缓。

综合供求两方面考虑，2022年全球精炼铅产能有望继续维持增长，中国国内再生铅产能扩张是增量的主要来源。预计2022年全球精铅供应过剩20万吨，过剩量较过去两年有所扩大。总体来看，利空来自产业层面的过剩预期，利多来自频发的环保政策以及低利润对再生铅供应的抑制。如果铅价下跌较深，再生铅企业减产压力会快速累积，从而支撑铅价。此外，由于SHFE铅期货市场规模相对较小，若供应端受环保等超预期因素影响，不排除出现阶段性上涨的可能。在价格方面，预计2022年全球铅价易跌难涨，LME铅运行区间1600～2700美元/吨，SHFE铅运行区间13000～17000元/吨。

第四节　锌

2021年，全球锌价延续"牛市"。前三个季度全球锌价长期横盘，窄幅震荡，在有色金属各品种中表现偏弱，未跟随其他品种上涨。四季度受欧洲能源危机影响，全球锌价大幅拉涨，领涨整个有色金属，但随后全球锌价高位大幅回落，基本回到10月上涨行情启动前的位置。此后，全球锌价在基本面偏强驱动下，延续偏强走势。2022年，全球锌精矿市场供应过剩扩大，但精炼锌市场维持供应短缺，预计锌价前高后低，见顶回落。

一、全球锌市场供给

中国是全球最大的锌精矿供给国。美国地质调查局（USGS）数据显示，全球锌矿资源主要分布在中国、澳大利亚、秘鲁、印度、墨西哥、加拿大和玻利维亚等国家。世界金属统计局（WBMS）数据显示（见表3-16），2019年全球锌精矿产量为 1370.4 万吨，其中中国产量 505.6 万吨，全球占比 36.9%。除中国外，澳大利亚、秘鲁、印度、美国、墨西哥和玻利维亚也是全球锌精矿主要的生产国。2020 年，全球前五大锌精矿生产国合计产量全球占比超过 60%，比重与前一年相比基本持平。

2021 年，全球锌精矿供应量从疫情影响中恢复过来。结合世界金属统计局（WBMS）数据（见表 3 - 16），2021 年全球锌精矿产量 1346.4 万吨，同比增长 10.4%。在除中国以外的国家中，增幅最大的是秘鲁，2021 年累计产量 154.6 万吨，增幅达到 47.8%；其次是玻利维亚和美国，增幅分别为 26.2% 和 15.5%；墨西哥、爱尔兰和印度供给量也有所增长。在产量下滑的国家中，降幅最大的是加拿大，2021 年产量 16.2 万吨，降幅为 31.1%；其次是俄罗斯和澳大利，产量降幅分别为 6.6% 和 5.8%；哈萨克斯坦产量较 2019 年基本持平，仍维持在 37 万吨左右。在中国方面，根据世界金属统计局（WBMS）数据，2021 年锌精矿产量达到 495.5 万吨，同比增长 12.9%。

表 3 - 16 过去四年全球主要锌精矿国家产量变化

单位：万吨

国家	2018 年	2019 年	2020 年	2021 年
中国	435.4	505.6	438.7	495.5
澳大利亚	104.9	134.9	141.6	133.4
秘鲁	147.4	138.5	104.6	154.6
印度	75.5	70.0	74.0	75.2
美国	83.3	77.9	66.7	77.0
墨西哥	64.1	68.3	61.9	70.5
玻利维亚	61.0	58.7	44.0	55.5
哈萨克斯坦	35.9	37.1	37.1	37.1
加拿大	26.3	33.5	23.5	16.2
俄罗斯	28.4	29.8	31.3	29.2
爱尔兰	13.2	12.3	9.9	10.2
其他	227.5	203.8	187.0	192.2
全球合计	1302.9	1370.4	1220.0	1346.4

资料来源：WBMS、中国金属矿业经济研究院。

中国是全球最大的精炼锌生产国。世界金属统计局（WBMS）数据显示（见表3－17），2020年全球精炼锌产量为1387.5万吨，其中中国2020年产量达到642.2万吨，全球占比超过40%；另一个产量百万吨级的国家是韩国，2020年精炼锌产量为100.3万吨。此外，印度、加拿大也是全球主要的精炼锌生产国，日本、西班牙及澳大利亚的年产量规模也均在50万吨左右。2020年，全球前五大精炼锌生产国合计产量全球占比接近70%。

2021年，全球精炼锌供应受限电和能源危机影响较大，限电政策对中国冶炼企业下半年提产构成抑制，欧洲能源危机又削减了海外精炼锌产量。结合世界金属统计局（WBMS）数据（见表3－17），2021年全球精炼锌产量为1401.6万吨，较上一年同期微增1.0%。分区域来看，在除中国以外国家中，增速较快的是印度，2021年产量74.2万吨，同比增长7.7%。其余多数精炼锌主产国产量均出现不同程度下滑，其中降幅最大的是日本，2021年产量为44.3万吨，同比下滑12.3%。此外，俄罗斯、秘鲁、哈萨克斯坦、韩国也分别出现了7%~9%的降幅。在中国方面，根据世界金属统计局（WBMS）数据，2021年下半年开始随着国内疫情得到有效控制，精炼锌产量大幅攀升，2021年实现产量669.6万吨，同比增长4.3%，在限电等政策因素扰动下，依然实现了较快增长。

表3－17　过去四年全球主要精炼锌生产国产量变化

单位：万吨

国家	2018年	2019年	2020年	2021年
中国	567.8	627.1	642.2	669.6
韩国	109.8	105.3	100.3	93.3
印度	77.6	73.8	68.9	74.2
加拿大	69.1	64.9	67.7	63.7
日本	52.1	52.7	50.5	44.3
西班牙	51.0	51.0	51.1	50.6
澳大利亚	49.7	47.4	45.8	46.3
秘鲁	33.4	35.6	34.8	32.2
墨西哥	33.6	38.5	35.2	34.0
哈萨克斯坦	32.9	31.9	31.7	29.4

国家	2018 年	2019 年	2020 年	2021 年
俄罗斯	23.4	25.1	23.6	21.3
其他	237.9	237.6	235.9	242.8
全球合计	1338.2	1390.8	1387.5	1401.6

资料来源：WBMS、中国金属矿业经济研究院。

二、全球锌市场需求

锌主要用于生产镀锌板、压铸合金、锌的氧化物以及青铜、黄铜、电池等产品，应用于建筑、交通运输、耐用消费品、电力等领域。目前，全球45%的精炼锌被用于建筑领域，其次是交通运输领域，消费占比30%左右，而耐用品领域锌消费占比20%左右。相对于全球锌下游行业消费结构，中国建筑领域消费占比偏高（50%左右），而耐用品领域消费比重偏低（15%左右）。

中国是全球最大的精炼锌消费国。世界金属统计局（WBMS）数据（见表3－18）显示，2020年全球精炼锌表观消费量为1368.0万吨。其中，中国2020年表观消费量为698.4万吨，全球占比接近50%；其次为美国，2020年精炼锌消费量为90.5万吨，全球占比7%。此外，印度、韩国的精炼锌年消费量在60万吨以上，日本和德国也是精炼锌的主要消费国。2020年，全球前五大精炼锌消费国合计需求量全球占比接近70%。

2021年全球精炼锌消费从疫情影响中恢复过来，呈现出正增长。结合世界金属统计局（WBMS）数据（见表3－18），2021年全球精炼锌表观消费量为1400.9万吨，较2020年同期增长了2.4%。分地区来看，意大利需求表现较差，表观消费增速下滑了38.2%，是除中国以外海外精炼锌主要消费国家中降幅最大的，美国需求也下滑了10.3%。在除中国以外消费增长的国家中，日本增幅最大，实现了18.5%的增长，韩国增速为9.6%，德国和印度需求表现稳健，同比增速分别为5.5%和3.9%。在中国方面，根据世界金属统计局（WBMS）数据，2021年精炼锌表观消费量为718.8万吨，同比增长2.9%，表现好于市场在年初的预期。

表 3 – 18　过去四年全球主要精炼锌消费国表观消费量变化

单位：万吨

国家	2018 年	2019 年	2020 年	2021 年
中国	632.0	680.6	698.4	718.8
美国	87.8	91.9	90.5	81.2
印度	70.3	68.6	59.1	61.4
韩国	72.3	64.9	53.7	58.8
日本	52.5	51.7	38.8	45.9
德国	44.5	38.5	39.5	41.7
意大利	23.2	26.0	26.9	16.6
其他	372.5	378.3	361.1	376.5
全球合计	1355.0	1400.5	1368.0	1400.9

资料来源：WBMS、中国金属矿业经济研究院。

三、中国锌资源进出口

中国锌资源进口主要是锌精矿和精炼锌的进口，锌合金以及氧化锌、锌粉、锌末等商品进口规模相对较小，出口则以加工产品镀锌板为主。海关总署数据显示（见表 3 – 19），2020 年中国锌精矿、精炼锌、锌合金和镀锌板进口量分别为 382.2 万吨（矿石量）、54.1 万吨、7.3 万吨和 172.7 万吨，精炼锌和镀锌板出口则分别为 2.9 万吨和 765.6 万吨，其他锌资源出口规模微乎其微。2021 年，中国锌精矿进口量为 364.1 万吨（矿石量），较 2020 年同比下滑 4.7%；精炼锌进口量为 43.4 万吨，较 2020 年减少 19.8%；锌合金进口量为 8.6 万吨，较 2020 年增长 17.8%。2021 年，镀锌板出口 1055.2 万吨，较 2020 年大幅增长 37.8%。锌精矿进口量同比虽然有所减少，但整体依然维持较高水平，一方面表明中国对锌上游原料资源的依赖程度依然较高，另一方面也表明海外锌精矿市场相对过剩。精炼锌及锌合金进口持续减少，一方面表明中国对锌金属成品的依赖程度下滑，另一方面也表明中国精炼锌供应增长压力较大。镀锌板净出口量大幅增长，表明海外需求正在从疫情影响当中恢复。

表 3 - 19　过去四年中国锌资源进出口量变化

单位：万吨

品种	2018 年	2019 年	2020 年	2021 年
进口量				
锌矿砂及精矿	296.8	317.4	382.2	364.1
精炼锌	71.5	60.5	54.1	43.4
锌合金	10.5	8.7	7.3	8.6
镀锌板	231.9	187.3	172.7	175.2
出口量				
精炼锌	2.2	6.2	2.9	0.5
镀锌板	898.7	907.4	765.6	1055.2

资料来源：海关总署、中国金属矿业经济研究院。

从区域进口分布来看（见表 3 - 20），中国锌精矿进口主要来自澳大利亚和秘鲁。其中澳大利亚是中国锌精矿进口第一大来源国，2020 年自该国进口锌精矿137.3 万吨，占比总进口量超过 30%；2021 年中国自澳大利亚进口量下滑至 107.6 万吨，较 2020 年同比减少 21.6%。其他进口来源国进口量互有增减，下滑较大的是哈萨克斯坦和缅甸，降幅分别为 65.2% 和 46.5%；增长较大的是摩洛哥和秘鲁，增幅分别达到 22.6% 和 20.8%。2021 年中国自前五大锌精矿进口来源国进口量占比进口总量的 64.3%，较 2020 年略有下滑。

中国精炼锌进口主要来自澳大利亚、哈萨克斯坦、韩国和西班牙。哈萨克斯坦继续作为中国精炼锌进口第一大来源国，2020 年自该国进口精炼锌 19.9 万吨，全球占比接近 40%；2021 年自该国进口量维持在 19.8 万吨，全球占比提升至接近50%。2021 年，中国锌精矿进口来源国相对 2019 年未出现明显变化，但部分国家进口量有所调整，其中自韩国和澳大利亚的精炼锌进口下滑较多，在进口来源国中几乎没有增长的国家。2021 年中国自前五大精炼锌进口来源国进口量占比进口总量接近 90%，比重较 2020 年有所上升。

表3-20 近两年中国锌资源进口来源区域分布

单位：万吨

锌精矿（原矿量）			精炼锌（金属量）		
国家	2020 年	2021 年	国家	2020 年	2021 年
澳大利亚	137.3	107.6	澳大利亚	12.1	10.1
秘鲁	65.0	78.5	哈萨克斯坦	19.9	19.8
俄罗斯	20.2	22.3	韩国	15.0	6.9
蒙古	12.0	10.3	西班牙	0.1	0.2
厄立特里亚	19	15.5	印度	1.0	0.8
摩洛哥	5.3	6.5	日本	1.2	0.8
缅甸	7.1	3.8	纳米比亚	0.0	0.0
哈萨克斯坦	13.5	4.7	墨西哥	1.0	0.0
其他	102.8	114.9	其他	3.8	4.8
全球	382.2	364.1	全球	54.1	43.4

资料来源：海关总署、中国金属矿业经济研究院。

四、市场均衡及价格

2021 年全球精炼锌库存区间震荡。全球精炼锌锭库存（包括伦敦金属交易所、上海期货交易所、中国国内社会库存和中国保税区库存四部分）从 2017 年初的接近 80 万吨持续下滑，至 2019 年末降至 25 万吨（见图 3-11）。2020 年，受新冠肺炎疫情影响，全球精炼锌库存由降返升，累库一直延续到 2021 年二季度，库存最高达到 50 万吨。2021 年二季度开始，随着疫情对全球精炼锌消费影响减弱，全球经济开始复苏，精炼锌库存转为下降走势，至 2021 年底全球精炼锌库存下滑至 30 万吨左右，较年初有所下滑。从降幅上看，2021 年全球精炼锌库存减少 15 万吨，上一年是增加 15 万吨。

从供需平衡角度看，2014—2016 年，全球精炼锌市场长期处于紧平衡格局，2017 年全球锌市场供应短缺加剧，至 2018 年连续两年处于供应严重短缺格局。国际铅锌研究小组（ILZSG）数据显示（见图 3-12），2017 年全球精炼锌市场供给短缺 47.7 万吨，为近几年来缺口最大的一年，2018 年供应短缺 45.6 万吨。此后，在

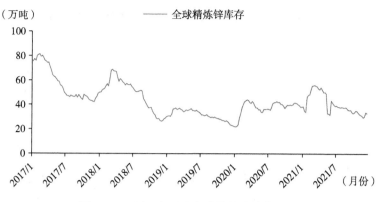

图 3 - 11　近五年以来全球精炼锌库存变化

资料来源：LME、SHFE、中国金属矿业经济研究院。

高利润刺激下，锌产业链供应端进入了复产周期，供应缺口逐年呈缩小趋势，2020年受新冠肺炎疫情影响供应大幅过剩，全年过剩量超过 30 万吨。2021 年，新冠肺炎疫情影响明显转弱，海外精炼锌消费明显改善，精炼锌供应又受到能源和限电等因素扰动，全球精炼锌供应由大幅过剩转为短缺，缺口达到 20 万吨。

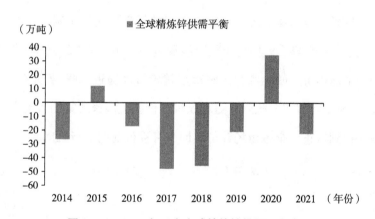

图 3 - 12　2014 年以来全球精炼锌供需均衡变化

资料来源：ILZSG、中国金属矿业经济研究院。

2017 年开始，由于锌价走高，产业利润修复，全球铅锌矿山处于复产、增产周期，全球锌精矿供应呈恢复性增长趋势，锌精矿加工费（TC）筑底回升（见图 3 - 13）。2021 年初，进口锌精矿加工费（TC）下跌至 100 美元/干吨以内，为 2018 年以来低位；国产锌精矿加工费（TC）跌至 4000 元/金属吨左右，同样为多年来低位。2021 年海外锌矿供应逐步从新冠肺炎疫情影响中恢复后，但由于海运不畅，全球锌精矿加工费并没有出现明显上调。截至 2021 年末，进口锌精矿加工费维持 100

美元/干吨以内，国产锌精矿加工费维持 4000 元/金属吨，较年初基本持平。

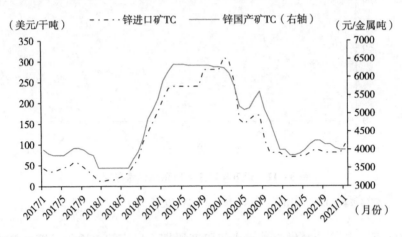

图 3 - 13　2017 年以来全球锌精矿 TC 走势

资料来源：上海有色网、中国金属矿业经济研究院。

2021 年全球锌价震荡上扬，三季度呈"过山车"走势（见图 3 - 14）。国际市场锌价自 2020 年二季度开启"牛市"以来，2021 年在新冠肺炎疫情影响边际弱化的背景下，锌价延续震荡偏强走势，但由于锌矿复产预期的压制，在相当长的一段时间内锌价处于横盘调整，9 月受到欧洲能源危机影响，多家大型精炼锌企业宣布大规模减产，全球锌价大幅上涨，国际市场锌价最高逼近 4000 美元/吨，国内市场锌价最高逼近 28000 元/吨。此后，随着保供稳价相关国家政策的落地实施，本轮情绪性上涨很快得到修正，全球市场锌价重回 9 月涨价前的运行区间。

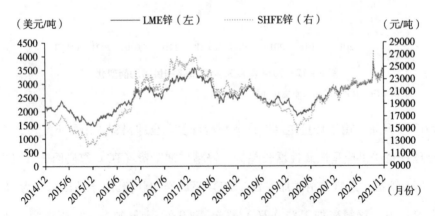

图 3 - 14　2014 年以来国际及国内市场锌期货收盘价变化

资料来源：LME、SHFE、中国金属矿业经济研究院。

五、全球锌行业竞争格局分析

在矿山方面，2021 年疫情对全球锌矿生产的影响明显弱化，很多前期因疫情造成减产的矿山产量都有所恢复。2022 年，前期新建项目将陆续投产，其中嘉能可旗下哈萨克斯坦 Zhairem 矿山是增量比较大的矿山，项目年产能 15 万吨，该矿山已于 2021 年二季度建成，但投产时间因选厂出现问题导致推迟，预计 2022 年二季度实现达产。另外一个大型新建矿山是 Ozernoye 矿山，该矿山位于俄罗斯，预计年产能约 30 万吨，投产时间预计将在 2023 年。在中国方面，由于环保政策严格，未来几年国内新建锌矿山项目较少，锌矿产能增长空间有限，已知的项目有湖南花垣县产能整合项目，该项目整合完成及扩建后，将新增 20 万吨锌精矿产能，但由于多种因素，目前仍没有明确的时间表。综合来看，未来几年全球锌精矿增量更多来自海外。

在冶炼方面，未来三年，海外精炼锌冶炼产能增长空间有限，已投产项目产能的进一步释放是 2022 年精炼锌增量增长的主要来源。Penoles 旗下位于墨西哥的 Torreon 冶炼厂，该冶炼厂进行扩产后产能增加约 4 万吨；AZR 旗下 Rutherford 再生锌冶炼厂，该冶炼厂复产后产能一直处于爬升阶段，预计 2022 年将带来约 3 万吨增量。2023—2024 年，俄罗斯铜业旗下的 Verkhny Ufaley 冶炼厂有望建成并投产，该项目将带来约 12 万吨的精炼锌增量。

六、2022 年全球锌市场展望

从供给端来看，在锌精矿供应方面，根据历史数据回测，每 6～8 年全球锌矿山会经历一个完整的产业周期（产能从增产到减产），2016 年是上一轮全球锌矿产能由增到减的起点。2020 年上半年全球新冠肺炎疫情对矿山影响偏短期，2020 年下半年到 2021 年，全球锌矿产量保持同比正增长，锌矿增产周期尚未结束，按照 6～8 年的完整周期测算，增产周期的尾部可能在 2024 年左右。在精炼锌供应方面，2022 年海外精炼锌产能增长空间有限，未来三年新增产能约 12 万吨。未来几年全球精炼锌产能增量主要来自中国国内，预计 2022 年增量约 20 万吨，2023—2024 年增量约 50 万吨。

从需求端来看，锌消费主要集中在基建、房地产、汽车、家电等行业。近几年海外锌消费增速相对平稳，美国和欧盟国家等发达经济体涉锌投资难有增长空间，印度为主的发展中国家基建投资增长在短期内也难以形成大的驱动力，预计2022年海外锌消费增速维持1%左右。在国内锌消费行业中，房地产行业面临较大的下行压力，主要是由于房屋新开工增速转负逐步传导至竣工增速下滑，竣工增速下滑对房地产行业后端消费影响较大。而市场关注度较高的热点行业，比如新能源行业、光伏行业，都与有色金属中铜、铝的消费高度相关，但与锌的相关性则较弱，锌主要消费仍然对应老基建、房地产、汽车等传统行业，而这些行业增长预期普遍偏低。预计2022年国内锌消费增速约为2%，较2021年有所下滑。

综合供需平衡，预计2022年全球锌精矿供应继续保持过剩，过剩量为65万吨，过剩量较2021年扩大30万吨；预计2022年全球精炼锌供应继续维持短缺，短缺量为32万吨，短缺量较2021年扩大25万吨。从锌精矿和精炼锌供需平衡来看，2022年全球锌市场供需矛盾将更加分化，原料供需和金属供需不匹配继续扩大，上游锌精矿的供应更加过剩，中游精炼锌的供应更加短缺。

事实上，从资源角度看，全球锌资源总量并不匮乏，导致产业链矛盾分化加剧的原因是冶炼产能存在瓶颈。而造成冶炼产能出现瓶颈的原因，一方面来自欧洲能源危机引发电价上涨，从而抬升了锌冶炼成本；另一方面来自2021年中国国内降碳导致的高能耗产能掣肘。因此，原料供应较为宽裕，冶炼产品较为稀缺或将成为这两年全球锌行业的常态格局，可循环可再生资源能否加快突破产能瓶颈或将成为破局之路。

总体看来，2022年全球锌价见顶回落概率较大，预计2022年LME锌运行区间3000~4200美元/吨，SHFE锌运行区间19000~27000元/吨。

第五节　镍

2021年，全球镍价走势震荡上行。近几年镍基本面运行逻辑主要围绕技术进步和政策预期进行。技术进步主要是镍铁冶炼技术成熟带来的产能大幅扩张，以及高冰镍转化硫酸镍打通电解镍和镍铁两大产业链条；政策预期则主要是印度尼西亚、菲律宾等传统镍矿生产国不断发生禁矿事件。技术进步引发的镍铁供应及硫酸镍供应增加对镍价构成抑制，而政策端禁矿事件不断给予镍价上涨的动力。2021 年，新冠肺炎疫情影响边际转弱，在新能源汽车消费高速增长的带动下，全球镍价一路走高，虽然受到青山高冰镍事件影响，镍价出现了短暂下跌，但由于高冰镍转化产能相对较少，更多停留在预期层面，强现实压倒弱预期，全球镍价保持强势。2022 年，全球镍供应缺口将有所收窄，基本面边际转弱，但上半年镍价保持强势的基本面未发生明显变化，拐点可能出现在下半年。

一、全球镍市场供给

菲律宾是目前全球最大的镍矿供给国。美国地质调查局（USGS）数据显示，全球镍矿资源主要分布在澳大利亚、巴西、新喀里多尼亚、俄罗斯、古巴、印度尼西亚、菲律宾、南非和加拿大等国家。2021 年全球镍矿供应有所增长，结合世界金属统计局（WBMS）数据（见表 3－21），2021 年全球镍矿产量为 270.8 万吨（金属量，下同），同比增长 11.8%。分国家来看，菲律宾 2021 年镍矿产量 40.9 万吨，同比增长 35.6%。2017 年以前，菲律宾一直是全球第一镍矿生产国，但 2018 年印度尼西亚超越菲律宾，成为全球最大镍矿供应国。印度尼西亚 2021 年镍矿产量为 95.7 万吨，同比增长 20.2%，全球占比维持 30%。除菲律宾和印度尼西亚外，俄罗斯、加拿大、澳大利亚、新喀里多尼亚也是全球镍矿主要的生产国。在其他产量下滑的国家中，加拿大降幅达到 14.9%；在产量增长的国家中，印度尼西亚增幅达到 20.2%。此外，2021 年中国镍矿产量为 10.7 万吨，同比增长 4.0%。

表 3－21　过去四年全球主要镍矿国家产量变化

单位：万吨

国家	2018 年	2019 年	2020 年	2021 年
菲律宾	35.7	35.7	30.2	40.9
加拿大	18.0	18.1	16.2	13.8
俄罗斯	20.7	22.1	22.7	19.2

续　表

国家	2018 年	2019 年	2020 年	2021 年
澳大利亚	16.7	16.1	16.9	17.9
新喀里多尼亚	22.1	21.1	20.5	19.9
印度尼西亚	60.1	91.8	79.6	95.7
中国	9.8	10.5	10.3	10.7
其他	46.7	45.1	45.8	52.7
全球合计	229.7	260.5	242.1	270.8

资料来源：WBMS、中国金属矿业经济研究院。

2021 年，全球原生镍供应有所增长。结合世界金属统计局（WBMS）数据（见表 3 - 22），2021 年全球原生镍产量为 273.8 万吨，同比增长 14.6%。分国别来看，产量增幅最大的是中国，2021 年中国原生镍产量为 84.0 万吨，较 2020 年增长 16.4%。除中国外，俄罗斯、日本、加拿大和澳大利亚也是全球原生镍生产大国，四国近年来产量均保持在 10 万吨以上。此外，挪威、巴西以及新喀里多尼亚、马达加斯加也是全球重要的原生镍生产国。从增速来看，在除中国以外国家中，保持增长的国家是加拿大，2021 年产量增幅为 5.8%；降幅最大的国家是俄罗斯，降幅达到 24.7%；此外，作为精炼镍主产国的日本和澳大利亚产量同比基本持平。2021 年，全球前五大原生镍生产国合计产量 137.9 万吨，全球占比约 50%，比重较前一年基本持平。

表 3 - 22　过去四年全球主要原生镍生产国产量变化

单位：万吨

国家	2018 年	2019 年	2020 年	2021 年
中国	63.9	85.7	72.2	84.0
俄罗斯	15.0	15.4	15.4	11.6
日本	18.9	18.4	17.2	17.2
加拿大	14.8	12.5	12.5	13.2
澳大利亚	11.4	11.2	11.7	11.9
挪威	9.1	9.2	9.2	9.1
其他	82.7	89.6	100.8	126.9
全球合计	215.7	242.1	238.9	273.8

资料来源：WBMS、中国金属矿业经济研究院。

二、全球镍市场需求

中国是全球最大的原生镍消费国。2021年，全球原生镍需求保持增长，结合世界金属统计局（WBMS）数据（见表3-23），2021年全球原生镍表观消费量为285.3万吨，同比增长21.2%。分国家/地区来看，中国表观消费量为162.5万吨，同比增长24.7%，全球占比超过55%。美国、日本、韩国处于全球第二大原生镍消费阵营，年消费量均保持在10万吨左右。但2021年美国和日本消费量均有所下滑，降幅分别达到10.1%和6.1%。此外，意大利、德国也是全球原生镍的重要需求主体，年消费量维持在5万吨左右；2021年，中国台湾地区原生镍消费量下滑37.1%。2021年，全球前五大原生镍需求国家/地区合计消费量全球占比超过70%，比重较前一年基本持平。

表3-23 过去四年全球主要原生镍消费国家/地区表观消费量变化

单位：万吨

国家/地区	2018年	2019年	2020年	2021年
中国	101.5	131.0	130.3	162.5
美国	18.8	10.6	9.8	8.8
日本	17.5	15.6	14.8	13.9
韩国	12.0	11.6	8.1	10.5
意大利	5.8	4.5	4.0	5.8
德国	6.2	5.7	4.7	5.4
中国台湾地区	8.8	7.4	8.8	5.5
其他	50.0	58.2	54.8	72.9
全球合计	220.5	244.6	235.4	285.3

资料来源：WBMS、中国金属矿业经济研究院。

三、中国镍资源进出口

近两年中国镍资源进口由原生镍向镍矿和镍铁转移。中国镍资源进口主要表现为镍矿、原生镍和镍铁进口，氧化镍、镍粉、镍末等商品进口规模相对较小。海关总署数据显示（见表 3 – 24），2020 年中国镍精矿、原生镍（包括合金）、镍铁进口量分别为 3912.2 万吨、13.2 万吨和 344.4 万吨，镍资源（包括镍制品）出口规模微乎其微。2021 年全年累计，镍精矿进口量为 4354.1 万吨，较 2020 年同期增长 11.3%；原生镍进口量为 26.3 万吨，较 2020 年增长近一倍；镍铁进口量 370.3 万吨，较 2020 年增长 7.5%。

表 3 – 24 过去四年中国镍资源进口量变化

单位：万吨

品种	2018 年	2019 年	2020 年	2021 年
镍矿砂及精矿	4698.5	5613.2	3912.2	4354.1
原生镍及合金	21.3	19.4	13.2	26.3
镍铁	96.2	195.1	344.4	370.3

资料来源：海关总署、中国金属矿业经济研究院。

2021 年中国自菲律宾进口镍矿和镍铁数量均大幅提升。从区域进口分布来看（见表 3 – 25），中国镍矿进口主要来自菲律宾，随着来自印度尼西亚的进口量大幅收缩，2021 年自菲律宾进口占比大幅抬升至 80% 以上，菲律宾是中国镍矿进口第一大来源国。印度尼西亚镍矿进口到中国的数量连续三年大幅下滑，2021 年进口量仅为 84.8 万吨。镍铁进口主要来自印度尼西亚，2020 年进口量占中国总进口量接近 80%。2021 年，来自印度尼西亚的镍铁进口数量大幅攀升至 311.8 万吨，较 2020 年同期增长 14.3%。此外，来自新喀里多尼亚和缅甸的进口量有所下滑。镍铁进口量排名前五的国家占总进口量的比重 90% 以上，较 2020 年基本持平。

表 3 – 25 近两年中国镍资源进口来源区域分布

单位：万吨

镍矿（原矿量）			镍铁（实物量）		
国家/地区	2020 年	2021 年	国家/地区	2020 年	2021 年
菲律宾	3198.4	3905.8	印度尼西亚	272.8	311.8
印度尼西亚	340.1	84.8	新喀里多尼亚	17.3	11.3
新喀里多尼亚	268	234.9	缅甸	7.3	6
危地马拉	2.1	17.8	哥伦比亚	8.6	5.2
澳大利亚	23.7	10.5	巴西	7.9	5.7
俄罗斯	12.7	24.2	日本	6.6	7

镍矿（原矿量）			镍铁（实物量）		
国家/地区	2020 年	2021 年	国家/地区	2020 年	2021 年
其他	51.5	50.1	其他	23.9	23.3
全球	3912.2	4354.1	全球	344.4	370.3

资料来源：海关总署、中国金属矿业经济研究院。

四、市场均衡及价格

全球镍报告库存持续下滑。伦敦金属交易所（LME）镍库存自 2015 年开始进入下滑通道，虽然在 2017 年有所企稳，但 2018 年再度回归去库存路径，至 2019 年 12 月降至 6.8 万吨低点（见图 3-15）。2020 年，受新冠肺炎疫情影响，全球镍消费陷入低谷，LME 镍库存低位返升。2021 年，随着全球经济逐步恢复，以及新能源需求的高速增长，全球镍需求保持强劲，全球镍库存开始转入下行通道。国内由于镍期货上市较晚（2015 年 3 月上市），上海期货交易所（SHFE）报告库存自品种上市初期开始累积，2016 年三季度达到峰值 11.2 万吨，此后进入下滑通道，至 2019 年二季度，SHFE 镍库存降至 0.9 万吨，为品种上市以来绝对低点。2020—2021 年，SHFE 镍库存同样经历了由累库到去库的完整周期，至 2021 年底上海期货交易所镍库存降至 0.5 万吨。加总两大交易所库存，2021 年全球镍报告库存共下降 15.8 万吨，至 10.7 万吨。

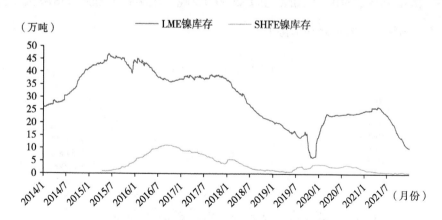

图 3-15　2014 年以来全球镍报告库存变化

资料来源：LME、SHFE、中国金属矿业经济研究院。

全球镍市场面临供应短缺压力。2016 年开始,由于受到中国对冶炼端环保监管力度加大以及印度尼西亚原矿出口禁令实施等因素的影响,全球镍资源供应整体呈现收缩状态,并且随着不锈钢生产保持稳定增长持续拉动镍需求,全球原生镍长期处于供应短缺格局,仅在 2020 年因新冠肺炎疫情影响转为过剩。世界金属统计局(WBMS)数据显示,2021 年,在全球新能源板块强劲需求带动下,全球原生镍市场供给由过剩转为短缺,短缺量 13.6 万吨(见图 3-16)。

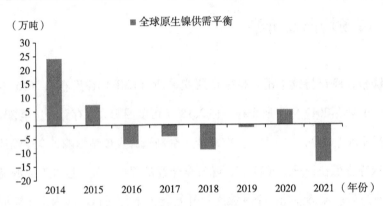

图 3-16 2014 年以来全球原生镍供需均衡变化

资料来源:WBMS、中国金属矿业经济研究院。

国际市场镍价 2016 年伴随有色金属"牛市"反弹,连续五年处于上行通道。2021 年,国际和国内市场镍价持续上涨,价格运行重心较 2020 年明显上移(见图 3-17)。截至 2021 年末,LME 镍价上涨至 20700 美元/吨,较年初上涨 3330 美元/吨,涨幅 19%;SHFE 镍价涨至 152000 元/吨,较年初上涨了 23870 元/吨,涨幅 19%,国际和国内涨幅基本持平。

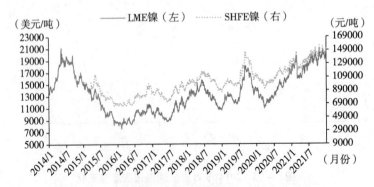

图 3-17 过去几年国际及国内市场镍期货收盘价变化

资料来源:LME、SHFE、中国金属矿业经济研究院。

五、全球镍行业竞争格局分析

全球镍资源开发与冶炼一体化程度较高，重点原生镍矿生产企业包括淡水河谷（Vale）、俄镍（Norilsk Nickel）、金川集团、嘉能可（Glencore）、必和必拓（BHP）、住友金属（Sumitomo Metal）、埃赫曼（ERAMET）、英美资源（Anglo American）等。2021年受俄镍、淡水河谷矿山疫情以及生产事故频发影响，海外大量镍矿生产企业产量出现减产，其中产量下滑较大的是 Norilsk 和 Vale，镍产量分别下滑了3.3万吨和1.6万吨。小幅减产的企业主要包括 Glencore 产量下滑0.5万吨，BHP 产量下滑0.5万吨，ERAMET 产量下滑0.8万吨，住友产量下滑0.1万吨，VNC 产量下滑0.1万吨。增产的企业中，在产量增长最大的来自 Ambatovy，其复产带来3万吨增量，First Quantum 硫酸镍产量增长0.6万吨。

在镍铁方面，近几年随着冶炼技术的进步，镍产业链发生了较大的转变，除 NPI 项目大规模投产外，2021年印度尼西亚（简称"印尼"）高冰镍项目成功投产进一步加快了镍产业链的变迁。高冰镍在过去传统镍产业链中，主要是经由硫化镍矿冶炼产出，但印尼高冰镍项目打通了红土镍矿—镍铁—高冰镍—硫酸镍的产业链，极大地补充了硫酸镍的原料，从长期来看也增加了镍的供应。印尼 NPI 产量持续增长，产量保持增长的企业主要是青山、德龙、上海华迪，三家企业2021年投产了近30条镍铁产线，带来的增量超过12万金属吨。印尼力勤则带来了近4万吨镍湿法中间品新增产能。

六、2022年全球镍市场展望

从供给端来看，预计2022年全球镍供应有所增长，增量主要来自印尼 NPI、高冰镍以及湿法中间品等新增产能陆续投放。在印尼 NPI 方面，预计2022年增产26万金属吨，增量一方面来自已投产产能的进一步释放，另一方面来自印尼青山、德龙等中资企业的新建产能。在印尼湿法中间品和高冰镍方面，预计合计增量约17万金属吨左右。其中印尼力勤湿法冶炼中间品项目产能仍有2.5万金属吨释放空间；格林美和华友镍湿法中间品项目 2022 年上半年将进入产能爬坡阶段，预计带来 6 万吨增量；中伟中青新能源一期高冰镍项目将于下半年投产，项目设计产能 2 万吨，对应带来 1 万吨增量；此外，青山计划将转产 7.5 万吨 NPI 产能至高冰镍。国内镍产量预计变化不大，镍铁方面关键在于镍矿进口，若镍矿进口量保持平稳，则国内镍铁产量预计也将保持平稳，精炼镍方面由于没有新增产能，预计产量基本持稳。综上，预计 2022 年全球镍产量同比增加 40 万吨，同比增速在 15% 左右。

从需求端来看，2022 年全球镍需求有望保持强劲。首先，当前中国国内经济下行压力较大，采取积极的财政和稳健的货币政策依然是稳增长的主要手段，基建投资和房地产投资都有望实现触底反弹，根据相关测算，2022 年国内不锈钢产量有望突破 3600 万吨。此外，新能源板块也为镍消费保持较高增长提供强力驱动。一方面随着政策端着力促进消费增长，以及汽车芯片供应缺口逐步缓解，国内汽车销量有望盈利回升，其中新能源汽车销量有望继续延续 2021 年下半年以来的高增长态势；另一方面，国内新能源汽车未交付订单依然维持高位，且新增产能在持续投产，预计 2022 年国内新能源汽车销量增长预期在 600 万辆左右，同比增幅约 70%。海外发达国家碳排放政策也在逐步趋严，新能源汽车销量增长预期在 400 万辆左右。全球新能源汽车销量高增长，将带动中游三元前驱体和三元动力电池产能增长，根据前驱体厂商排产计划测算，这部分增量对应的原生镍需求量大约在 15 万吨左右。综上，预计 2022 年全球镍消费同比增加 30 万吨，同比增速在 11% 左右。

2022 年初，镍是有色金属中最大的"黑天鹅"。一是俄乌冲突导致俄罗斯镍出口受阻，全球镍供应缺口扩大；二是 3 月发生了对全球衍生品市场造成极大影响的 LME 镍逼仓事件，市场分析二者之间存在一定关联。短期的市场行为对镍价影响巨大，镍价有脱离基本面的嫌疑，中长期还是回到基本面上。综合供求两方面考虑，2022 年全球镍供应增速略高于需求增速，全球镍市场供应短缺量将由 2021 年的短缺 8 万吨扭转至过剩 2 万吨。虽然全年镍基本面边际存在转弱迹象，但从周期来看，上半年国内能耗双控影响有望弱化，从而提升不锈钢产量，镍铁供需很难出现大幅转弱，镍铁转产高冰镍产能则有待进一步观望，再叠加交易所的低库存，至少在上半年，镍价有望保持高位，易涨难跌。下半年随着供应端放量，镍价有望走出见顶回落趋势。

（撰稿人：中国金属经济研究院　侯亚鹏）

第四章 工业类大宗商品

第一节 煤炭

煤炭行业作为国民经济的基础行业，在我国一次能源利用中占主导地位，并将长期为国民经济发展提供能源保障。煤炭供应也关系到我国工业乃至整个社会方方面面的稳定发展，煤炭安全问题也是我国能源安全中最重要的一环。如今，煤炭产业转型升级持续推动，化解过剩产能，淘汰落后产能，建设先进产能，建设和改造一大批智能化煤矿，促进煤炭系统组织结构规范化、合理化。煤炭经济运行的好坏与我国经济发展密切相关。

一、中国煤炭供需分析

（一）中国煤炭供应

中国煤炭资源分布极不平衡，北多南少，西多东少，中国煤炭资源和现有生产力呈逆向分布，从而形成了"北煤南运"和"西煤东调"的基本格局。煤炭集中分布在西北地区、华北北部和东北南部以及内蒙古东部，煤炭资源分布既广泛又相对集中。据自然资源部编制发布的《中国矿产资源报告2020》显示，截至2019年底，我国煤炭新增探明可采储量300亿吨，增0.6%（见表4-1和图4-1），探明煤炭总储量 17522.93 亿吨。

表 4 - 1 全国分煤种产能

单位：万吨

煤种	动力煤	炼焦煤	喷吹/无烟
产能合计：46.1（亿吨）	28.6	12.4	5.1
省/区/市	产能	省/区/市	产能
山西	127400	甘肃	6944
内蒙古	120230	辽宁	4219
陕西	59802	吉林	2325
新疆	19656	重庆	1833
河南	16678	青海	1655
宁夏	15555	湖南	1348
贵州	15535	江苏	1225
山东	15131	江西	1013
安徽	13861	福建	1008
黑龙江	10260	广西	921
云南	8980	北京	470
河北	7532	湖北	327
四川	7328	总计	461236

资料来源：Mysteel 钢联数据。

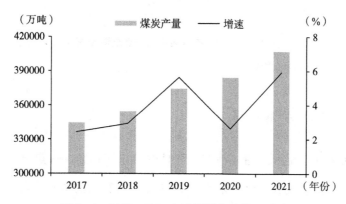

图 4 - 1 2017—2021 年中国煤炭产量及增速

资料来源：Mysteel 钢联数据。

（二）中国煤炭消费

1. 分行业煤炭消费

在我国，电力、钢铁冶炼、建材以及化肥行业是最主要的四大耗煤行业。其中煤炭在电力行业的消费占比达到半数以上，钢铁等冶金行业约占20%。不过，由于受到中国"十二五"规划提出的经济发展转型升级策略影响，煤炭在传统工业中的消费增速明显放缓，尤其钢铁冶金行业与建材水泥行业，在受到房地产市场冲击的影响下，出现较大幅度的负增长。

2. 分地区煤炭消费

中国煤炭消费地主要集中在华东、西北、华北、华中地区。受资源分布差异和经济发展需求等因素影响，煤炭省际调运量较大，主要调入区域为华东和华北地区（见图4-2）。

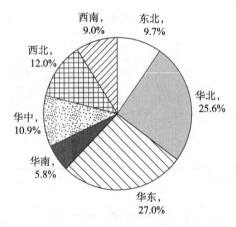

图4-2 2019年中国各区域煤炭消费情况

资料来源：Mysteel钢联数据。

（三）中国煤炭产销平衡

2021年煤矿开工远低于往年水平，整体煤炭供应偏紧，炼焦煤、动力煤、喷吹煤均有出现大幅上涨现象，供应紧俏是2021年煤炭行情的核心因素。在供应缩减的前提下，2021年供应端、需求端库存也处在历年低位，其中焦企原料煤库存多维持7~15天水平，电厂动力煤也出现接连告急现象，下游采购持续高位（见表4-2）。

而这一现象直至 10 月才得以良好改善，在政策要求下煤矿开工提升，整体煤炭供应回升，电厂动力煤率先得以补充，炼焦煤相对仍处在紧俏位置。

表 4 - 2　2010—2020 年中国煤炭产销存状况

单位：万吨

年份	2010	2011	2012	2013	2014	2015	2016	2017	2018	2019	2020
供应量	355578	360562	418654	425015	411834	397074	365141	386429	393767	406116	416179
生产量	342845	351600	394513	397432	387392	374654	336399	352356	368491	374552	381576
进口量	18307	18210	28841	32702	29122	20407	18342	27090	28189	29967	30418
出口量	1911	1466	928	751	574	534	864	817	493	603	315
年初年末库存差额	−3663	−7783	−3772	−4368	−4106	2547	11264	7800	−2420	2200	4500
消费量	349008	342950	411727	424426	411614	397014	393899	396481	397838	401816	498000
炼焦	49950	52960	56768	62536	62894	60644	59748	58700	59157	57721	54950
平衡差额	6569	17611	6928	589	220	60	−28758	−10052	−4071	4300	81821

资料来源：Mysteel 钢联数据。

二、中国煤炭进出口

（一）中国煤炭进口

中国是世界上最大的煤炭生产国和消费国，虽然我国煤炭资源储量相对丰富，但焦煤资源储量相对有限，优质焦煤更是稀缺，因此下游的消耗不仅仅依靠国内主产地，还需要通过进口补充优质焦煤。2017—2021 年我国炼焦煤进口数量呈平缓上升到高位后下行趋势：2017 年中国炼焦煤进口数量 6990 万吨；2018 年中国炼焦煤进口数量 6489 万吨，较上年减少 501 万吨，同比减少 7.1%；2019 年中国炼焦煤进口数量 7465 万吨，较上年增加 976 万吨，同比增加 15%；2020 年中国炼焦煤进口数量 7256 万吨，较上年减少 209 万吨，同比减少 2.7%；2021 年 1—10 月中国炼焦煤进口数量 5470 万吨，较去年同期减少 1787 万吨，同比减少 24.6%（见表 4 - 3）。

表4－3　2021年中国炼焦煤进口国家及数量

单位：吨

月份	蒙古	澳大利亚	俄罗斯	加拿大	印度尼西亚	美国	哥伦比亚	哈萨克斯坦	莫桑比克
1	2176111	0	264161	353478	49045	279039	0	0	0
2	1740034	0	578369	417663	192390	296044	0	2188	0
3	2166880	0	589793	1200401	179658	663443	0	28278	77000
4	616931	0	761287	630514	253187	974700	55065	17235	174208
5	799892	0	1053665	538120	130309	718813	131754	6147	33226
6	846063	0	1158886	888179	175335	938109	0	12440	115199
7	497730	0	1231857	866643	306747	636375	112083	13971	105884
8	1076200	0	1190029	736188	252726	1213408	99409	0	114871
9	659094	0	926957	967973	172300	1467493	60501	4159	88000
10	1196913	777915	803954	451717	121000	835769	117075	0	79675
11	1405415	2670793	1042788	993492	224232	1289441	0	0	71354
12	856029	2725682	1135859	1222402	453817	929053	130028	2984	32101
合计	14037292	6174390	10737605	9266770	2510746	10241687	705915	87402	891518
占比	25.66%	11.29%	19.63%	16.94%	4.59%	18.72%	1.29%	0.16%	1.63%

资料来源：Mysteel 钢联数据。

（二）中国煤炭出口

中国煤炭出口一直延续出口配额制度，严格实施出口通关时的"许可证核销"制度。中国煤炭出口必须经过政府指定的"煤炭出口专营公司"在核发的许可证种类、数量的范围内进行，出口的主要品种为动力煤、无烟煤、炼焦煤以及其他烟煤。

从炼焦煤出口总量来看，2018年，中国出口炼焦煤108万吨，同比减少53.1%，2019年炼焦煤出口同比有小幅增加，但出口绝对量仍位于较低水平（见图4－3）。从数量上看，2017—2021年，中国仅出口炼焦煤569万吨；2017年以来我国炼焦煤进出口贸易市场一直呈贸易逆差状态，2017—2021年中国炼焦煤进口金额448亿美元，出口金额11亿美元，贸易逆差额437亿美元。2021年中国炼焦煤进口金额 69 亿美元，出口金额 1093 万美元，出口金额占比很小。

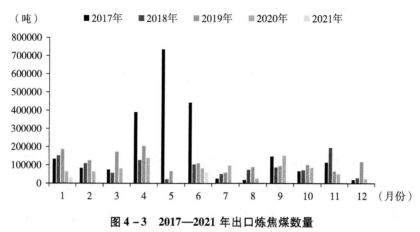

图 4－3　2017—2021 年出口炼焦煤数量

数据来源：海关总署。

三、新冠肺炎疫情以及俄乌冲突对我国煤炭的影响

（一）2021 年疫情对煤炭市场的主要影响在于蒙古国炼焦煤进口

2021 年疫情对煤炭市场的主要影响在于蒙古国炼焦煤进口，在国内良好管控下影响有限，而蒙煤进口方式相对传统，多为汽运运输，同时，蒙古国对于疫情管控能力相对有限，通关口岸频频出现由于疫情影响停止通关问题，在传统形式运输下恐难有太多增量，需要关注新运输方式的推进，但是短期蒙煤进口总量仍是难以达到往年高度。

（二）俄乌冲突对我国煤炭影响不大

近年来，随着我国停止澳煤进口，俄罗斯煤成为我国进口煤炭的重要补充来源，且进口量大幅攀升，2021 年，俄罗斯对中国出口煤炭约 5699 万吨，占中国煤炭进口总量的 17.6%。其中，中国进口俄罗斯动力煤 4403 万吨，进口焦煤 1074 万吨。考虑到未来俄罗斯受到欧美制裁影响，其煤炭将断供欧洲，叠加日韩减少俄罗斯煤炭采购，俄罗斯对我国煤炭出口量或增加至每年 1 亿吨。但俄罗斯运输瓶颈短时间难打破，其煤炭出口至中国的合理区间在 6000 万～7000 万吨。因此，预计 2022 年俄罗斯对我国煤炭出口增加 1000 万吨。

第二节 焦煤、焦炭

回顾 2020 年，焦煤呈现前低后高走势，价格呈现先抑后扬态势，焦炭基本面稳步向好发展，上半年受疫情影价格回落，下半年在焦化去产能影响下，焦价强势反弹。进入 2021 年，焦煤供应收缩，结构性矛盾显现，下游焦企高需求对煤价亦有支撑，全年价格重心维持高位，而进入四季度后，焦炭、炼焦煤价格经历快速下跌、触底反弹，2021 年焦化高利润难以维持，焦企议价主动性明显下滑，价格迫于原料成本价格的推动而上涨，钢厂的长期限产，使得焦炭 2021 年供、需结构相对平衡，而炼焦煤供、需矛盾更为突出。

一、焦煤

（一）焦煤供需分析

1. 焦煤供应

2021 年受环保限产的影响，各地区部分煤矿以及洗煤厂停产整顿，而刚性需求阶段性错配，焦煤供需形势间接性发生转变。上半年频繁开展煤矿安全检查，主产区煤矿总体生产较往年偏向保守，叠加疫情等因素影响，蒙煤和澳煤进口均受到一定影响，炼焦煤供应紧张，优质主焦煤品种表现最为明显。下半年末期增产增供举措持续发力，下游钢焦生产明显减弱，供需紧张局面进一步缓解。

在进口方面，受国际供应偏紧、进口煤价差优势缩小等因素限制，进口煤炭增量情况不及预期。整体来看，2021 年煤炭市场供应端处于偏紧态势。在需求方面，随着焦化行业供给侧改革的稳步推进，产业结构调整加快，推动全行业高质量发展，近几年来我国焦炭产量保持相对稳定增长。2021 年疫情得到有效控制后，国内及全球经济持续向好，钢厂及焦化厂开工维持高位，另外焦煤新增产能逐步释放，进一步增加了焦煤市场需求，前三季度炼焦煤消费量保持在高位水平，增速较快。在供需持续偏紧的状态下，国内焦煤市场价格创历史新高。统计局数据显示，2017年全国焦炭产量为43557万吨，2018年为43107万吨，2019年为46795万吨，2020年为46849万吨，2021年为46446万吨（见图4-4）。

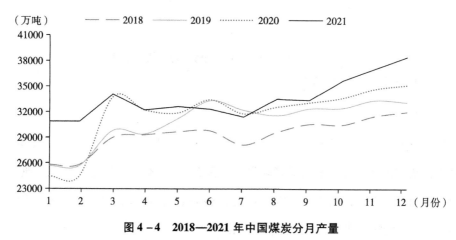

图4-4 2018—2021年中国煤炭分月产量

资料来源：Mysteel钢联数据。

2. 焦煤消费

焦化行业属于传统化工行业，技术和资金壁垒不高，近年来行业一直面临产能过剩和高耗能高污染等问题，2021年我国焦炭产能利用率仅为70%左右。自供给侧改革以来，一系列"去产能"政策出台，焦炭行业生产压缩，关停违规产能，淘汰不环保产能，行业产能不断缩减。2020—2021年多地出台了淘汰焦化产能计划，主要聚焦在京津冀及周边地区、长三角、汾渭平原等重点区域，无效或低效产能不断出清。炼焦行业协会数据显示，截至2017年底，全国焦化生产企业470多家，焦炭总产能6.5亿吨（见图4-5），其中常规焦炉产能近5.6亿吨，半焦（兰炭）产能7000万吨，热回收焦炉产能1900万吨。随着供给侧改革的深入推进，2017—2021年，焦炭产能逐年降低。Mysteel调研数据显示，2016年全国冶金焦产能为5.34亿吨，2021年区域限产加严，淘汰落后产能加快，新上产能也投产释放，同年年底全国冶金焦总产能为5.38亿吨，同比增4.6%。

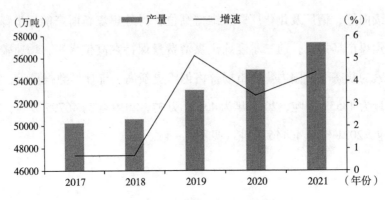

图4-5　2017—2021年中国炼焦煤产量及增速

资料来源：Mysteel钢联数据。

3. 焦煤期货运行分析

2021年焦煤期货价格也呈现先扬后抑趋势，年初由于焦煤供应缺口逐步显现，导致期、现货价格上涨、市场情绪较强，直至10月政策、供需变动，期、现价格才出现大幅回调。全年最低点为1387元/吨，最高点为3878.5元/吨，相对低点振幅为180%，比2020年振幅明显加大（见图4-6）。

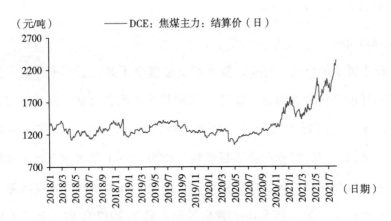

图4-6　DCE：焦煤主力收盘价

资料来源：Mysteel钢联数据。

（二）焦煤库存分析

1. 炼焦煤库存情况分析

根据Mysteel调研的全国焦煤总库存来看，2018—2020年焦钢企业焦煤库存整体维持高位，尤其2020年企业效益较好，存煤量也比往年有所上升（见图4-7）。而

2021 年国内经济稳定恢复，钢焦产业链产品整体需求旺盛，而国内煤矿产量缩减、进口量下降等因素导致炼焦煤供应明显下滑，长时间阶段性的高价煤使得实质性流通市场可交易量减少，整体市场炼焦煤库存低于往年，尤其自 6 月开始下滑十分明显。

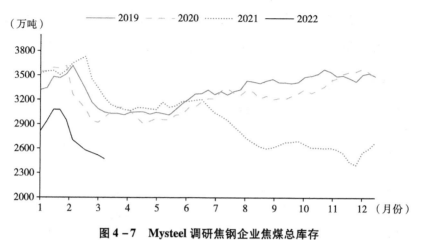

图 4 - 7　Mysteel 调研焦钢企业焦煤总库存

资料来源：Mysteel 钢联数据。

2. 钢厂焦化焦煤库存分析

根据 Mysteel 调研的钢厂焦化企业焦煤库存情况来看，2021 年整体厂内焦煤库存变化差异比较明显。上半年库存整体处于偏高水平，多数为长协资源发运，采购较为稳定；下半年炼焦煤供需问题逐步爆发（见图 4 - 8），钢厂焦化炼焦煤库存出现明显下滑。2021 年 12 月底 Mysteel 调研全国样本钢厂焦化焦煤库存为 991.88 万吨，较年初减 202.08 万吨（见图 4 - 8），平均可用天数 16.69 天，同比去年减 1.94 天。

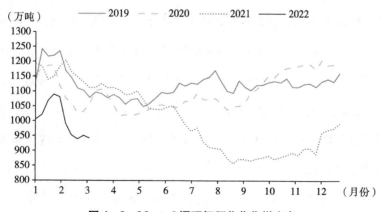

图 4 - 8　Mysteel 调研钢厂焦化焦煤库存

资料来源：Mysteel 钢联数据。

3. 独立焦化焦煤库存分析

根据 Mysteel 调研的独立焦化企业焦煤库存情况来看，截至 2021 年 12 月 31 日，中国全样本独立焦企炼焦煤总库存 1297.57 万吨，月环比增 139.83 万吨（见图 4 - 9）。11 月独立焦企焦煤库存持续下跌至 2018 年以来最低水平，在焦炭价格下跌带来炼焦煤下跌的同时，焦企采购较不积极，市场一度无成交，导致炼焦煤价格急剧下跌，焦企原料库存低位运行。

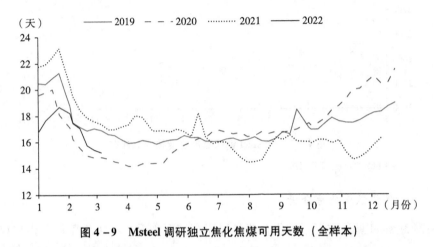

图 4 - 9　Msteel 调研独立焦化焦煤可用天数（全样本）

资料来源：Mysteel 钢联数据。

（三）焦煤进出口

1. 焦煤进口量

自 2020 年 10 月以来，在澳煤禁运政策作用下，澳大利亚煤炭持续零通关。2021 年 5 月，国家发展改革委声明宣布，将无限期暂停与澳联邦政府相关部门共同牵头的中澳战略经济对话机制下一切活动，再次从官方政策角度明确了澳煤进口限令。2021 年 1—9 月，我国累计进口炼焦煤 3504 万吨，同比大幅下降 41.1%，其中澳大利亚炼焦煤进口量已经完全归零（2020 年同期为 3358 万吨）。2021 年进口煤政策偏严，四季度已卸货澳煤通关放松，涉及约 600 万吨焦煤，10 月已通关 78 万吨（见图4 - 10）。

随着澳大利亚焦煤进口量的缩减，蒙古煤进口量呈逐年上升趋势。蒙古国焦煤主产地南戈壁省与我国内蒙古自治区接壤，自东向西有二连浩特、满都拉、甘其毛都、策克等四大焦煤通关口岸。蒙煤贸易三大环节：境外环节、口岸环节、境内环节。境外环节：原煤由 ETT 矿山产出至蒙古国查干哈达堆场环节，对蒙古国物流运输能力有着较高的考验，贸易难度大，仅少数公司有能力完成。口岸环节：由蒙古国查干哈达堆场通过中蒙边境海关至国内甘其毛都堆场环节，参与相对容易，目前市场有大小 40 余家公司。境内环节：由境内甘其毛都堆场至洗煤厂再至终端客户环节，门槛较低，但利润较前序环节低。

蒙煤物流及运输：绝大部分蒙五焦煤的物流环节为 ETT—甘其毛道—国内洗煤厂。境外环节：汽运。ETT 坑口至蒙古国查干哈达堆场，称为中盘运输。主要由蒙古国司机承运，管理难度大，准入门槛高。口岸环节：汽运。由蒙古国查干哈达堆场至我国境内甘其毛都堆场，称为短盘运输。途经海关需要排队，受季节性、疫情等因素影响，通关时间从三天到十九天乃至二十天不等。境内环节：从甘其毛都堆场至当地、内蒙古其他地区、其他省份洗煤厂，加工成精煤后再发送至终端用户。汽运、火运均有，与其他内贸煤物流环节相似。

而蒙古国炼焦煤由于煤质及跨区域调运等问题，难以对澳煤形成有效替代，且通关频繁受到其国内疫情扰动。国内炼焦煤进口规模明显收紧。2021 年蒙古煤 1—10 月进口量 1179 万吨，占总进口量的 30%。

若 2022 年疫情得以缓解，蒙煤通关量可能回升至 2000 万吨左右，但鉴于疫情的不可控性以及国内煤炭增产，需要调节进口平抑国内焦煤的供需平衡，蒙煤的增量也难回到 2020 年的高点，实际情况还需再观察。

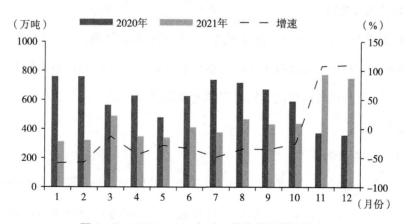

图 4-10　2020—2021 年进口炼焦煤数量及增速

资料来源：Mysteel 钢联数据。

2. 进口焦煤港口库存

2021 年国内主要港口进口焦煤库存较为平稳，目前政策未松动，全年澳煤受限，到港资源明显压减，仅仅有少数在港澳煤卸船通关。截至 2021 年 12 月底，Mysteel 调研沿海主流港口进口焦煤库存为 411 万吨，较年初增 125 万吨（见图 4－11）。

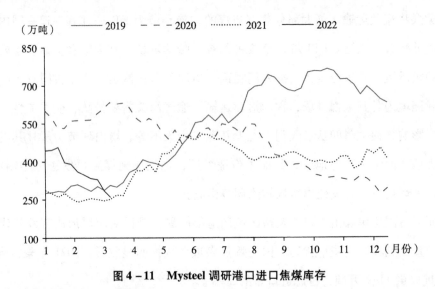

图 4－11 **Mysteel 调研港口进口焦煤库存**

资料来源：Mysteel 钢联数据。

（四）焦煤市场展望

1. 焦煤供需预测

展望 2022 年，在保供政策指导下焦煤供给或将环比回升，而进口煤资源是否回升仍取决于疫情和中澳关系改善情况，整体看低硫主焦煤资源仍较为稀缺，后期保供政策力度有逐步减弱的可能，同时伴随着电煤供给缓解，部分被侵占的配焦煤资源也将陆续释放。

2. 焦煤价格预测

需求仍处于低位，下游采购谨慎，焦煤转入阶段性宽松。预计宽松环境持续至2022 年二季度，若 2022 年上半年保供政策退出，同时地产资金改善，钢焦产量回升，焦煤可能阶段性触底反弹。

二、焦炭

（一）焦炭供需分析

根据 Mysteel 调研数据，2020 年，全国焦炭产量 4.66 亿吨。近年来，随着焦化行业供给侧改革的稳步推进，4.3 米焦炉的陆续淘汰、置换，落后、无效焦化产能逐步减少，大焦炉、顶装焦、干熄焦逐步增多，有效焦化产能也持续上升。整体来看，2021 年随着焦化产能的逐步投放，焦炭产量也呈现上升趋势。分省市来看，山西、河北为产焦大省，焦炭年产量达 7000 万吨以上，山东、内蒙古焦炭年产量在 3000 万吨级别以上，山西产量全国居首，2020 年，山西的焦炭产量占全国总产量的 24.7%。国家统计局最新数据显示，2021 年 1—6 月全国焦炭产量为 23709 万吨，比 2020 年同期减少 3.2%（见图 4 - 12）。2021 年焦化产能进入净新增时代，据我公司调研，2021 年上半年已淘汰焦化产能 1311 万吨，新增 3326 万吨，净新增 2015 万吨，测算下来 2021 年上半年炼焦煤需求净新增 2680 万吨。从我公司调研的全样本独立焦化样本开工来看，2021 年上半年焦化开工处于高位，基本高于前三年同期水平。3 月受环保限产影响，焦企开工下降。6 月山东省印发《2021 年全省焦化产能和产量压减工作方案》，以及 6 月底河北多数地区以及山西吕梁地区结焦时间延长至 48 小时，导致 6 月底焦企开工大幅下降。7 月开局焦、钢企业大幅限产，多数于 7 月 2 日左右复产，整个 7 月生产相对平稳，直至 7 月底山西临汾、吕梁等地限产再次增对，孝义地区新增产能手续检查导致新焦炉闷炉、限产严重，焦炭受此支撑再次反弹，现货持续上涨，直至 9 月中旬焦炭转稳。国庆前后虽出现提涨、提降现象，但均未落地，焦炭持续稳定局面至 10 月下旬，炼焦煤价格在焦企补库需求刺激下再次反弹，支撑焦炭价格出现提涨，但下游钢厂限产下三次提涨均未落地，到 2022 年 1 月钢厂复产后，焦炭提涨得以落地。

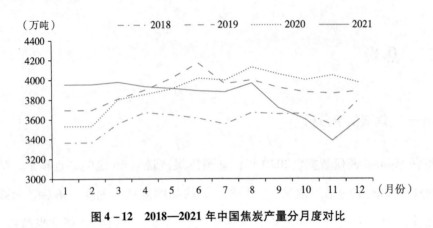

图 4 - 12　2018—2021 年中国焦炭产量分月度对比

资料来源：Mysteel 钢联数据。

（二）焦炭价格分析

1. 焦炭价格走势分析

2021 年上半年焦炭市场波动较大，焦炭价格出现大幅波动，焦炭价格走出了"过山车"的行情。根据 Mysteel 焦炭价格指数，2021 年 10 月 19 日焦炭指数为 4073.1，同比上涨 106.6%，2021 年 1—10 月焦炭指数均值为 2797，同比上涨 54.27%（见图 4 - 13）。从数据上看，焦炭价格大幅高于去年同期。焦炭价格总体处于高位的主要原因：一是 2021 年上半年随着统筹疫情防控和经济社会发展成果持续巩固，市场需求稳定恢复，我国经济运行稳中加固、稳中向好，生产需求扩大，市场活力提升，大宗商品价格普遍出现上涨。二是由于环保限产政策的扰动，加之新投产焦炉进度不及预期，整体上焦炭处于供需紧平衡的状态，焦炭价格及利润都处于较高水平。

具体来看，2021 年 1—2 月焦炭价格延续年前上涨趋势，3 月由于前期新焦炉陆续投产，加之唐山地区高炉限产严格，需求骤减，焦炭价格从高位快速下跌，4 月钢材市场大幅上涨，且由于环保、能耗政策影响，山西等地焦化厂开工下降，同时新焦炉有闷炉及延迟出焦情况，焦炭供应减少，而下游钢厂需求缓慢回升，到了 5 月底，由于钢材价格快速回落加之焦炭供应情况好转，焦炭价格出现颓势，价格小幅下跌。而 6 月焦炭价格在下跌一轮后，焦炭价格趋于稳定，局部地区焦炭价格又重新上涨一轮。7 月焦炭价格先抑后扬，月初由于焦钢短期限产严格落实，结束后整体焦炭社会库存上升、钢材价格下调，同时还面临钢厂限产增多，焦炭承压下调 120 元/吨，个别钢厂由于 6 月底多接涨一轮，更是连调 2 轮 120 元/吨，焦炭盘面也是接连下跌，整体市场情绪不高。进入 7 月中旬后，钢厂限产，需求逐步转稳，但供应端焦企限产反而逐步增多，主要在山西吕梁、临汾等地区，焦炭盘面率先反弹，整体市场情绪好转，焦炭现货持续上涨，直至 9 月中旬焦炭转稳，国庆前后虽出现提涨、提降现象，但均未落地，焦炭持续稳定局面至 10 月下旬，提降行为再次出现，但是伴随钢厂限产加剧、钢材价格下跌，自 11 月 3 日起，焦炭首轮 200 元/吨下调落地，并快速下调至第八轮，累计 1600 元/吨。但快速下调的焦炭价格、库存的高价煤，使得多数焦企出现大幅亏损现象，高价库存直到 11 月底才消耗结束，焦企盈利得以修复，而焦炭提涨在 2022 年 1 月钢厂复产支撑下，焦炭连涨 3 轮累计 500 元/吨。

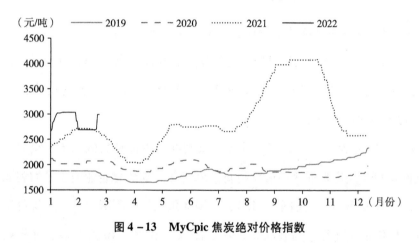

图 4 - 13　MyCpic 焦炭绝对价格指数

资料来源：Mysteel 钢联数据。

2. 焦炭期货运行分析

类似于现货行情，期货同样迎来了历史高位。随着去产能、高需求等利好因素逐步显现，盘面价格在 2021 年 5 月起便出现逐步上涨，一路涨至 4550 元/吨左右。以焦炭主力合约为例，2021 年全年最低点为 2096.5 元/吨，最高点为 4550 元/吨，相对年内低点振幅为 117%（见图 4 - 14）。

3. 独立焦企利润

根据 Mysteel 调研数据来看，目前焦企配煤比中低硫主焦煤和贫瘦煤的占比多数在 50% 上下，且这两种煤在生产过程中也有相互代替的作用。在山西的焦企中配煤主要考虑的因素有：（1）就近原则，自有煤矿及本地煤矿多作为骨架煤使用；（2）生

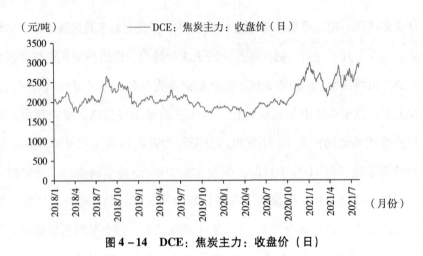

图 4－14　DCE：焦炭主力：收盘价（日）

资料来源：Mysteel 钢联数据。

产焦炭的品质，由于近两年焦炉置换、关小上大，新焦炉多为 6 米、7 米以上的顶装焦炉，为保证焦炭质量，主焦煤的占比就变成了硬性需求；（3）2021 年由于焦煤、动力煤的独特行情，近期有些气煤供应缩减，致使配煤比中主焦煤的占比小幅上升 2%，气煤的占比小幅下滑 2%。

再从利润角度来看，2021 年上半年焦炭利润呈现前高后低趋势，年初由于焦炭 15 轮连涨使得焦企迎来近两年最高利润，2021 年独立焦化企业吨焦平均利润最高点为 2 月 5 日 1002 元/吨（见图 4－15），后期随焦煤价格不断上升、焦炭价格涨跌轮现，独立焦化企业吨焦平均利润为 8 月 6 日 283 元/吨，10 月焦炭、炼焦煤价格暴跌，焦企高价库存煤使得盈利状况出现大幅亏损，直至 11 月底库存煤消耗结束后，焦企盈利才恢复到微利水平，2022 年 1 月焦炭提涨落地后，利润虽有短期回升，但无法长期保留，仍将会被焦煤涨价、成本上升快速吸收。

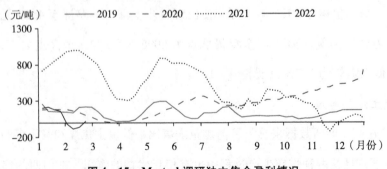

图 4－15　Mysteel 调研独立焦企盈利情况

资料来源：Mysteel 钢联数据。

（二） 焦炭开工及库存分析

1. 焦化企业开工分析

从 2021 年全年开工对比来看，下半年开工明显低于上半年整体水平，首先是二季度由于焦炭转弱、多地环保限产、山东焦化产能产量压减等，开工出现大幅下滑，直至 5 月焦炭转强、焦企利润回升，开工才又出现明显回升，7 月初焦企短期大幅限产、7 月底山西再次环保限产、四季度采暖季限产，全年开工持续低位，直到 11 月底炼焦煤价格下调后，焦企利润得到小幅回升。Mysteel 检测数据显示，2021 年 Mysteel 调研中国全样本独立焦化企业平均产能利用率为 81.74%，较 2020 年度平均值下降 1.31%（见图 4 – 16）。

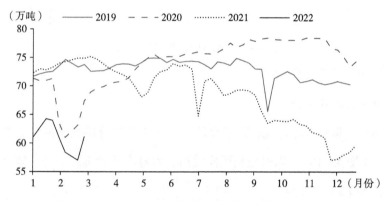

图 4 – 16　Mysteel：全样本独立焦化企业焦炭日均产量

资料来源：Mysteel 钢联数据。

2. 焦化企业库存分析

2021 年焦炭库存处于相对低位水平，除 3—4 月唐山钢厂严格限产导致焦炭库存阶段性累积以外，焦炭库存总体上处于下降的过程，这也从侧面反映焦炭供应偏紧，2021 年全样本独立焦化企业焦炭库存最高点为 4 月 2 日 196.42 万吨。焦炭低库存对焦炭价格有较强的支撑，可以看到，大幅低于 2020 年同期的焦炭库存对应大幅高于 2020 年同期的焦炭价格，2021 年全样本独立焦化企业焦炭库存为 8 月 6 日 65.46 万吨。在低库存的状态下，焦企提涨信心相对较足，同时下游钢厂提降也相对谨慎，焦炭价格总体处于较高位。进入 7 月后，月初由于焦、钢企业的大范围短期停产闷炉、复产节奏差，使得钢厂库存出现小幅回升，到中下旬后山西焦企限产增多，整体焦炭社会库存又持续下滑，现货上涨、库存持续下滑，整体焦炭供需呈现紧平衡状态，持续到国庆期间，山西、河北等地受自然灾害影响，汽运、火运受限，焦炭库存出现积累，同时整体钢厂限产加剧，焦炭供需再次微妙变动（见图4-17）。

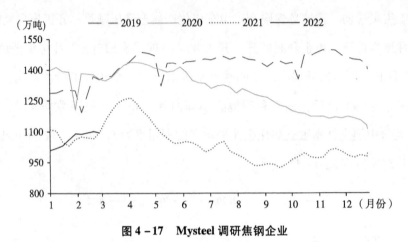

图 4 - 17 Mysteel 调研焦钢企业

资料来源：Mysteel 钢联数据。

3. 港口焦炭库存分析

2021 年港口焦炭库存呈现震荡下滑趋势，全年焦炭价格处于高位，贸易商囤货风险提升（见图4-18），同时焦炭供应收缩，贸易商买货难度上升，整体港口库存下滑至相对低位。

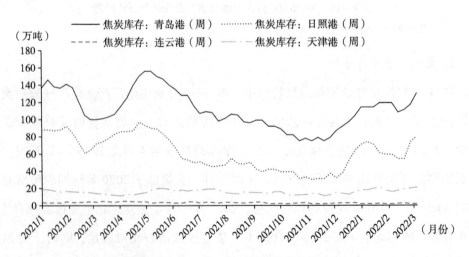

图 4 - 18 Mysteel 调研主流港口焦炭库存

资料来源：Mysteel 钢联数据。

（三）焦炭出口

根据海关数据统计，2021 年 1—12 月累计出口焦炭及半焦炭共 645 万吨，同比下降 85%。焦炭出口上升的原因主要是出现国内外价差，当中国焦炭价格并不具有价格优势时，焦炭出口自然出现下滑。进入 2022 年后，3 月再次出现出口机会，国际焦炭价格大幅拉涨，出口利润明显，当月出口量明显提升（见图 4 - 19）。

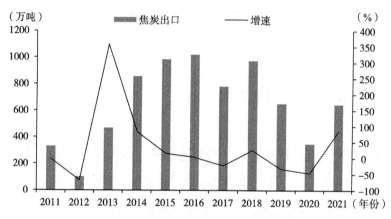

图 4 - 19　2011—2021 年中国焦炭出口情况

资料来源：Mysteel 钢联数据。

（四）2022 年市场展望

综合来看，焦炭市场全年维持供需双降格局，但是受压减粗钢产量影响，需求降幅会远远大于供应降幅，导致整体供应趋向宽松。在进出口方面，由于海外疫情得到一定缓解后需求回暖，焦炭出口会继续有好转，同时进口焦炭可能会减少。总体来看，预计 2022 年焦炭产能是逐渐释放并转向宽松的局面，由于自身的供需趋向宽松，整体焦化行业利润处于低位；预计焦炭价格全年震荡幅度收窄，价格重心下移。

炼焦煤市场随着高炉、焦炉大型化，高粘结性煤配比提高，对高粘结性煤需求进一步增大。预计 2022 年在保供政策指导下炼焦煤供给或将环比回升，而进口煤资源是否回升仍取决于疫情和中澳关系改善情况。从整体看，低硫主焦煤、肥煤资源仍较为稀缺，预计整体上呈现前高后低的走势，波动幅度放缓。伴随着电煤供给缓解，部分被挤占的配焦煤资源也将陆续释放。配焦煤供应更为宽松，如气煤、贫瘦煤、低粘结瘦煤价格将会逐步回归往年正常略偏高水平。

（撰稿人：上海钢联电子商务股份有限公司研究员　张洋洋）

第三节　铁矿石

一、全球铁矿石供应情况概览

2021 年铁矿石价格冲高回落，年均价 158.81 美元/吨，同比上涨 50 美元。最高点触及 233.7 美元/吨，最低点跌至 86.85 美元/吨，年度价格震荡区间 146.85 美元/吨，震荡区间同为历史之最。2021 年在全球宽松货币政策刺激下，商品泡沫显现，大宗商品价格屡创新高。上半年铁矿石价格指数在供需紧平衡及品种结构性矛盾的带动下，大幅上涨；下半年，中国铁矿石需求大幅回落，但是铁矿石供应还未适应铁矿石价格的回落速度，导致整个下半年铁矿石供应大幅过剩，绝对价格下移。

（一）供应情况

1. 2021 全球矿山产量及发运同比均有较大增幅

2021 年全球铁矿石发运总量 16.1 亿吨，同比增加 4365.9 万吨，增量主要来自巴西，巴西全年发运总量 3.54 亿吨，同比增加 1554.7 万吨，这主要得益于巴西上半年降雨情况较往年乐观，且疫情得到有效控制，矿山生产和港口作业效率提高。在中国的高矿价刺激下，2021 年上半年巴西发运量高达 1.66 亿吨，同比增加 2049.3 万吨。澳大利亚全年发运量 9.18 亿吨，同比小幅回落 398 万吨，全年发运节奏基本与上年一致（见表 4-4）。

除澳大利亚、巴西以外铁矿石非主流国家发运量 3.37 亿吨，同比增加 3209.4 万吨。全球新增矿山产能计划投产集中在三、四季度，但受中国下半年铁矿石价格跌幅较大影响，部分小矿山品种价格濒临成本线，投产及生产节奏放缓。其中南非铁矿石发运量6829.2万吨，同比增加929.6万吨。印度铁矿石发运量6947.6万吨，同比增加963.9万吨（见表4-4）。值得注意的是，在疫情反复和下半年印度矿价低迷的双重影响下，下半年发运量持续低位，增量主要来源于上半年的积极发运。

表4-4　全球铁矿石发运量

单位：百万吨

发货国家	2020年	2021年	同比变化
澳大利亚	922.6	918.7	-4.0
巴西	339.1	354.6	15.5
印度	59.8	69.5	9.6
南非	59.0	68.3	9.3
加拿大	47.9	48.0	0.1
乌克兰	35.9	29.9	-5.9
马来西亚	19.8	30.9	11.1
挪威	20.0	19.5	-0.5
秘鲁	12.6	17.0	4.5
毛里塔尼亚	13.2	13.3	0.1
智利	10.9	13.7	2.8
莫桑比克	4.4	6.6	2.2
墨西哥	4.1	5.2	1.1
瑞典	3.0	3.2	0.2
菲律宾	6.0	0.2	-5.8
新西兰	3.0	2.7	-0.3
利比里亚	2.4	2.4	0.0
俄罗斯	1.6	1.7	0.1
委内瑞拉	0.7	2.6	1.9
越南	0.5	0.9	0.3
印度尼西亚	0.4	0.7	0.2
塞拉利昂	0.0	1.0	1.0
日本	0.0	0.1	0.1
总计	1566.9	1610.7	43.6

资料来源：Mysteel钢联数据。

2021 年全球铁矿石矿山产量总量 24.4 亿吨，同比增加 9000 万吨，增量主要来自巴西，巴西全年矿山产量总量 4.03 亿吨，同比增加 3110 万吨。澳大利亚全年矿山产量 9.21 亿吨，同比小幅回落 970 万吨，全年发运趋势保持一致。除澳大利亚、巴西以外铁矿石非主流国家产量 8.4 亿吨，同比增加 7460 万吨。中国铁矿石产量 2.73 亿吨，同步减少 600 万吨。

表 4-5　全球矿山产量

单位：百万吨

矿山所在国家	2020 年	2021 年	同比变化
澳大利亚	931.1	921.4	-9.7
巴西	372.6	403.6	31.0
毛里塔尼亚	10.0	10.0	0.0
秘鲁	15.0	17.5	2.5
南非	60.5	68.4	7.9
智利	12.0	12.0	0.0
俄罗斯	99.0	101.4	2.4
瑞典	27.1	26.7	-0.4
塞拉利昂	1.0	2.5	1.5
乌克兰	79.4	83.8	4.4
加拿大	59.6	58.4	-1.2
墨西哥	15.2	14.7	-0.6
利比里亚	5.1	4.3	-0.8
波斯尼亚	1.4	1.6	0.2
哈萨克斯坦	21.6	28.0	6.4
美国	38.3	48.0	9.7
印度	199.5	237.0	37.5
伊朗	48.0	50.0	2.0
马来西亚	54.2	55.0	0.8
蒙古国	9.2	9.6	0.4
其他国家	13.4	15.4	2.0
中国	279.1	273.1	-6.0
总计	2352.3	2442.4	90.0

资料来源：Mysteel 钢联数据。

2. 澳大利亚、巴西铁矿石供应情况概述

Mysteel 统计 2021 年澳大利亚、巴西铁矿石发运量共计 12.72 亿吨，较 2020 年增加 1156.7 万吨。其中澳大利亚全年累计发运 9.18 亿吨，减少 398 万吨；巴西全年累计发运 3.54 亿吨，增加 1554.7 万吨。

分矿山来看，力拓 2021 年全年累计发运 3.31 亿吨，较 2020 年减少 1087 万吨（见图 4－20）；BHP 2021 年全年累计发运 2.89 亿吨，同比减少 503 万吨（见图 4－21）；FMG 2021 年全年累计发运 1.79 亿吨，同比增加 426 万吨（见图 4－22）；VALE 2021 年全年累计发运 2.73 亿吨，同比增加 355 万吨（见图 4－23）。

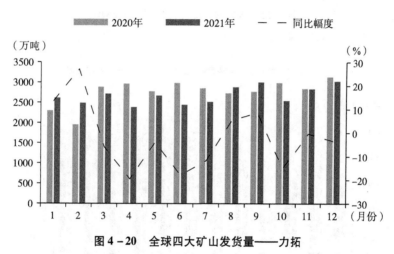

图 4－20　全球四大矿山发货量——力拓

资料来源：Mysteel 钢联数据。

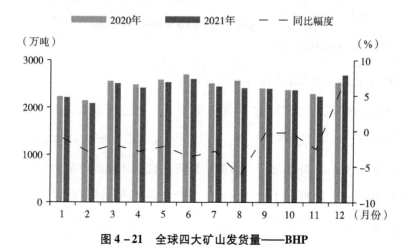

图 4－21　全球四大矿山发货量——BHP

资料来源：Mysteel 钢联数据。

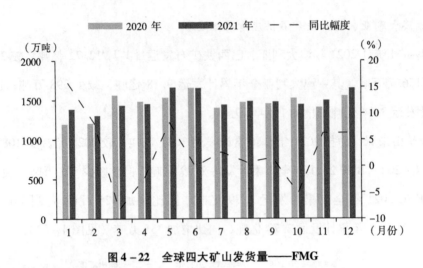

图 4 - 22 全球四大矿山发货量——FMG

资料来源：Mysteel 钢联数据。

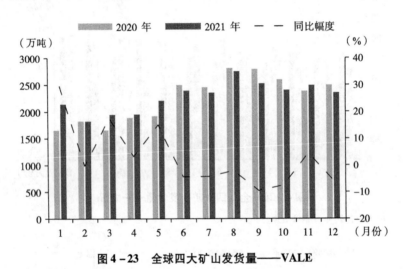

图 4 - 23 全球四大矿山发货量——VALE

资料来源：Mysteel 钢联数据。

3. 中国铁矿石供应在政策性影响下回升有限

据国家统计局统计，全国原矿产量 9.81 亿吨，同比增幅 13.15%。2021 年铁矿石均价大幅上涨，各地矿山积极生产，尤其是河北等中小矿山数量集中地区，往年高成本停产矿企多于 2020 年复产，但由于矿石品位低，原矿产量大幅增加，铁精矿产量增幅受限，另外 2020 年山东、山西、河北等地矿山事故干扰矿山生产节奏，整体铁精矿产量增幅较小（见图 4 - 24）。

据 Mysteel 同口径统计，全国 332 家矿山企业，2021 年国产铁精粉产量 2.63 亿吨，同比 2020 年降 765 万吨，全口径全国铁精矿产量 2.85 亿吨，同比增加 600 万吨，增幅2.19%（见图4-25）。

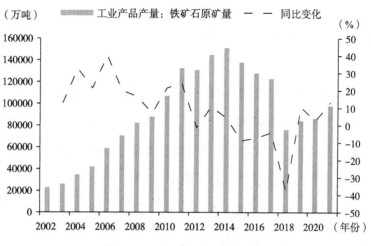

图4-24 中国铁矿石原矿产量

资料来源：国家统计局。

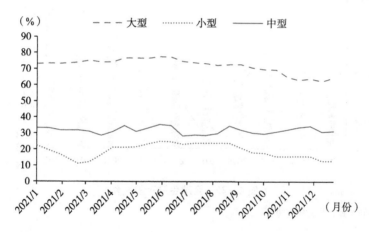

图4-25 全国126家矿山企业（266座矿山）分规模产能利用率

资料来源：Mysteel。

（二）铁矿石需求情况

1. 全球铁矿石需求分析

根据世界钢协数据统计，2019—2020年全球生铁产量整体呈现上升趋势，增量主要来自中国，2020年全球生铁产量同比微增0.8%，中国生铁产量增6.4%。2020年全球高炉生铁产量主要来自中国，这是因为2020年初，中国最先受到疫情影响，并且在疫情得到迅速控制之后随即出台一系列经济刺激政策，下游建筑行业、制造业钢铁需求大幅增加，从而刺激了供应端产量的增加，而海外钢材需求显著下降，钢铁生产端同样受阻。2020年，除中国以外的国家和地区生铁产量4.1亿吨，同比下降9.6%（见图4-26）。

2021年，全球经济整体复苏，海外经济复苏整体滞后于中国，与2020年不同的是，2021年全球经济的复苏重心在中国以外的国家和地区。因此，2021年海外钢铁需求在疫情后大幅增长，推动供应端钢铁产能释放。此外，2021年中国实行了限产政策，生铁产量首次同比下降。2021前10个月，中国生铁产量7.2亿吨，同比下降3.8%；中国以外的国家和地区生铁产量3.82亿，同比增长13%，Mysteel预计2021年全年生铁生产量达到4.8亿吨。

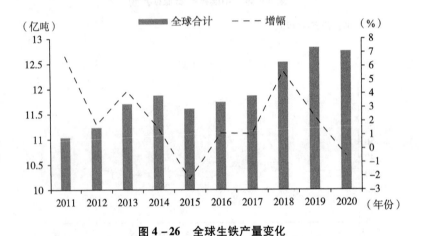

图4-26 全球生铁产量变化

资料来源：世界钢铁协会。

2. 中国铁矿石需求分析

2020年全国生铁产量全年86856.8万吨，同比下降2.39%（见图4-27）。2021年铁水产量下降主要原因是粗钢压产、能耗双控、采暖季限产等一系列限产措施，核心离不开碳达峰、碳中和下的环保措施。

从区域上看，2021年产量减量主要在华北地区，而除东北、华南和西南区域外，其他区域均以下降为主。首先，河北地区在全年限产的基础上，十二月限产影响进一步扩大；其次，目前各地区受限产影响产量基本都未能恢复到限产之前，尤其是河北、山东、山西、江苏、甘肃、新疆，累计未能恢复产量约43万吨/天。

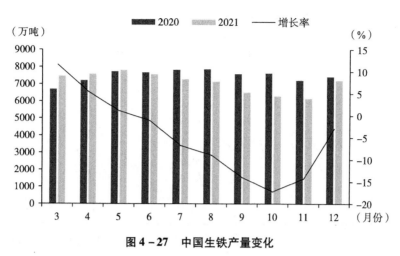

图 4 - 27　中国生铁产量变化

资料来源：国家统计局。

我国铁矿石进口量近几年一直维持在 10 亿吨以上。2016 年开始增长率明显放缓，2018 年铁矿进口量出现负增长，2020 年全国铁矿石进口量 11.7 亿吨（见图 4 - 28），同比增加 9.3%，2021 年受国内压产政策影响，进口铁矿石量对比 2020 年回落 3.85%。2017 年我国对进口矿的需求达到峰值至 82.2%，随后逐年下降。随着国家政策对国产矿开发的支持以及国内钢厂对国产矿需求的增加，预计未来对进口矿依存度会持续逐年降低。

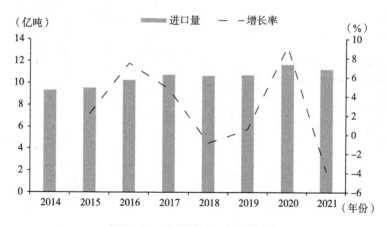

图 4 - 28　中国铁矿石进口量变化

资料来源：海关总署。

据 Mysteel 统计，2021 年中国 45 港口日均疏港量均值 288.29 万吨，同比 2020 年增加 18.79 万吨，涨幅 6.12%（见图 4 - 29）。2021 年疏港量总体偏低，回落明显，钢厂需求减量，铁矿疏港量也因此下降。

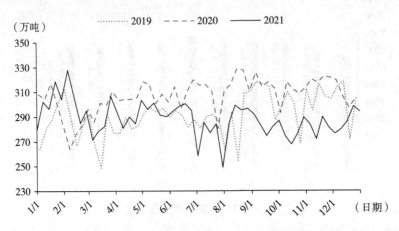

图 4 - 29　全国 45 港口铁矿石日均疏港量

资料来源：Mysteel 钢联数据。

据 Mysteel 统计，45 港口 2021 年铁矿石库存整体呈现出累库趋势，上半年铁矿石库存在 1.2 亿~1.3 亿吨间波动（见图 4 - 30），下半年随着钢厂需求的回落及港口到港持续性高位，港口铁矿石库存开始连续回升。在库存结构方面，巴西发运到港高位，加上持续的限产影响，高品巴西矿需求不如澳洲矿，因此 2021 年巴西矿库存增幅整体高于澳洲矿。

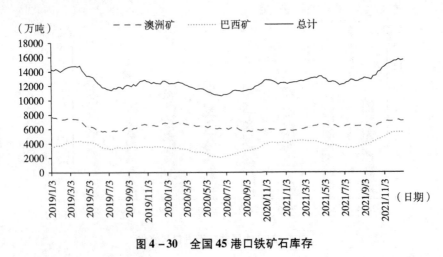

图 4 - 30　全国 45 港口铁矿石库存

资料来源：Mysteel 钢联数据。

在入炉配比方面，烧结矿入炉配比逐年减少，2021 年末低于近三年均值线 0.43%；球团入炉配比逐年增加，全年入炉比例均值在 16.52% 的高位上；块矿高炉配比四季度增加明显，至年末增至 12.63% 的高位（见图 4 – 31）。

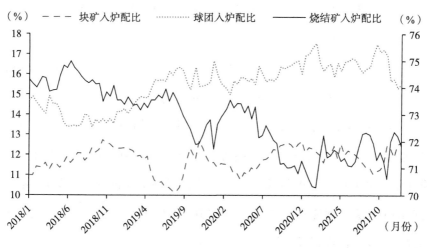

图 4 – 31　64 家钢厂高炉配比

资料来源：Mysteel 钢联数据。

二、全球铁矿石价格走势分析

（一）2020 年铁矿石价格走势

Mysteel 62% 澳粉指数 2021 全年均价为 158.81 美元，较 2020 年上涨 50.31 美元（见图 4 – 32）。全年最高点是在 5 月中旬时的 233.7 美元/吨，最低点为 11 月下旬的 86.85 美元/吨，较 2020 年最高点 176.05 美元和最低点 79.9 美元的高低点价差持续扩大。全年价格运行可分为三个阶段：

第一阶段为 1 月至 4 月，铁矿石价格在 149.55 ~ 191.1 美元/吨波动，前期在碳达峰、碳中和以及压减钢铁产量的消息传出后，市场情绪受到压制；后期在限产加严政策以及整体铁矿需求薄弱的带动下，矿价下行。而随着采暖季结束，在唐山限产政策的放松、需求放量的刺激下，矿价回暖。

第二阶段为 5 月至 7 月，在全球货币政策宽松的环境下，全球钢铁行业走向历史巅峰，钢厂利润大幅扩张，铁矿的品种结构也向着高品位调整，矿价一周内达到历史最高 233.7 美元/吨。矿价的高位像一把双刃剑，在给市场带来巨大流动性的同时，也让上下游行业受到了不少压力，此时国家进行相关调控，矿价随即回到正常水平。该阶段后期在供弱需强的局面中，叠加品种结构性矛盾的激化，矿价震荡上行。

第三阶段在 8 月至 12 月，各地区上半年粗钢产量严重超标，为响应年初压减产能的政策，各地方相继出台减控任务，需求一时间紧缩，市场上流出钢厂长协资源，矿价跌至 2021 年底部。10 月虽然在各种钢厂复产、下游开工等消息面的刺激下，矿价又冲刺到 128.45 美元/吨，但在采暖季在即、年终任务验收等压力下，钢厂频出检修计划，铁水跌至历史新低，矿价随即再度创下新低 86.85 美元/吨。年关将近，复产的消息又再度传来，在 12 月气候适宜的境况下，下游赶工积极，随着复产预期的逐步兑现，矿价缓慢上行。

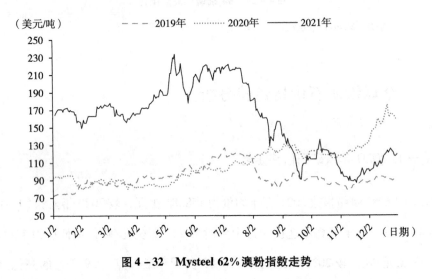

图 4 – 32　Mysteel 62%澳粉指数走势

资料来源：Mysteel 钢联数据。

（二）2020 年铁矿石品种价格走势

2021 年 65% 球团溢价最高值为 77.05 美元/干吨（见图 4 – 33），最低点为 37.1 美元/干吨，全年均值为 53.95 美元/干吨。2021 年球团溢价在下半年波动加剧，9 月上旬达到全年低点，随后开始持续性反弹至 77.05 美元/干吨的最高点。上半年球团溢价震荡向上，因受国内矿山安全事故影响，国内造球因原料受限而导致球团产出有限，进口球团价格坚挺，溢价波动上行；而下半年随着压产的深入进行，高品矿石需求回落，球团市场冷清，溢价高位回落，但因球团基本面偏差，对其价格底部存在支撑，溢价再度回升。

（美元/干吨）

图 4-33 Mysteel 65%球团溢价走势
资料来源：Mysteel 钢联数据。

2021 年 PB 粉与超特粉价差最高值为 456 元/吨，最低点为 170 元/吨，全年均值为 294.94 元/吨（见图 4-34）。2021 年中低品价差较 2019—2020 年相比有所扩大，2021 春节后钢厂利润不断增加，为保证稳定高效的生产，钢厂在配料上更倾向于主流的中高品粉矿，导致中低品价差持续扩张至历史高位。但由于年度内铁矿价格高企，交割利润收缩，低品一度保持最优交割品低位，这也使得市场上低品粉矿交投活跃度提升，中低品价差出现收缩。

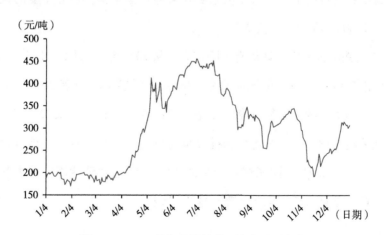

（元/吨）

图 4-34 PB 粉与超特粉港口现货价差走势
资料来源：Mysteel 钢联数据。

三、2022 年铁矿石市场展望

展望 2022 年，大型矿山产能见顶，继续增产空间实际有限，中小矿山的运营情况成为价格变动下供应端的最大不确定性。考虑到供应与价格的相互关系，我们对全球的铁矿石供应也做了两种假设。

（1）均价在 90 美元：产量预计增加 5077 万吨。从增量构成来看，以巴西、加拿大、印度等国家增量为主，其他国家和地区变动较小。折算到中国的供应量预计同比减 2500 万左右（见表 4-6）。

（2）均价在 70 美元：产量预计同比下降 404 万吨。折算到中国的供应量预计同比减 7400 万左右。

对国产矿方面，同样进行了两种假设。

（1）矿价均值预计在 90 美元时，国内铁精粉产量增加 600 万吨至 2.79 亿吨，其中将近 400 万吨由山东、山西经历过停产的矿山复产贡献，山东预计在上半年、山西预计在下半年同比会出现较大增量，另外 200 万吨由如辽宁本溪思山岭等新投产矿山以及山东等部分被收购后复建复产矿山贡献（见表 4-7）。

（2）矿价均值预计在 70 美元时，原矿新增的产能难以弥补产能灭失形成的缺口，加上铁矿石均价的下移，低品位原矿开采将大幅减少，预计年度的铁精粉产量同比将减少 1000 万吨。

2022 年的铁矿石需求预计仍有下降空间。从 2021 年 10 月 13 日工业和信息化部办公厅、生态环境部办公厅发布的《关于开展京津冀及周边地区 2021—2022 年采暖季钢铁行业错峰生产的通知》了解到，在 2022 年 1 月 1 日至 2022 年 3 月 15 日期间，以削减采暖季增加的大气污染物排放量为目标，原则上各有关地区钢铁企业错峰生产比例不低于 2021 年同期粗钢产量的 30%。考虑到碳达峰、碳中和是未来几年的发展目标，预计 2022 年的生铁产量难以恢复至往年高位，或将出现 0.5% ~ 2% 的降幅。

表 4 - 6　全球矿山产量预估

单位：万吨

矿山	2021 年	2022 年 E
澳大利亚	921.4	920.4
巴西	403.6	410.9
毛里塔尼亚	10.0	10.0
秘鲁	17.5	18.4
南非	68.4	67.5
智利	12.0	12.0
俄罗斯	101.4	100.4
瑞典	26.7	27.0
塞拉利昂	2.5	4.2
乌克兰	83.8	84.8
加拿大	58.4	62.3
墨西哥	14.7	15.2
利比里亚	4.3	5.1
波斯尼亚	1.6	1.4
哈萨克斯坦	28.0	28.2
美国	48.0	48.0
印度	237.0	257.0
伊朗	50.0	50.0
中国	273.1	279.1
马来西亚	55.0	55.0
蒙古国	9.6	9.6
其他国家	15.4	15.4
全球总计	2442.4	2481.8

资料来源：Mysteel 钢联数据。

表 4 - 7　中国高炉产能变化

单位：万吨

年产能	2020 年	2021 年	2022 年 E
新增	3584	4806	5113
淘汰	4167.5	5907	5788

续　表

年产能	2020 年	2021 年	2022 年 E
净新增	−583.5	−1101	−675

资料来源：Mysteel 钢联数据。

综合而言，2022 年铁矿石供应维持稳增目标方向不变，五大矿山高产能利用率下的生产风险以及矿石价格跌至 70 美元之后的产量波动是 2022 年供应端的主旋律。全球铁矿石需求地域分化明显，海外各国铁矿石需求仍有增量空间，尤其是新兴东南亚等国的铁矿石需求潜力较大，相反中国在高炉产能压减的大目标以及国内铁矿石自给率的要求下，对于铁矿石需求和节奏的影响更是重点。综合预计 2022 年铁矿石市场供需博弈加剧，市场波动也会更加剧烈（见表 4 - 8）。

表 4 - 8　全球铁矿石供需

单位：万吨

年份	铁矿石供应变化	铁矿石消耗量变化	供需差
2022 年 E（＄70）	−560	1803	−2363
2022 年 E（＄90）	5650	1803	3847

资料来源：Mysteel 钢联数据。

（撰稿人：上海钢联电子商务股份有限公司研究员　肖薇）

第四节　钢铁

一、钢铁市场概览

在全球经济复苏、货币宽松背景下，2021 年国内钢铁市场供需矛盾与政策调控因素交织，国内钢铁产业链波动明显，钢材价格单月涨幅、跌幅更是达到 1500 元/吨，历史罕见。2021 年上半年，钢材和铁矿石等大宗原材料价格快速上涨，并于 5 月创历史新高，之后在国家保供稳价以及需求侧调控政策下，价格快速回落；2021 年下半年，粗钢压减、房地产需求下滑等因素对钢铁供需影响较大，钢材市场进入供需两弱格局，钢价震荡盘整。

国家统计局数据显示，2021 年全年生铁产量 8.7 亿吨，同比下降 4.3%；粗钢产量 10.3 亿吨，同比下降 3.0%；钢材产量 13.2 亿吨，同比增加 0.6%；钢材出口 6691 万吨，同比增加 24.6%，连续 4 年下降后转升，钢材进口也同时下降 29.5% 至 1427 万吨；粗钢表观消费 9.94 亿吨，同比下降 4.3%。

2021 年国内钢材价格呈现冲高回落走势，并于 5 月创出历史新高 6634 元/吨，价格重心为 5414 元/吨，较 2020 年同比上涨 36%。截至 2021 年 12 月 31 日，国内钢材综合价格报 4970 元/吨，较 2020 年末上涨 6%。

二、我国钢铁生产情况

（一）我国钢材产量变化

1. 生铁产量变化

在粗钢产量平控、能耗双控、国内房地产行业需求下滑等因素影响下，我国生铁产量自供给侧结构性改革以来首次出现负增长。国家统计局数据显示，2021 年我国生铁产量 8.7 亿吨，较 2020 年下降 4.3%（见图 4 - 35）。

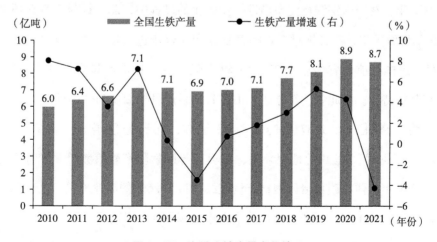

图 4 - 35　中国生铁产量变化情况

资料来源：国家统计局。

2. 粗钢产量与钢材产量变化

上海钢联统计数据显示，2021 年国内 247 家高炉开工率年均值为 85.5%，较 2020 年下降 4.4 个百分点。国家统计局数据显示，2021 年我国粗钢产量由增转降，全年粗钢产量 10.3 亿吨，同比下降 3.0%；但钢材产量 13.4 亿吨，同比增加 0.6%，继续保持小幅增长（见图 4 - 36）。

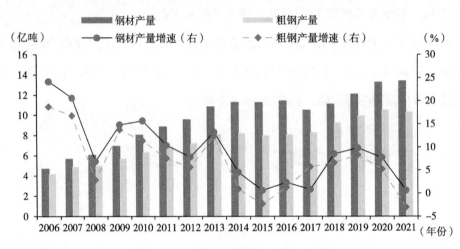

图 4 - 36　中国粗钢与钢材产量变化情况

资料来源：国家统计局、Mysteel 钢联数据。

（二） 主要省市钢材产量变化情况

2021 年，在国内钢铁行业布局进一步优化的过程中，北方钢材产量在环保等因素制约下继续下降，南方钢材产量随着置换产能逐步进入实产阶段保持增长。2021 年钢材产量排行前十省份较 2020 年小幅变化，前十省份产量合计 9.46 亿吨，与 2020 年基本持平。河北省、江苏省、山东省钢材产量依旧位列全国前三，2021 年产量分别为 2.96 亿吨、1.57 亿吨和 1.07 亿吨，同比分别增长 - 5.6%、4.6%、- 5.3%，尤其是河北唐山等地因环保、冬奥运等因素限产政策频繁，产量下滑幅度较大。2021 年广西壮族自治区钢材产量继续保持 11.6% 的高速增长，已经超过广东省钢材产量。2021 年钢材产量排行前十省市（见图 4 - 37）。

2021 年国内钢铁产出在政策、需求下滑等因素扰动下，较好实现了全年产量平控的目标。2022 年国内钢铁行业面临碳中和、碳达峰的任务，且俄乌冲突也给全球

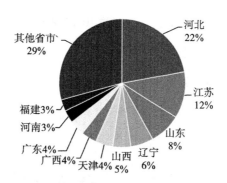

图4-37　2021年中国钢材产量排行前十的省市占比情况

资料来源：国家统计局、Mysteel钢联数据。

经济的持续复苏带来影响，不利于我国制造业的出口，在此情况下，我国钢铁产出或继续维持减量发展。

三、我国钢材进出口情况

（一）我国钢材进出口变化及主要进出口国家和地区

2021年由于海外钢材价格涨幅巨大，如美国热卷价格一度突破2100美元/吨，欧洲热卷也接近1400美元/吨，大幅高于国内钢材价格，导致我国钢材出口较2020年明显增加，而进口方面因下半年国内需求下滑明显出现萎缩。2021年全年我国钢材出口6691万吨，同比增加24.6%，连续4年下降后转升；钢材进口下降29.5%至1427万吨；净出口5205万吨，同比增加56%（见图4-38）。

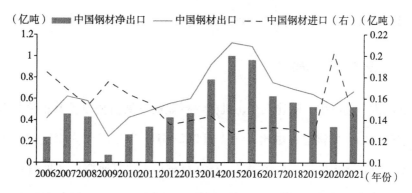

图4-38　2021年中国钢材进出口情况

资料来源：钢联数据。

从出口国家和地区来看，2021年我国前10钢材出口国家和地区较2020年变化不大，东盟、中东地区和韩国依然为主要出口地区，其中土耳其、智利、秘鲁再度回升至我国前10钢材出口国家和地区，提升较为明显（见图4-39）。

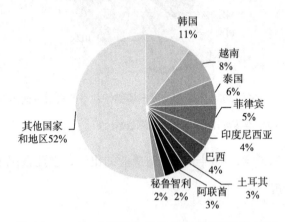

图4-39 2021中国排名前10钢材出口国家和地区

资料来源：钢联数据。

当前出口至韩国、越南的钢材总量仍然居于第一位和第二位，且出口韩国钢材占总出口量的比重较2020年提高1个百分点至11%。2021年我国钢材出口韩国711万吨，同比增长27%，占我国钢材总出口量比重提高至11%；出口越南、泰国分别为564万吨、379万吨，同比增长26.5%、3.9%。

2021年我国进口钢材主要来自日本、韩国、印度三个国家和中国台湾地区，四者进口量占我国钢材进口总量的73%，较2020年提高3个百分点。2021年我国自韩国进口钢材321万吨，同比下降37%；自日本进口钢材466万吨，同比下降2.8%。其中，日本再度成为我国钢材最大进口国。

（二）主要进出口品种

在我国进口钢材中，随着汽车、机械等行业的发展需要以及其他诸如高强板等特钢需求的增加，板材进口占比最大，但2021年上半年因国内棒线材价格涨幅较快，韩国、日本等地区价格优势明显，棒线材进口占比有所增长（见图4-40）。

2021年我国板材进口1000万吨，同比下降37.8%，而棒线材进口347万吨，同比增长8.1%，其他品种如管材、角型材基本持平（见图4-40）。

图 4 – 40　中国 2021 年钢材进口品种结构占比

资料来源：钢联数据。

2021 年在整体钢材出口增加的情况，板材增量最为明显，共计出口 4509 万吨，占钢材出口比重提升至 67.4%，棒线材 3273 万吨，同比增长 37.8%（见图 4 – 41）。

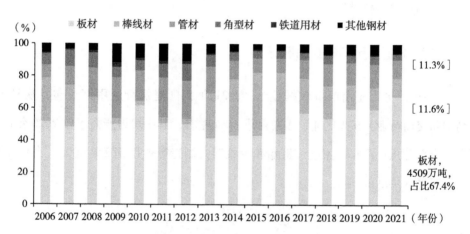

图 4 – 41　中国 2006—2021 年钢材出口品种结构占比

资料来源：钢联数据。

四、我国钢铁消费情况

（一）粗钢表观消费变化情况

自 2016 年钢铁行业供给侧结构性改革逐步深入以来，国家统计局口径内的我国粗钢表观消费增速逐年提高，且在 2020 年财政政策及货币政策刺激下达到阶段性高点。2021年国内钢铁消费因房地产调控加严，累及整体钢材消费。2021年国家统计局口径粗钢表观消费9.94亿吨，同比下降4.3%（图4-42）。

图4-42 中国粗钢表观消费量变化情况

资料来源：钢联数据。

（二）分行业用钢量变化情况

据Mysteel分行业用钢量数据显示，2021年我国建筑行业用钢（包括房地产、钢结构和交通行业）6.2亿吨，占总需求60%左右，其中房地产需求较2020年占比下滑2个百分点；汽车、家电、造船和机械四大制造行业用钢2.4亿吨，占比24%左右（见图4-43）。

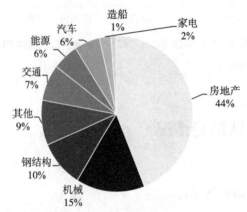

图4-43 分行业钢铁消费占比情况

资料来源：钢联数据。

2022 年随着美联储加息，俄乌冲突等影响，国内整体钢材消费将有所下降。分行业来看，房地产调控政策持续加严，难言乐观；在跨周期调节背景下，基建投资有望发力，拉动钢材消费；造船行业景气度虽然下降，但存量订单较高，仍能保持较高增长；汽车产销随着芯片问题环节，将得到恢复性增长；家电与工程机械消费回落。

五、我国钢材价格情况

（一）钢材现货市场价格

2021 年国内钢材价格呈现冲高回落走势，并于 5 月创出历史新高 6634 元/吨，随即快速回落。2021 年国内钢材价格重心为 5414 元/吨，较 2020 年同比上涨 36%。截至 2021 年 12 月 31 日，国内钢材综合价格报 4970 元/吨，较 2020 年末上涨 6%（见图 4 - 44）。

图 4 - 44　中国钢材价格走势情况

资料来源：钢联数据。

分品种来看，2021 年热卷、中厚板、镀锌均价涨幅分别为 39%、38%、35.4%，而螺纹钢、线材均价涨幅为 34% 左右。就年末价格而言，截至 12 月 31 日，热轧、中厚板、镀锌价格指数 4777 元/吨、5039 元/吨、5819 元/吨，较 2020 年末上涨 3.9%、10.9%、-7.9%；螺纹钢和线材同比分别上涨 7.9% 和 9.3% 至 4750

元/吨和 5089 元/吨；型材同比上涨 12.7% 至 5025 元/吨。

考虑到 2022 年全球货币紧缩，经济发展周期从滞涨转为衰退，国内钢铁继续维持减量发展，钢材价格重心或明显下移。

（二）钢材期货价格

2021 年螺纹钢期货价格在货币宽松、供需阶段性矛盾、政策管控等多重因素影响下波动极为剧烈。尤其是 5 月，期货价格在连续拉涨后随着政策管控又快速回落，月内波动幅度历史罕见。5 月 12 日，国内螺纹钢期货价格达到 6035 元/吨，创上市以来新高。截至 12 月 31 日，螺纹钢主力为 4550 元/吨，较年初上涨 8%（见图 4 – 45）。

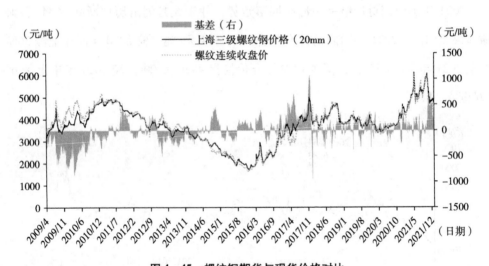

图 4 – 45　螺纹钢期货与现货价格对比

资料来源：钢联数据。

2021 年一季度在需求快速恢复、铁矿石等原材料成本提升下，期货价格持续上涨；二季度随着政策引导，尤其是在国家发展改革委、工业和信息化部等部委对钢价过快上涨提出保供稳价措施后，期货价格快速回落；三、四季度在粗钢产量平控、房地产需求下滑等多种因素交织下，期货价格以震荡为主。

热卷期货价格趋势与螺纹钢一致，在 5 月 12 日创上市以来价格新高后持续震荡回落（见图 4 – 46）。

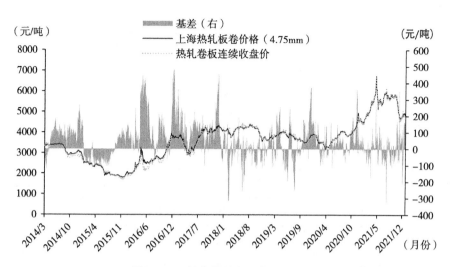

图 4-46　热卷期货与现货价格对比

资料来源：钢联数据。

六、中国钢铁供需平衡分析

2021 年我国钢铁供需两端受政策影响较大。在"双碳"目标下，工业和信息化部部长于 2020 年末提出，2021 年全国粗钢产量要实现同比下降。从 2021 年 3 月开始，钢铁主产区河北唐山进入常态化限产状态，全国性粗钢产量压减工作于 7 月启动，并且在能耗双控背景下，部分省市钢铁企业出现大范围停减产。为了配合粗钢压减工作，在保供稳价的要求下，主要下游房地产行业遭遇空前调控，房企融资和居民按揭贷款全面收紧，房地产行业进入寒冬，新开工和施工受到明显影响，从而导致用钢需求下降。整体来看，2021 年全国粗钢产量为 10.32 亿吨，同比下降 3198 万吨或 3%；全国粗钢表观消费为 9.93 亿吨，同比下降 5464 万吨或 5.2%（见表 4-9）。

表 4-9　中国粗钢平衡计算

单位：万吨

年份	粗钢产量	钢材出口	钢材进口	钢坯出口	钢坯进口	粗钢表观消费
2018 年	92826	6934	1317	1	105	87117
2019 年	99634	6435	1230	3	306	94550
2020 年	106477	5368	2023	2	1833	104847

续 表

年份	粗钢产量	钢材出口	钢材进口	钢坯出口	钢坯进口	粗钢表观消费
2021 年	103279	6691	1427	4	1372	99383
绝对量变化						
2018 年	9654	−610	−13	1	57	10327
2019 年	6808	−498	−86	2	200	7433
2020 年	6843	−1067	793	−1	1528	10297
2021 年	−3198	1323	−596	2	−461	−5464
增速变化						
2018 年	11.6%	−8.1%	−1.0%	123.3%	116.4%	13.4%
2019 年	7.3%	−7.2%	−6.6%	113.3%	189.7%	8.5%
2020 年	6.9%	−16.6%	64.5%	−42.4%	499.9%	10.9%
2021 年	−3.0%	24.7%	−29.5%	100.0%	−25.2%	−5.2%

资料来源：Mysteel 研究中心。

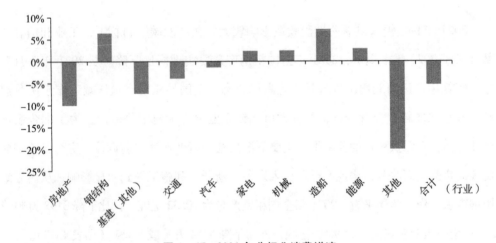

图 4-47　2021 年分行业消费增速

资料来源：Mysteel 研究中心。

据 Mysteel 的下游行业用钢需求模型测算，2021 年国内钢材消费量明显下降，这与供需平衡表所推算的粗钢表观消费表现一致。分行业来看，房地产用钢大幅下降，是累及整体消费的主要行业，钢结构、家电、机械、造船和能源行业用钢有所增长（见图 4-47）。

七、2022 年钢铁产业格局展望

（一）双碳战略下，钢铁供给将继续减量

钢铁行业碳中和、碳达峰任务紧迫。2020 年，全球碳排放量预计约为 340 亿吨，我国占比约 28%。在众多行业中，钢铁行业碳排放占全国比重高达 18%。在 2030 年实现碳达峰，粗钢产量压减刻不容缓。

短期依靠技术进步实现降耗难度大。工业和信息化部发布《关于推动钢铁工业高质量发展的指导意见（征求意见稿）》重点指出，"十四五"钢铁能源消耗总量和强度均要下降 5% 以上，但"十三五"实际情况是，重点钢企综合能耗上升 11%，主要在于产量的上升，全国粗钢产量上升 32%，而重点钢企依赖技术进步使钢能耗下降 4.6%。因此，要实现能源消耗总量和强度均要下降 5% 以上，在产量略降的情况下，通过技术进步即可实现，但 2025 年以前通过技术普及实现全面降耗依然存在一定难度。

能源消费总量目标全部依靠减量实现可行性高。假设：①最低目标下降 5%，2021 年粗钢产量同比下降 3%（3197 万吨），2022—2025 年还有 2100 万吨余量；②目标下降 8%，2021 年粗钢产量同比下降 3%（3197 万吨），2022—2025 年还有 5300 万吨余量。预计 2022 年粗钢产量下降 1000 万~2000 万吨是比较合理的。

（二）海外需求走弱，钢材出口将呈现下降趋势

2022 年海外消费将走弱，影响我国钢材出口下滑。2022 年海外 GDP 增速将较 2021 年明显下滑，海外对耐用品消费需求将逐步下滑，进而对钢材间接消费造成影响。此外，随着海外经济持续复苏，其本国的生产供应链逐步恢复，海外钢铁产量将明显回升，导致其对钢材进口的依赖度有所下降。整体上看，海外钢材产量的回升以及耐用品消费的下降，将直接影响我国钢材的直接和间接出口。

不过，2022 年我国出口仍有一定韧性。主要原因有三：一是目前我国钢材价格较为低廉，在国际市场上具有较强的竞争力，尤其是欧美地区对俄罗斯制裁导致其

钢铁半成品及成品出口持续受阻，引起欧洲地区整体供应偏紧，在明显拉动土耳其、印度等主要钢材出口国价格的同时，也可能将部门订单转向我国。二是海外仍处于补库周期，海外补库需求旺盛将对钢材的需求有一定支撑。三是随着美国、欧洲基建计划的先后落地，2022年其对钢材的需求将有所回升。据统计，在美国新增基建计划中，有超2000亿项目内容对钢材存在直接的消费需求，将拉动全球的钢材消费需求，而中国作为全球最大的钢铁生产国，其基建计划的落实将在一定程度上支撑2022年我国的钢材出口贸易。

在"双碳"目标下，我国钢铁行业已经进入减量发展时代，叠加两次出口退税政策调整和存在加征关税的可能性，2022年出口下滑已是大势所趋，预计钢材直接出口将降至6000万吨以下。

（三）国内受房地产调控影响，2022年整体内需将有所下降

房地产：2021年下半年我国房地产调控政策持续加严，以达到"经济去地产化、地产去金融化"的目标。具体来看，国家对房地产的主要调控政策有二：一是2021年9月3日央行提出"房地产贷款集中度管理制度已进入常态化实施阶段"，反映未来地产融资将集中受到央行的监管，房企融资持续受限，或将影响2022年房企投资增速；二是2021年10月23日全国人大常务委员会授权国务院在部分地区开展房地产税改革试点工作，房产税的落地执行将提高居民的持房成本，削弱投机性购房需求，以达到"房住不炒"的目标。对于房企而言，在当前资金周转紧张以及未来新房销售前景偏差的背景下，2022年房地产新开工面积增速或将持续下滑。

虽然近期房地产调控政策有所放松，但从优化我国经济结构以及防范金融风险的角度来看，未来国家对地产的调控政策将继续坚定不移地执行下去，房地产调控将常态化。预计2022年房地产投资2.9%，新开工面积同比下降5%。

在跨周期调节背景下，2022年基建投资有望发力。首先从宏观角度来看，2021年专项债发放呈前低后高的态势，下半年专项债发放速度明显高于同期水平。据数据对比分析，专项债发放速度到实际形成用钢需求间存在3～6个月的时滞，结合政府提出要统筹规划，做好"跨周期调节"，且尽快形成实物工作量，预计2022年基建投资将明显回升。其次从目前政府的公开发声来看，2022年将是"新基建"的大

年，2022 年新基建投资额或达到 12000 亿元的水平，是 2022 年基建投资的重要支撑点，预计 2022 年基建投资增长 4.5%。

汽车：预计 2022 年我国汽车产销将得到恢复性增长。一方面，目前我国汽车保有量为 200 辆/千人（较 2019 年明显提升），参考美国、日本历史同阶段，汽车行业产量增速在 3%~5%，我国汽车消费尚未触顶，随着居民收入的提升以及加大"内循环"政策的利好，2022 年汽车消费仍有一定增长空间。另一方面，在"双碳"目标下，传统燃油车油耗积分压力巨大，新能源汽车对传统燃油车的替代需求迅速增长。不过，芯片厂复产虽然带动车用芯片有所增加，但全球新能源汽车销量火爆，芯片供应仍将紧张，将抑制 2022 年汽车产量增速。预计 2022 年汽车产量同比增长 4%~5%。

家电：短期海外市场已经趋于饱和，叠加海外财政补贴退坡、耐用品需求下滑对我国出口拉动作用减弱；国内受房地产调控影响，房屋销售大幅下滑，累及家电内需。随着房地产行业进入下行周期，国内家电行业需求将进入慢增长时代，或以存量竞争为主。预计 2022 年空调产量同比增长 2%，冰箱产量同比下降 3.5%，洗衣机产量同比增长 1.4%。

工程机械：预计 2022 年我国工程机械产销量同比下降。一是工程机械近年来保持高增长，目前工程机械保有量也超过了 800 万辆，作为工业耐用品，预计 2022 年增长乏力。二是房地产、基建行业在未来政策环境下，将进入中低速发展阶段，作为其下游的工程机械行业，未来增长动力不足。三是出口或高位回落，2021 年以来，工程机械出口市场表现较好，主要由于疫情后海外基建和房地产投资加快拉动需求。在 2021 年高基数水平上，预计 2022 年工程机械销量或同比大幅下滑。

造船和集装箱：2022 年造船行业和集装箱景气度有所回落，但依然处于相对高位。预计 2022 年我国新承接订单同比回落，但绝对值依然处于相对高位，造船完工量和手持订单量将大幅增长。原因在于：①全球疫情防控成为常态，将缓解检疫塞港对航运需求的紧张态势，另外，新船投入将增加部分运力。②BDI 指数大幅回落，船东利润收窄，下单积极性有所下降。③行业环保标准提升将带来部分新船需求，2023 年，新的国际环保公约生效，据测算，40% 的散货和油轮以及部分集装箱无法满足环保标准，替代需求依然维持相对高位。④美国对滞港的集装箱处以高额罚金，航运巨头达飞、马士基和赫伯罗特等开始冻结期货柜运价，集装箱周转加速，新增需求开始明显下滑。不过，由于新冠肺炎疫情新变种影响，2022 年上半年运力紧张和港口拥堵或难以完全解决，预计 2022 年集装箱产量将同比下滑 3～4 成左右，但较往年依然处于相对高位。

综合来看，从各个下游行业用钢消费来看，2020 年房地产行业新开工表现较弱，将明显累及用钢需求，基建在 2021 年低基数下或小幅增长，汽车芯片问题缓解，用钢将修复性增长，家电用钢仍有增长空间，工程机械景气度下降，造船行业在手持订单大增加持下，用钢需求将大增，2022 年整体钢材表观消费或维持负增长，预计减量为 700 万吨左右。

（四）2022 年钢铁原料端整体需求或下行

铁矿石或维持供需宽松局面，价格或运行于 70～160 美元/干吨。

为完成碳达峰目标，2022 年中国粗钢产量或继续压减状态，预计我国 2022 年生铁产量同比 2021 年或减少 1000 万吨，降幅约为 1.2%，而海外钢厂生产偏稳，铁矿石需求难有明显增量。

全球铁矿石供给继续保持增长。在供给方面，2022 年，必和必拓（BHP）和福蒂斯丘（FMG）生产目标高于 2021 年，淡水河谷（VALE）和力拓（RIO）较 2021 年基本持稳。此外，印度增产计划较强，或是 2022 年的主要增长点，预计 2022 年全球供应或增长 5100 万吨。但在全球铁矿需求同比或未有明显增量的情况下，四大矿山生产及发运或位处计划低位，而由于 2022 年矿价或回归正常范围内波动，因此非主流矿山发运或较 2021 年同比小幅减少，预计 2022 年我国铁矿石进口或为 11 亿吨，较 2021 年同比或减少约 2%。整体来看，2022 年全球铁矿石供应仍趋于宽松，铁矿石价格重心预计下降。在铁矿石供应相对宽松背景下，作为全球最大的铁矿石买方市场，资源将在很大程度上得到一定保障，我国铁矿石供应安全暂时无忧。2022 年远期 62% 澳粉价格或运行于 70～160 美元/吨。

值得一提的是，俄罗斯与乌克兰也是全球较大铁矿石出口国。2021 年，俄罗斯铁矿石出口量达 2530 万吨，占其产量的 23% 左右；乌克兰铁矿石出口 4436 万吨，占其产量的 57%。尽管如此，俄乌冲突带来的全球铁矿石出口量减量预计在 2000

万～4000 万吨左右，不足以引起全球铁矿石供应的明显偏紧，影响相对有限。

煤炭供应紧张将缓解，煤价重心下移。随着煤炭保供稳价工作的逐渐推进，内蒙古定点保供产能释放，以及陕西、山西核增产能释放。据国家统计局数据显示，2021 年 11—12 月，我国原煤产量均在 1200 万吨/日以上，创历史新高，其中内蒙古、山西、新疆等多省区煤炭产量均创近年来新高。此外，加大进口煤规模操作，稳固了冬季动力煤保供举措，煤价运行于限价上限。2022 年随着经济增速回落，工业生产增速将下降，用电需求增速放缓，而在保供稳价政策、安全检查加严以及疫情影响进口煤通关情况下，国内煤炭供应将跟随需求进行释放，整体煤炭较难出现供应严重短缺现象。

需注意目前政策重点在保供动力煤，而优质的焦煤主要依赖进口，澳煤进口存在不确定性，蒙煤受疫情干扰，2022 年上半年焦煤的供应恢复可能存在一定的时滞。但长期来看，在钢铁减量发展背景下，焦煤供需将逐步趋向宽松，价格存在高位回落的风险。

焦企成本下降，在需求走弱预期下，焦价重心下移。焦煤供应得到缓解，焦化行业原料问题得到解决，但在能耗双控背景下，焦化行业主产区受政策影响较大，焦炭产量将保持低位运行。而需求端，在"双碳"目标下，我国生铁产量仍有回落预期，247 家钢厂铁水产量或长期运行于 210 万～230 万吨/日，对焦炭需求明显减少。因此，在供需均弱以及成本回落下，焦炭库存或有所累库，焦价支撑弱，价格将呈现回落。

在钢铁减量政策下，废钢需求或将走弱。因电炉炼钢更符合碳中和、碳达峰要求，国务院印发《2030 年前碳达峰行动方案》，后期将加大力度推进废钢电炉工艺冶炼。由于 2022 年或持续执行"粗钢压减"政策，压减主要集中在长流程，废钢需求或有所增加，对废钢价格有所支撑。不过，原料价格的大幅回落以及钢价的走弱，预计 2022 年废钢价格或运行于 2200～2800 元/吨。

（五）预计 2022 年钢材价格重心将下移

展望 2022 年，全球经济增速将逐渐下滑，货币宽松政策逐渐退出，大宗商品价格总体承压。就钢铁行业而言，预计 2022 年全球钢铁消费增速将有所放缓，在国内

"双碳"目标下,钢铁减量发展,国内外钢铁消费继续呈现外增内降格局。从下游行业来看,制造业用钢表现强于建筑业。在原材料方面,在国内钢铁供需双降态势下,原材料面临供应过剩的风险,价格存在较大下行压力。截至 2022 年 2 月底,铁矿石港口库存已累积至 1.6 亿吨以上,煤矿焦煤库存快速增加。据了解,目前全球主流矿山 2022 年仍然保持增量计划,预计 2022 年铁矿石价格重心将下移至 90~100 美元/干吨,焦炭均价将跌至 2500 元/吨以下。

整体来看,预计 2022 年 Myspic 普钢绝对价格指数均价为 4700 元/吨左右,同比下跌 13% 左右,钢材利润合理区间在 300~500 元/吨。

(撰稿人:上海钢联电子商务股份有限公司研究员 宋小文、宋赛)

理论篇

第五章 大宗商品市场闪崩特征研究

——以原油期货为例

第一节 绪论

一、研究背景

闪电崩盘即"闪崩"（flash crash），是指在没有任何信息预警和征兆的前提下，金融市场指数或者个股价格在短时间内（通常是几分钟或者更短）大幅下降的现象。闪崩和传统崩盘相比，主要区别在于闪崩发生之快，常常令投资者及市场监管者来不及作出相应举措，同时由于反弹和传染速度极快使得闪崩的破坏力和攻击力远大于传统崩盘。2010年5月6日下午2：30至3：00，美国股市在短短半小时内发生了举世震惊的闪崩事件，被称为美股"5.6闪崩"。在短短的5分钟内，道琼斯指数和标普500等股票指数跌幅均超过5%，主要指数跌至当日的最低点。其中道琼斯指数创下有史以来单日最大跌幅，最大下跌达到998点（跌幅达9.2%）。

闪崩事件在历史上并不少见，在世界范围内，闪崩在外汇市场、股票市场、债券市场和商品期货市场都曾上演。2011年8月18日以及2013年4月17日，德国的DAX指数发生了影响较大、破坏力较强的闪崩；2011年5月，国际原油期货（包括布伦特原油和WTI原油在内）暴跌；2012年10月5日，印度国家证券交易所指数短时间内大幅下跌。在我国证券市场上也发生过闪崩，例如2010年11月12日以上证指数为代表等指数闪崩，以及最近两次也是破坏性较大的两次（2015年5月28日和6月26日），上证指数、深证成指以及创业板指数都在极短的时间内大幅下跌。由于全球金融市场分散性和开放性的不断提升，闪崩所造成的负面经济影响愈发显著。由闪崩带来的金融市场流动性的下降，使得投资者的交易成本大大增加，这严重打击了投资者信心，继而致使金融市场陷入恶性循环。

二、研究意义

原油是现代经济的血液，作为当今世界最重要的战略资源之一，其受到产能和国际政治等众多因素影响，因此原油价格十分不稳定，常常发生闪崩。2018年3月26日，INE原油期货在上海期货交易所旗下的上海国际能源交易中心正式挂牌上市交易。研究原油期货市场闪崩发生的原因及闪崩前后特征，寻找一个或多个有效监测闪崩的工具，提前识别闪崩风险，有利于国内原油期货市场的稳定繁荣。尤其在国内原油期货刚刚上市之际，对其闪崩的防范能有效减少不必要的异常波动从而为国内原油期货市场创造一个相对良好的交易环境。闪崩特征研究能为监管者提供有效的监管思路，从而构建稳定良好的市场秩序，这为我国取得原油定价权打下良好基础，为人民币国际化战略起到推动作用。再者，对于机构投资者及个人投资者而言，有效识别闪崩可以极大程度帮助其防范风险，减少不必要的损失。

目前国内对"闪崩"的研究不太充分，国外对于"闪崩"的研究主要集中于对闪崩的成因、监管措施两个角度进行总结和归纳。本章的目的在于探索闪崩的原因及其识别方法，对于监管措施仅仅给出一些相关的建议。

第二节　文献综述

一、金融泡沫崩溃理论文献综述

按照时间顺序，国内外学者对金融泡沫的理论研究大致可归纳为三个阶段。第一阶段从 1980 年前后开始，通过数理分析，学者们以理性预期理论为依托，建立各种理性泡沫的数学模型。例如，Blanchard 等（1982）以理性预期方程为基础，在套利均衡的条件下，建立一个动态预测模型，利用重复迭代求得理性泡沫解，并以此讨论金融泡沫的形成过程。然而理性泡沫的重要前提是假设投资者具有理性预期，这种假定在现实中并不一定成立。

第二阶段始于 1990 年左右，在这一阶段，基于行为金融学，学者们集中利用噪声交易者理论对金融泡沫进行讨论。最先建立噪声交易者模型的是 De Long 等（1990），他们利用该模型从微观行为角度试图解释股票基础价值相较于市场价格的持续偏离，研究表明由于噪音交易者信念的不可预期性，资产价格存在风险，从而导致泡沫形成，进而促成泡沫的崩溃。学者们在 De Long 等（1990）的基础上，以噪声交易者模型为原型，进行了扩展和修正，研究发现存在认知偏差的噪音交易者是金融市场泡沫产生的一个很重要的原因。Shiller（1990）提出股价波动与投资环境密不可分，而市场泡沫可能是由投资者之间的高度关注所引发。Topol（1991）建构了传染模型，该模型旨在描绘市场上投资者之间相互模仿的从众行为的传染现象，具体来说，投资者为避免失去赚钱机会而对其他投资者的行为不假思索就予以模仿。这种传染模型理论更多是从心理学和行为金融学的角度解释了股市泡沫形成与崩溃的机制。在前两个阶段，这些学者着重分析了崩盘的原因，但对崩盘的识别等更深入的研究并不多。

第三阶段研究结合了第二阶段中的行为金融理论和非线性动力学理论，利用物理学等理工类的模型理论对金融泡沫进行更为深入和广泛的研究，并提出了一些识别崩盘的手段和方法。最具有代表性的是 Sornette 等（1995）将股市崩盘和物理学中的材料断裂进行了类比，他们运用一阶对数周期性幂律模型分析 1987 年美国股市崩盘前的特征，其分析结果显示出在趋于崩盘的过程中该泡沫呈现出对数周期性振荡。随后 Sornette 等（1999）进一步研究了 21 个重要的泡沫，表明新兴市场的投机泡沫能够很好地为对数周期性幂律模型所反映，从而检验了泡沫与崩盘的理性预期模型的可行性和适用性。他们还系统地刻画了全球范围内 49 个股市的股价或股票指数在崩盘前的变化，发现超过半数案例（25 个）可以用对数周期性幂律（LPPL）模型进行诠释。除此之外，Sornette 等（2003）对 2002 年中国股市和房地产市场的反泡沫现象（反泡沫现象是指与崩盘完全相反的现象）进行了研究，发现中国股市当时存在反泡沫现象，中国股市及房地产市场之后确实出现了很长一段时间的繁荣，印证了 Sornette 等的观点。Sornette 等提出的对数周期性幂律（LPPL）模型以及以这一模型为原型衍生出的其他模型，成为度量崩盘的新方向和方法。

除此之外，有学者从其他角度解释了崩盘。Wang 等（2005）假设市场主导者的信念在一个二维的网络中传播，那些受主导者影响的人将被激活，并根据他们收到的所有信息来选择投资策略。由于共享信息，代理人不会独立行动并做出群体决定，这种现象称为羊群行为。这些集团决策可以对市场产生强烈影响，彻底改变供需平衡，从而影响价格。Cajueiro 等（2009）在研究东京证券交易所的股票闪崩时，提出羊群行为导致了市场极端出现。

博傻理论认为，泡沫是由长期乐观的市场参与者的行为驱动的，他们购买高估资产，期望以更高的价格将其卖给其他投机者。根据这一解释，只要市场参与者可以找到更多的投机者来支付高估的资产，泡沫就会继续存在。只有当更大的投机者为高估的资产支付最高价格并且再也找不到另一个买家以更高的价格支付它时，崩盘才会发生。Lei（2001）指出，市场上有一定概率存在愿意用极高的价格买进的"非理性"交易者。理性交易者可能以高于基本价值的价格进行购买，相信可以通过更高的价格转售来实现资本收益。因此，即使所有代理人都是理性的，当时间跨度的末端在未来足够远时，交易价格可能远高于其价值。然而，随着时间跨度的临近，在购买中实现资本收益的可能性下降，投机的动机减少，价格下降到基本价值，即闪崩发生。

Rangel（2011）发现，某些宏观经济数据的发布对市场的波动有提升作用，但该影响主要集中于反映通货膨胀的制造者价格指数（PPI）中。Sornette 等（2017）对全球范围内 40 个崩盘案例进行分析，在 29 个信贷信息可获取的案例中，采用信贷与 GDP 比值及其两年的增长率在崩盘前后五年的数据，若该比值在崩盘时达到峰值或者比较高的值，认为崩盘与信贷扩张有关，约一半（16 个）的崩盘案例是由信贷扩张即高杠杆造成的。

二、闪崩文献综述

诺贝尔经济学奖得主 Sharpe 等人（1964）提出了资产资本定价模型（CAPM 模型），按照该模型的描述，风险与收益率相关联，即认为在收益率相同的情况下，两个资产的风险情况也要相同。也就是说，如果两个资产的风险一定，则收益率较高的资产存在泡沫。波动率作为风险的一个非常重要的维度或者说量化风险的方法，在风险控制领域其重要性不言而喻。历史上的国内外学者对波动率的特征进行了长期全面的研究。Mandelbrot（1963）在研究价格变化规律的过程中，提出描述价格变化规律的模型——稳定帕累托模型。Mandelbrot 最先发现波动率聚集现象，并对其作了相应描述，即大波动一般跟随大波动，小波动伴随着小波动而生。Engle（1982）对波动率进行拆分，即认为当期波动率与往期波动率密切相关，用 MLE 方法对参数进行估计，并用英国通货膨胀率数据对该理论进行了验证。Bollerslev（1986）根据 ARCH 模型，提出了广义的 ARCH 模型即 GARCH 模型，在拟合实际波动率数据方面，该模型有更出色的表现。不少学者认为，闪崩来临前夕波动率会放大，但是事实真的如此吗？Sornette 等（2017）对全球范围内 40 个著名的崩盘案例作了分析，这些案例包括了股票指数、单一股票、交易所交易基金（ETF）、商品期货和汇率等。研究了闪崩之前波动率的变化情况，波动率实证数据多采用历史已实现波动率（RV），隐含波动率可被获取时则采用隐含波动率（IV）。从 40 个案例来看，有 2/3 的案例在闪崩前夕波动率没有增加，反而持续保持在较低的水平甚至走低。由此可见，波动率并不是预测崩盘的良好指标。

波动率是衡量风险的重要维度，在识别闪崩方面，其有效性微乎其微。有学者从微观市场结构及市场参与者角度对闪崩进行了相关研究。Easley 和 Madhavan 等一些学者认为并非是外力所导致的，他们认为闪崩是金融市场发展的内生化的结果（Easley et al，2014；Madhavan，2012）。关于导致"闪崩"发生的原因，以高频交易为主的市场参与者和市场结构是大部分学者研究的主要出发点。

关于高频交易，业内并没有一个严格的定义，不同的机构与监管者有其不同的理解。简单来说就是一种交易频率很高的交易，凭借自动化算法的速度优势，在极短的时间内不断进行买卖挂单，从而赚取其中微小的价差（Kirileko et al, 2011）。大量研究结果显示，高频交易在很大程度上表现为市场流动性的提供者，与此同时它也为市场带来了系统性的闪崩危机。Fagiolo 等（2014）在研究中模拟了不同交易频率的行为对市场产生的影响，结果表明，高频交易会持续扩大价差，使得流动性降低，从而诱发价格波动，进一步导致暴跌的发生。Kirilenko 等（2011）研究发现，当证券市场卖方压力较大时，高频交易者手中的存货会被视为烫手山芋（Hot Potato），此时高频交易者与高频交易者之间或者其与卖方之间的价格竞争会使得流动性成本增加，从而导致价格大幅下跌，崩盘风险随之产生，虽然高频交易没有直接触发闪崩，但也是让市场变得更加脆弱的重要因素。Zhang（2010）认为在市场平稳时，高频交易会加速市场价格波动，但不会使价格在方向性上有任何改变，然而一旦市场压力增加，高频交易者便会转化为流动性需求者，使得价格加速下跌。Vuorenmma 和 Wang（2014）以代理模型为基础，模拟了当闪崩发生时高频交易的具体特征，结果表明高频交易除了能使市场波动剧增，还能在流动性有较大缺口的情况下使得价格瞬间崩塌。当然，并非所有学者均认为高频交易是引起或者加剧闪崩的根本原因。Mossa（2015）认为无论是高频交易者或是低频交易者，他们的交易策略都应当被监管机构重视，然而 Lee 等（2011）认为当大部分交易者基于对市场的一致解读而表现出相同的交易策略行为时，就会引起价格的异常波动。

截至目前，学者们就高频交易是否引起或加剧闪崩仍未达成共识，这主要是因为算法交易策略存在非公开性以及超高频数据获取存在限制。相信随着技术水平的不断发展，对于高频交易的研究会更加深入，从而能够揭示其对闪崩的本质影响。

美股"5.6闪崩"当日，E - mini S&P500 期货从 2：30p. m. 到 2：45p. m 下跌了 5%。与闪崩发生前的几个交易日相比，闪崩发生前几小时表现是较为异常的，闪崩来临前夕交易量呈现出高且不均衡的特征，而流动性也非常低（Easley, 2010）。Easley 等（2011）还研究了高频交易者转变为流动性需求者的动因，结果表明交易毒性是导致这一转变的重要因素。交易毒性是指做市商没有意识到知情交易者倾向于进行单向交易的交易风险而成为其交易对手，造成市场流动性缺失。而一旦交易毒性大于一定临界值，高频交易者为规避知情交易者逆向选择所带来的损失，会在最短时间内清空头寸，因而致使价格在极短时间内崩盘。同时，Easley 提出了一种监测流动性的 VPIN 指标。结论表明闪崩更好地被理解为由于结构特征而产生的流动性事件，Bethel 等（2011）也验证了该指标用于预测闪崩的可行性。

而与 Bethel 等（2011）不同，Andersen 和 Bondarenko（2014）并不认可 VPIN 值预测闪崩的有效性。他们重构了 VPIN 实时预测指标后发现该值能否预测市场压力取决于交易模式，同时，交易量时间选择上的主观性会导致噪声的增大。而当某段交易量时间内存在高强度的交易时，VPIN 指标能很好地预测闪崩。对于 Andersen 和 Bondarenko 的质疑，Easley 等（2014）认为 Andersen 和 Bondarenko 所采用的 VPIN 测算方法并不是他们倡导的，因此测算结果不足以还原真实的交易环境，他们依然认为 VPIN 方法是有效的。

Madhavan（2012）先测算出美国股票交易分散程度的各项指标，然后系统分析对股价暴跌的影响，分析结果显示，股票价格对流动性冲击的敏感程度与股票交易的分散程度成正比。具体来说，如果分散程度高，那么单个交易场所的深度相应会小，市场不稳定时股票所受到的冲击会变大，价格崩盘的风险随之增高。在此基础上，Madhavan 还分析了影响市场分散程度的各项因素。结果显示，市场分散程度与跨市扫架订单（Intermarket Sweep Order）显著正相关。Madhavan（2012）以股票交易数量以及成交价格分别作为基础，计算出股票市场的 HHI，他发现赫尔达尔 – 赫尔曼指数（HHI）在闪崩发生时出现异常高值。此外，Bethel 等（2011）分析了美股"5.6 闪崩"前后各项指标的变动，认为 HHI 可以被视为有效预测闪崩的指标。同时 Madhavan（2012）认为 HHI 和 VPIN 指标都是提示闪崩信号强有力的工具。

Aldrich 等（2016）同样对美股"5.6 闪崩"的原因作了相应分析，认为单一交易商 Navinder Sarao 的非法欺骗行为对市场价格几乎没有影响，而流动性减弱导致了此次闪崩事件。

James Paulin 等（2019）是第一个尝试用限价订单驱动的影响来解释闪崩时金融资产系统性风险的传染渠道。Paulin 设计、实现了一个基于代理的混合模型，该模型通过算法交易者的限价指令对内生价格产生影响，描述了在闪崩传播过程中可用于监管干预的时间窗口，验证了在未来的研究中考虑非均匀资产配置的重要性，结果表明事前预防可能比事后反应更有效。

三、闪崩特征和识别方法文献综述

Easley（1996）等首先提出用于估计知情交易概率（PIN）的 EKOP 模型，以此为原型，Easley、Hvidkjaer 和 O'Hara（2002）又提出了 EHO 模型。两种模型均假设买入和卖出的到达率不变，交易日条件的持续概率不变。在 EKOP 和 EHO 假设中，交易日有三种不同的状态：无消息、好消息和坏消息。知情交易的概率是使用买入和卖出订单的每日汇总来估算的，其中买入和卖出服从独立泊松过程，静态模型区分不知情交易者和知情交易者的交易强度。在 EKOP 模型的假设中，不知情的买卖双方以相同的强度参与着市场。然而，EHO 模型放宽了这一假设，并且每天不知情交易者的买方和卖方的期望是唯一的。

PIN 作为一种计量手段广泛用于众多实证研究中。Henry（2006）调查了卖空交易和基于信息的交易之间的关系，Brockman 和 Chung（2008）分析了投资者保护、逆向选择和 PIN 之间的关系。Zhou 和 Lai（2009）研究证明了知情交易的概率影响羊群行为。Aslan 等（2011）使用 PIN 研究微观结构、会计和资产定价的联系，并试图用此方法判断哪些公司具有较高的风险。另外，有的学者将知情交易概率与流动性度量联系起来（Duarte，2009；Li，2009）。Lei 等（2005）和 Chung 等（2003）认为知情交易概率与买卖价差存在相关性。

EKOP 模型的特点是对数据要求比较高，估计模型需要每个股票和每个交易日的买入和卖出的交易数量。然而，EKOP 模型的一个缺点是，虽然估算过程很简单，但在实际估算时经常会遇到数值问题。特别是在交易数据较大时，参数估计过程中可能会遇到计算上溢或下溢（浮点异常）导致无法求得最优解。Easley、Hvidkjaer 和 O'Hara（2010）提出了一种更有效的似然函数表达式，减少了过度下溢错误的发生。由 Lin 和 Ke（2011）提出的似然函数可以处理每日买入和卖出交易量非常大的数据，并提高评估的速度和准确性。此外，Lin 和 Ke（2011）通过模拟显示，Easley、Hvidkjaer 和 O'Hara（2010）的模型若基于大量的每日买入和卖出数据，可能对知情交易概率的估计出现偏差。

Yan 和 Zhang（2012），Gan、Chun 和 Johnstone（2015）以及 Ersan 等（2016）

研究了静态 PIN 模型中最优化初始值的生成。Yan 和 Zhang（2012）建立了一种提供多组初始值的方法，尽管该方法很简单，但较耗时。Gan、Chun 和 Johnstone（2015）以及 Ersan 等（2016）提出利用分层凝聚聚类（HAC）来确定模型参数的初始值。

刘文文等（2019）研究了沪深 300 股指期货市场的动态知情交易概率 DPIN（动态知情者交易概率）对收益率以及波动率的预测性，并将其与日间频率下被广泛接受的交易量知情交易概率 VPIN 进行比较分析，进一步过滤趋势追逐和处置效应，对动态知情交易概率 DPIN 进行修正，验证了各种 DPIN 指标对于收益率和波动性水平的预测效果。另外，刘文文等（2019）的研究表明 VPIN 指标对于收益率而言不具有预测能力。但是对于波动率来说，DPIN 和 VPIN 指标都具有很好的预测效果并且 DPIN 可以作为市场中的风险监管指标，DPIN 和 VPIN 可以反映高频市场的价格变化并为监管者提供一个新的监管思路。

Serhat Yildiz et. al（2019）研究了同步概率指标（VPIN）作为风险管理工具对美国股市流动性的预测效果。研究表明，VPIN 的变化在事前通过逆向选择提供了美国股票市场流动性变化、流动性提供者收益和流动性需求者损失信息，即 VPIN 可能是股票市场流动性恶化的事前预警信号，他们还发现 VPIN 的变化与股票预期回报率波动性正相关。Serhat Yildiz et. al（2019）指出，相对于低成交量股票，高成交量和中成交量股票的 VPIN 更低，说明低成交量股票的流动性更弱。

第三节　国内外原油期货市场概述

原油是一种极为重要的大宗商品，有现代工业的血液之称，其价格的波动会造成包括产业上下游价格乃至通胀的波动。出于控制成本和库存保值等需求，原油期货应运而生。随着原油期货市场的发展，与原油相关的衍生品品种越来越多，交易量也呈现上升趋势，这使得原油期货成为一个成熟的风险管理工具。表 5-1 为我国原油期货合约与目前最具影响力的两大期货合约的对比情况。

表 5-1 国内原油期货与 WTI 及布伦特原油期货的合约参数对比

上市机构	上海国际能源交易中心	纽约商品交易所	洲际交易所
交易品种	中质含硫原油	低硫轻质原油（WTI）	布伦特原油（Brent）
交易代码	SC	CL	OI
交易单位	1000 桶/手	1000 桶/手	1000 桶（或 42000 加仑）
报价单位	元（人民币）/桶（交易报价为不含税价格）	美元/桶	美元/桶
最小变动价位	0.1 元（人民币）/桶	0.01 美元/桶	0.01 美元/桶
涨跌停板幅度	不超过上一交易日结算价 ±4%	涨跌幅为上一交易日结算价 ±5 美元/桶，达到后暂停 2 分钟，按 5 美元/桶的层级分四级逐级调升直至 ±20 美元/桶，且每次均暂停交易 2 分钟；到达 ±20 美元/桶后如果继续封板则取消限制。	无
合约交割月份	最近 1~12 个月为连续月份以及随后八个季月	连续 30 个月，再加上远期 36、48、60、72、84 个月	最近月份加上连续 6 个月
交易时间	上午 9：00~11：30，下午 1：30~3：00 以及上海国际能源交易中心规定的其他交易时间	周日至周五，纽约时间/东部时间 18：00 至次日 17：00，每日 17：00 开始休息 60 分钟	纽约：20：00 至次日 18：00 伦敦：01：00 至 23：00 新加坡：08：00 至次日 06：00
最后交易日	交割月份前第一月的最后一个交易日；上海国际能源交易中心有权根据国家法定节假日调整最后交易日	当前交割月交易应在交割月前一个月的第二十五个日历日前的第三个交易日停止。若第二十五个日历日不是交易日，交易应在第二十五个日历日前最后一个交易日之前的第三个交易日停止	合约月份前第二个月的最后一个工作日（例：3 月合约将在 1 月的最后一个工作日到期）
交割日期	最后交易日后连续五个交易日	交割月第一个工作日至最后一个工作日	一般以 EFP 形式在到期前现金交割
交割品质	中质含硫原油，基准品质为 API 度 32.0，硫含量 1.5%，具体可交割油种及升贴水由上海国际能源交易中心另行规定	美国国内原油，含硫量应低于 0.42%，API 值应高于 34，并低于 45；国际原油 API 值应高于 34，并低于 45	BFOE（布伦特、Fortis、Oseberg、Ekofisk）

续　表

上市机构	上海国际能源交易中心	纽约商品交易所	洲际交易所
交割地点	上海国际能源交易中心指定交割仓库	FOB 管道交割	—
最低交易保证金	合约价值的 5%	近月合约初始保证金：2700 美元/手，最低保证金：2300 美元/手；远月合约逐额递减	2700～3700 美元/手
交割方式	实物交割	实物交割	现金结算

资料来源：WIND。

一、国外原油期货

（一）美国原油期货市场概述

纽约商品交易所（NYMEX）是美国原油期货交易的主要市场，NYMEX 推出的 WTI 原油（西德克萨斯中质原油）期货合约是全球三大基准原油期货之一。

WTI 相对于布伦特原油更甜（以硫含量 0.5% 为基准进行测量，任何高于该标准 50% 的原油都被视为"酸"，而任何低于该标准 50% 的原油都被视为"甜"）、更轻。WTI 的主要缺点是产自于内陆，运输要比像布伦特这样的水性原油更昂贵。

（二）英国原油期货市场概述

伦敦国际石油交易所（IPE）推出了布伦特原油期货合约，其标的布伦特原油最初是指从位于英国沿海北海的布伦特油田开采的石油。虽然布伦特原油产量在世界原油总产量的占比不到 1%，但是布伦特原油期货合约决定着全球 2/3 的原油贸易价格。

现在的布伦特原油密度比过去要高，但对炼油商而言它仍然是炼油的理想之选。布伦特原油产自英国和挪威沿海附近的油田，原油提取后，将其运输至 FPSO（浮式生产储油和卸油）的油平台附近的浮船进行生产和储存。可以将原油从 FPSO 直接卸载到油轮上，并可以轻松地通过海上运输到世界各地。除此之外，还可以通过管道将其运送至英国海岸的炼油厂或存储设施。

多年来，WTI 和布伦特原油均被全球接受为基准油价，因为价格基本相同。历史数据显示，两种原油的价格在 2011 年开始出现分化，虽然二者价格从 2014 年底开始再次趋同，但 2011 年的分歧对推动布伦特原油被广泛用作全球基准油价起到了推动的作用。

布伦特和 WTI 两者之间的价格差异是由多种因素造成的。一部分原因是北海布伦特原油的逐渐枯竭，而 WTI 却供过于求。尽管布伦特的绝对话语权主要是在欧洲石油贸易市场，但北美石油供应过剩和缺乏可靠的运输促使布伦特成为美国和加拿大东海岸石油贸易市场的另一基准。

二、国内原油期货市场概述

2018 年 3 月 26 日，我国在上海国际能源交易所（INE）首次推出原油期货。经过多年的准备、规划和讨论，以人民币计价的原油期货合约对国内和国际投资者都适用。此次新原油期货合约的标的是从中东和中国提取的一篮子中重原油，中重原油的含硫量相对于 WTI 和 Brent 都较高。

我国原油期货合约在设计上与其他原油期货合约相比有所不同。第一，交易时间是不同的。我国期货合约有三个分段交易时间，即日间交易时间为 9：00 至 11：30、13：30 至 15：00，本地时间及夜间交易时间为 21：00 至 2：30（T＋1）。第二，合约的日价格变化限制在 4%。第三，较世界上其他主要原油期货合约而言，新合约交易费用明显更高。

以人民币计价的我国原油期货合约的出台对中国企业来说意义重大。中国对对冲油价风险有着长期且日益增长的需求，以人民币为主的原油合约允许本国企业以本国货币更有效地对冲风险。从更广泛的角度看，亚洲一直缺乏有效的基准价格，而这也是造成众所周知的"亚洲溢价"的原因。尽管日本和新加坡等其他一些亚洲国家一直在试图制定石油价格基准，但它们都没有成功。显然，目前中国已经拥有了所有必要的因素，为其首个原油期货的成功做出了贡献。中国对原油期货有着长期而稳健的需求，为满足价格对冲需求，众多的供应商、投机者以及需求者提供流动性，政府具有监管市场的经验和能力。2018 年 9 月，原油期货合约的平均日交易量已经超过了迪拜商业交易所交易的原油期货合约。

第四节　闪崩模型

一、PIN 模型

在 PIN 模型中，市场参与者可以分为两个不相交的群体，知情交易者（Informed Trader）和不知情交易者（Uninformed Trader）。持有私人信息（private information）的交易者根据市场信息事件进行交易，如果正（负）信号进入市场，他们会买入（卖出），这是好消息（坏消息）交易日的情况。相反的交易者群体，即不知情交易者，具体分为流动性交易者和噪声交易者。流动性交易者（做市商）出于流动性需求进行交易，为市场提供流动性；噪声交易者将市场噪声当作有效信息并做出非理性投资决定。

PIN 模型假设所有交易都在知情交易者和不知情交易者之间发生。该交易在每个交易日 d（$d = 1$，$\cdots$，I）独立发生。自然界选择是否发生信息事件并且信息事件以概率 α 独立发生。如果是好信息发生，知情交易者就会知道在交易期结束时资产价值为 $\overline{S_i}$；同样地，如果坏消息发生，知情交易者认为交易期结束时资产价值为 $\underline{S_i}$，且 $\overline{S_i} > \underline{S_i}$。如图 5 - 1 所示，好消息以（$1 - \delta$）的概率发生，坏消息以剩余概率 δ 发生。在自然界选择信息事件发生或不发生之后，从交易开始时间到交易结束时间的整个交易期间，交易者的到达率均服从泊松分布。若信息事件发生，知情交易者的订单到达率为 μ。若好消息发生，这些知情交易者就会买入；若坏消息发生，这些知情交易者就会卖出。不知情交易者每个期间买入和卖出订单的到达率都为 ε。

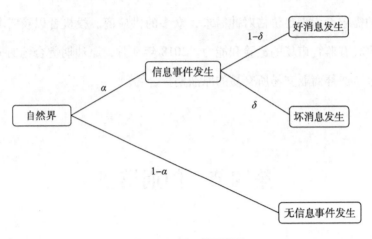

图 5 – 1   PIN 模型假设

为了计算 PIN，需要对模型参数 $\theta = (\alpha, \delta, \varepsilon, \mu)$ 进行估计，参数 α 和 δ 确定三个信息事件（没有新闻、好消息和坏消息）的概率，这三个事件对我们来说没有一个是可观察到的，参数 μ 和 ε 为知情交易者和不知情交易者的到达率。假设每天的买入和卖出都服从三个泊松过程之一，且不知道哪天具体服从哪个泊松过程，但是可以明确的是，好消息发生时预期的买入订单会更多；相反，坏消息发生时预期的卖出订单会更多。同样地，在没有消息发生的交易日不存在知情交易者，所以订单量会减少。这些到达率和概率取决于没有新闻、好消息和坏消息出现的概率。

考虑坏消息发生的其中一个交易日，卖出订单的到达率为 $(\mu + \varepsilon)$，反映出知情交易者和不知情交易者都会卖出。此时买入订单到达率为 ε，因为只有不知情交易者才会买入。假设两个到达率独立服从泊松分布，则在坏消息发生日当天总时间 T 包含所有买入订单（B）和卖出订单（S）到达率的似然函数为：

$$e^{-\varepsilon T}\frac{(\varepsilon T)^{B}}{B!}e^{-(\mu+\varepsilon)T}\frac{[(\mu+\varepsilon)\ T]^{S}}{S!} \qquad (5.1)$$

同样地，在没有新闻发生的交易日，上述似然函数变为：

$$e^{-\varepsilon T}\frac{(\varepsilon T)^{B}}{B!}e^{-\varepsilon T}\frac{(\varepsilon T)^{S}}{S!} \qquad (5.2)$$

最后，在好消息发生的交易日，上述函数为：

$$e^{-(\mu+\varepsilon)T}\frac{[(\mu+\varepsilon)\ T]^{B}}{B!}e^{-\varepsilon T}\frac{(\varepsilon T)^{S}}{S!} \qquad (5.3)$$

综合公式 5.1、5.2、5.3 可以看出，买入和卖出的订单总量（B，S）是给定 T 时的充分统计量。因此，为了估计买入订单和卖出订单的到达率，我们只需要考虑任何一天的买入订单总量 B 和卖出订单总量 S。

在未知的一天观察 B 和 S 的似然函数是每个事件发生的概率与以上三式的加权平均。无新闻日、坏消息日和好消息日的概率分别由（$1-\alpha$）、$\alpha\delta$ 和 α（$1-\delta$）表示，所以似然函数如公式 5.4 式所示。

$$L\left(\theta\,|\,(B,S)\right)=(1-\alpha)*e^{-\varepsilon T}\frac{(\varepsilon T)^{B}}{B!}e^{-\varepsilon T}\frac{(\varepsilon T)^{S}}{S!}$$

$$+\alpha\delta*e^{-\varepsilon T}\frac{(\varepsilon T)^{B}}{B!}e^{-(\mu+\varepsilon)T}\frac{\left[(\mu+\varepsilon)\,T\right]^{S}}{S!} \qquad (5.4)$$

$$+\alpha\,(1-\delta)*e^{-(\mu+\varepsilon)T}\frac{\left[(\mu+\varepsilon)\,T\right]^{B}}{B!}e^{-\varepsilon T}\frac{(\varepsilon T)^{S}}{S!}$$

对于给定的任何一个交易日，参数 $\alpha=0$ 或 $\delta=1$ 时表示信息事件当天仅发生了一次。因为每天是独立的，所以在 I 天内观测到的数据 $M=(B_i,S_i)_{i=1}^{I}$ 的似然方程为：

$$L(\theta\,|\,M)=\prod_{i=1}^{I}L(\theta\,|\,B_i,S_i) \qquad (5.5)$$

其中 B_i 为第 i 天买入订单总量，S_i 为第 i 天卖出订单总量。使似然方程 L（$\theta|M$）最大化，则可以估计出参数 $\theta=(\alpha,\delta,\varepsilon,\mu)$。具体做法是对似然方程取对数然后对 4 个参数分别求一阶偏导并令其等于 0，则可求得参数的估计值 $\hat{\theta}=(\hat{\alpha},\hat{\delta},\hat{\varepsilon},\hat{\mu})$。

PIN 的计算方法为由知情交易者所引发交易量的期望除以总交易量，所以 PIN 的计算方法如下：

$$PIN=\frac{\alpha\delta\mu+\alpha\,(1-\delta)\,\mu}{2\,(1-\alpha)\,\varepsilon+2\alpha\delta\varepsilon+2\alpha\varepsilon\,(1-\delta)+\alpha\delta\mu+\alpha\,(1-\delta)\,\mu} \qquad (5.6)$$

化简有：

$$PIN=\frac{\alpha\mu}{2\varepsilon+\alpha\mu} \qquad (5.7)$$

其中 $2\varepsilon+\alpha\mu$ 为所有订单的到达率，$\alpha\mu$ 为知情交易者的订单到达率，PIN 是知情交易者触发的订单量相对于总订单量之比的度量。

二、VPIN 模型

VPIN 是 Easley 等（2008）在 EKOP 模型的基础上，假设知情和不知情交易者的到达率是时变的（time–varying），结合 GARCH 模型开发了一个动态的计量经济模型。Easley 等（2008）证明了在一段时间 τ 里，卖出交易量与买入交易量之差的期望值 $E\left(V_\tau^S - V_\tau^B\right)$ 近似等于 PIN 指标的分子 $\alpha\mu$，而卖出交易量与买入交易量之和的期望值 $E\left(V_\tau^S + V_\tau^B\right)$ 近似等于 PIN 指标的分母 $\alpha\mu + 2\varepsilon$。在详细介绍 VPIN 方法之前，Easley 等人（2012a）阐述了原始 PIN 模型的意义。VPIN 是在知情交易者概率（PIN）的基础上，用交易量时间替代物理时间，实时测算高频交易环境下交易毒性程度的一种指标。当交易毒性程度达到某一阈值时，认为此时市场具有较高的闪崩风险。相对 PIN 来讲，VPIN 模型采用了非参数估计，对于高频数据来讲更加适用，模型构造主要分为以下 3 个步骤：

（1）成交量篮子的划分，成交量篮子是用于计算订单流不平衡的同质信息内容的片段。在 Easley et al.（2012a）中考虑将日成交量划分成 50 个成交量篮子（交易篮子记为 τ）。因此，一旦我们确定了篮子的数量，每个成交量篮子中的成交量 V 也就随之确定了。篮子的数量会影响到后面 VPIN 值的计算，取值带来的差异将在实证部分的稳健性分析里面进行讨论。每个篮子通过在连续的时间序列中的成交量来填充，直到填满一个篮子中的成交量。如果完成一个篮子所需的最后数据的成交量大于所需的成交量，则将超出的成交量划分给下一个篮子。通常，一个成交量篮子需要一定数量的交易数据才能填充完毕。

（2）划分每个成交量篮子中的买方发起和卖方发起的数量，按价格变化把每一篮子交易逐一划分为卖方或者买方驱动，即判断交易达成是买方主导还是卖方主导。划分的算法有多种，本文选取 BVC 算法作为划分方法。为了标准化，我们将相应的价格变化除以整个样本的所有价格变化的标准差。

对每一个交易篮子 τ，根据篮子内价格变化 $\dfrac{\Delta P}{\sigma_{\Delta P}}$，假设价格变化服从正态分布，根据正态分布将总交易量划分为买和卖，$Z\left(\dfrac{\Delta P}{\sigma_{\Delta P}}\right)$ 为买方发起的概率，$V \cdot Z\left(\dfrac{\Delta P}{\sigma_{\Delta P}}\right)$ 即

为买方发起的成交量，$V \cdot \left[1 - Z\left(\dfrac{\Delta P}{\sigma_{\Delta P}} \right) \right]$ 即为卖方发起的成交量。这种交易量划分方法极大地减少了计算量，同时也有效避免了算法对交易数据的过度拆分导致对买卖方向的划分错误，令：

$$V_{\tau}^{B} = \sum_{i = t(\tau-1)+1}^{t(\tau)} V_i \times Z\left(\frac{P_i - P_{i-1}}{\sigma_{\Delta P}} \right)$$

$$V_{\tau}^{S} = \sum_{i = t(\tau-1)+1}^{t(\tau)} V_i \times \left[1 - Z\left(\frac{P_i - P_{i-1}}{\sigma_{\Delta P}} \right) \right] = V - V_{\tau}^{B}$$

（5.8）

其中 $t(\tau)$ 是第 τ 个篮子所包含的最后一分钟，Z 是标准正态分布的累积分布函数。其基本思想就是价格上涨时赋予买方更多的成交量权重，下跌时赋予卖方更多的权重，当篮子内价格没有变化时则买卖交易量相等。

（3）根据 Easley et al.（2012b），VPIN 指标为：

$$VPIN = \frac{\sum_{\tau=1}^{n} | V_{\tau}^{\bar{B}} - V_{\tau}^{\bar{S}} |}{nV}$$

（5.9）

其中 n 是外生设定的估计 VPIN 所需的篮子个数，本文参照 Easley et al.（2012b）选取 n = 50，这表示每个篮子中的交易量 V 为日均成交量的 1/50。第 1 个 VPIN 值由第 1 ~ 50 个交易篮子中的数据计算出，第 2 个 VPIN 值由第 2 ~ 51 个篮子中的数据计算出，以此类推。

关于 BVC 划分方法的合理性，Easley（2015）采用标普 500 指数期货高频数据对 BVC、Tick Rule 以及 Aggregated Tick Rule 三种分类方法的准确性进行了研究，研究表明 BVC 和 Tick Rule 是两种相对较好的方法，在以信息交易（informed trading）为假设的模型中，BVC 方法是最出色的。通常，交易不平衡性由买卖报价差（bid – ask spread）衡量，Easley（2015）还指出价格变化与由买卖报价差所衡量的交易不平衡性存在显著的线性相关性。综上，论证了 BVC 算法的合理性和科学性。

三、HHI 模型

赫尔达尔 – 赫尔曼指数（HHI）（Herfinadahl，1950）是测量行业集中度的一种综合指数，使用某行业各市场主体所占行业总收入或者总资产份额的平方加总来计算。在研究美股"5.6 闪崩"案例中，Madhavan（2012）分别以股票交易量和成交价为基础计算股票市场的 HHI，发现在 5 月 5 日的 HHI（Quote）与 HHI（Volume）之间的差异很小。5 月 6 日闪崩发生前 HHI（Quote）急剧下降，而且相对于前一天同期水平来说，下降了 10% 左右。与此同时，HHI（Volume）也出现了明显的异常，这表明在下午晚些时候由于交换竞争的增加，场地更加分散。Bethel 等（2011）通过计算美股"5.6 闪崩"前后 HHI 指标的变化，认为 HHI 指标能够很好地度量闪崩风险，从而有效预测闪崩。分别使用交易量维度和报价维度两种方法构建市场结构指标，以捕捉市场的集中度。

根据交易量来衡量分散程度是很自然的，因为这反映了交易者在各个场所的路由决策的最终结果。对于给定股票，C_k 定义为前 k 个股票交易量最大的交易场所占的交易份额。C_1 是所有交易场所中交易量最大的交易场所的交易份额，C_2 是交易量最大的前 2 个交易场所的交易份额的总和，因此 $C_1 < C_2 < C_3$。虽然根据交易量来衡量分散程度比较简单，但集中度可能会忽略市场结构的细微差别，因此我们关注的是赫芬达尔指数，这是工业组织文献中常用的更广泛的衡量标准。第 t 天给定股票的 HHI 指数定义如公式 5.10 所示。

$$H_t^v = \sum_{K=1}^{K} (S_t^K)^2 \tag{5.10}$$

其中 S_t^K 是第 t 天交易场所 K 的交易份额（占比），HHI 指数变化范围从 0 到 1，HHI 指数越大则表明集中度越高（分散化程度越低）。

同理，可以根据买卖报价比例来衡量分散程度。使用衡量场地成为最佳市场间出价或报价的频率的平方和度量 HHI 指数。

$$H_t^a = \sum_{K=1}^{K} (n_t^K)^2 \tag{5.11}$$

公式 5.11 中 H_t^a 为第 t 天的 HHI 指数，n_t^K 为衡量交易场地 K 成为最佳市场间出价或报价的频率。用 H^a 表示在闪崩前的 20 个交易日内平均买方报价的 HHI 指数，用 H^b 表示在闪崩前的 20 个交易日内平均卖方报价的 HHI 指数，在分析中多采用平均 HHI 指数，即 $H^q = (H^a + H^b) /2$。

四、LPPL 模型

Sornette 等（1996）首次提出了对数周期性幂律模型（Log – Periodic Power Law, 简称 LPPL）。Sornette 认为该模型可以很好地预测、量化投机性泡沫的市场崩盘。其对泡沫崩溃经验事实合理化的假设是，股市崩盘是由于交易者之间长期相关性的缓慢积累导致投机泡沫的扩大，而投机泡沫可能在关键时刻变得不稳定，并导致崩盘或市场的剧烈变化。正如凯恩斯（1964）所说，泡沫被认为是股市动态的自然现象。基于 Blanchard 的模型（Blanchard，1979）可以更量化地构建泡沫和崩溃的理性预期模型。该模型有两个主要组成部分：首先，假设泡沫崩溃可能是由噪音交易者之间的局部自增强模拟过程引起的，这些过程可以在物理科学中发展的临界现象的框架内量化；其次，允许以较高的泡沫增长率支付崩盘风险的报酬，这反映了崩盘不是泡沫的某种确定性结果，因此，如果交易者得到适当补偿，他们继续投资仍然是合理的。LPPL 模型提出其加速度和对数周期结构是离散尺度不变性的特征，是交易者之间自组织交互作用的结果。LPPL 模型定义为正反馈机制下的价格超越指数发动速率的增长或衰减，资产价格将在某一临界时间 t_c 发生破裂。模型具体表达式如下：

$$\ln p(t) = A + B(t_c - t)^m + C(t_c - t)^m \cos[\omega \ln(t_c - t) - \varphi] \quad (5.12)$$

其中，$p(t)$ 为 t 时刻的资产价格（指数）；$A > 0$，表示泡沫达到临界时间 t_c 时，资产价格（指数）的对数值 $\ln p(t)$ 可能达到的值；B 表示价格变化方向，$B < 0$ 表示价格为向上加速过程，$B > 0$ 表示价格为向下加速过程；C 为量化波动幅度量值，量化对数周期震动；$t_c > 0$，为泡沫破裂的临界时间；$t_c > t$，为泡沫破裂前任意时间；$0 < m < 1$，为幂指数，衡量价格上涨的加速程度；ω 为泡沫波动的角频率；$0 < \varphi < 2\pi$，为周期波动的初相位。

五、小结

目前研究闪崩的模型主要有 PIN、VPIN、LPPL 和 HHI。其中 PIN 模型是基于微观价格理论基础的模型，采用极大似然估计法估计参数，参数估计的计算量相对于瞬息万变的高频交易数据来讲，在速度上受到很大程度的限制。LPPL 模型同样是基于低频交易数据的模型，其参数估计是一个复杂且耗时的过程，参数估计的准确性直接影响到模型的预测效果。LPPL 模型可以作为崩盘预警的模型，但对于闪崩的预警上适用性很弱。而 HHI 模型需要用到深层次的包含更多交易信息的数据。

VPIN 模型是基于 PIN 模型理论基础上进一步发展起来的，VPIN 模型与 PIN 模型相比，最大的优点在于 VPIN 模型采用非参数估计法，只需用到价格和成交量就可以进行估计，非常适合应用于高频数据。综上，本文采用 VPIN 作为预警闪崩的指标之一构造预测闪崩的模型。

第五节　原油期货市场闪崩实证研究

前文中介绍了 VPIN 模型的假设和计算方式，本节主要对国内原油期货市场闪崩的特征进行实证研究。首先对原油期货高频交易数据进行清洗，包括对异常值的删除、确失值的填充以及非交易时间数据的删除等。在数据清洗工作完成之后，对高频数据的流动性、波动率、交易指令的流毒性（VPIN）选用合适的模型进行度量。观察 VPIN 对闪崩的预警效果是否显著，构建闪崩的度量指标，探讨波动率、流动性与闪崩的关系。

一、高频数据

高频数据，简单来说即交易频率很高的数据。高频数据里有大量微观结构相关信息，这些信息可以从交易所传递的全部信息中获取。大多数金融产品每天交易很多次，一些流动性很强的金融产品有数十万个日内市场数据和交易更新，其中大部分交易发生在微秒（10^{-6}秒）之间。以标普 500ETF 为例，一个典型的交易日常常有 1000 万手到 2000 万手委托更新。这一数字包括了人工、算法和交易所之间的订单委托指令、订单修改指令以及撤销指令在内的全部委托。这些委托中只有一小部分会导致实际的交易结果。

高频数据都是匿名数据，包含高度敏感的识别信息，会引发对隐私的强烈关注。此外，高频数据不包含描述队列、延迟、流量等系统数据，这些数据可能会给市场系统的性能带来不利影响。表5－2是一个高频交易数据样本，可以看到，在时间划分上，高频交易的时间间隔比普通交易数据更小，本案例为毫秒（10^{-3}秒）级别的高频交易数据，数据包含了买卖报价及数量。

表5－2　高频交易数据样本

DateTime	bid_price	ask_price	bid_size	ask_size
2013/4/15 16：13：00.987	155.00	155.02	289	270
2013/4/15 16：13：01.256	155.00	155.02	290	270
2013/4/15 16：13：01.282	155.00	155.02	295	270
2013/4/15 16：29：50.869	154.76	154.79	3	3
2013/4/15 16：29：50.887	154.76	154.77	3	10

资料来源：WIND。

（一）高频数据的几个层级

层级1指仅包含交易价格信息的数据，是最基本的市场数据形式，最熟悉的即时间序列价格，在我们的手机、电脑屏幕上随处可见。典型的时间序列，如道琼斯工业平均指数（DJIA），是股票交易价格的加权平均数。

层级2是指交易价格和最佳买卖单信息的数据，层级2是在层级1中的交易价格基础上，加上最佳买单（bid）和最佳卖单（ask）信息。这类数据起源于纽约证券交易所为了学术标准而发布的交易和报价数据，现在已广泛用于学术研究。这类数据比层级1的数据多很多，但每天也只有几GB，非常适合分析。

层级3指包含交易价格、最佳买卖单和限价指令单信息的数据，2级数据仅显示限价委托指令中的内部最佳买卖价信息。然而限价委托指令中有许多最佳买卖价以外的价格信息，随着十进制价格取代以往的八进制和十六进制价格，这些变得更加重要。随着电子市场访问速度的不断加快，它们可以以毫秒到微秒的速度快速变化，因此限价指令单数据通常是及时的快照价格，显示价格和每个价格的委托数量。

层级 4 指交易价格、最佳买卖单、限价指令单和订单信息的数据，订单作为发送给市场系统的消息进入限价指令单，并在取消订单时删除信息。这其中流量可能会变得非常大。高频交易者更快的活动是这一信息流量的主要来源。算法交易和传统电子订单（如零售订单）构成了该流量其余部分。它过去需要打电话来修改、替换或取消限价委托中的订单，这一过程需要几分钟才能完成。它现在以毫秒和微秒为单位进行测量。这种流量有时会超过市场系统的容量，并会无意中导致系统瘫痪。

（二）高频数据特征

高频数据获取频率常常到毫秒甚至于微秒的层级，数据量级巨大，而普通数据获取频率则是年、季、月、日、小时、分钟不等。高频数据除成交数据的时间序列之外，还有买卖单信息、限价指令单信息，能够提供更加明确的信息微观结构。而普通数据仅有传统意义上的时间序列价格数据。高频数据很难获得，至少可以说，获取这些数据是一项昂贵、耗时和复杂的工作。交易所有专门人员和设备实时捕获、过滤和存储这些数据并确保这些数据流的清洁性、准确性和完整性。普通数据则获取难度较低，一般从交易所发布的公开信息、实时交易软件或者数据库中获得。

普通数据的时间同质性，即普通数据在时间上是均匀分布的，这种特性有助于对其进行分析。然而高频数据具有时间异质性，即委托更新、交易更新、交易所信息更新和高频新闻可能会在任意一个时间点出现。

（三）高频数据的流动性

高频数据也会面临流动性问题，尤其是有的金融工具每天交易量不是特别频繁。从业者关注的一个典型指标是买卖差价。买卖价差是指在委托单的卖价和买价之间的价差，该指标可以在一定程度上衡量流动性。在常规交易时间，绝大多数时间买卖之间的价差是一个最小价格差，此时最具流动性。开盘之前和收盘之后的委托单价格差会扩大很多，流动性显著下降。

（四）　高频数据的微观价格

高频交易数据在极短的时间内价格可以是卖价，也可以是买价，大多数学者都喜欢用中间价（$Price_{bid} + Price_{ask}$）/2 定价。既然我们已经有了价格和可用的数量信息，我们将使用微观价格作为真实理论价格的代表。微观价格是价格和数量的加权平均值。如果人们认为委托单包含相关数量信息，那么将这些值纳入理论价格推导是有意义的。例如，如果 1000 个量级的买价为 150.00 美元，1 个量级的卖价为 150.01 美元，那么任何理论价格都应该介于买卖价差之间。

$$Price_{micro} = \frac{Price_{bid} * Size_{ask} + Price_{ask} * Size_{bid}}{Size_{ask} + Size_{bid}} \tag{5.13}$$

（由于市场分割、隐藏流动性或虚假委托）如果数量被认为不重要，则中间价可能是同样有效的理论价格。

对于本文的研究而言，由于 VPIN 不需要用到含有报价指令单的数据，我们选取了频率为 1s 的只包含价格、成交量信息的数据。

二、数据来源及清洗过程

2018 年 3 月 26 日，中国原油期货在上海国际能源交易中心挂牌上市交易。原油期货合约参数如表 5 - 3 所示，数据来源为上海国际能源交易中心官网。

表 5 - 3　我国原油期货合约主要参数

上市机构	上海国际能源交易中心
交易品种	中质含硫原油
交易代码	SC
交易单位	1000 桶/手
报价单位	元（人民币）/桶（交易报价为不含税价格）
最小变动价位	0.1 元（人民币）/桶
涨跌停板幅度	不超过上一交易日结算价 ±4%
合约交割月份	最近 1～12 个月为连续月份以及随后八个季月

续　表

上市机构	上海国际能源交易中心
交易时间	上午9：00～11：30，下午1：30～3：00以及上海国际能源交易中心规定的其他交易时间
最后交易日	交割月份前第一月的最后一个交易日；上海国际能源交易中心有权根据国家法定节假日调整最后交易日
交割日期	最后交易日后连续五个交易日
交割品质	中质含硫原油，基准品质为API度32.0，硫含量1.5%，具体可交割油种及升贴水由上海国际能源交易中心另行规定
交割地点	上海国际能源交易中心指定交割仓库
最低交易保证金	合约价值的5%

资料来源：上海国际能源交易中心。

本节主要以2019年5月22日国内原油期货闪崩事件为例，讨论VPIN在闪崩前的异常情况，即VPIN对闪崩的预警效果。根据上海国际能源交易中心的交易信息，原油期货合约交易的时间段为每个交易日的9：00～11：30、13：30～15：00以及21：00～次日2：30。本文数据获取了国内原油期货主力合约2019年3月1日11：10：00至2019年5月28日22：38：00期间的1分钟高频交易数据，原始数据共32451个，数据来源为WIND期货数据库。考虑指标的计算和交易数据的有效性，我们仅采用了交易时间范围内的交易数据，剔除交易量为0的数据。根据研究需要保留了最高价、最低价、开盘价、收盘价和交易量5个变量，最终得到清洗后的数据，数据的部分样本如表5-4所示。

表5-4　我国原油期货1分钟高频交易样本数据

单位：元

日期及时间	开盘价	最高价	最低价	收盘价	成交量（手）
2019/2/28 11：10：00	440	440.2	440	440.1	232
2019/2/28 11：12：00	440.1	440.3	440.1	440.3	234
2019/2/28 11：13：00	440.2	440.3	440.2	440.3	88
2019/2/28 11：14：00	440.3	440.5	440.2	440.4	274
2019/2/28 11：15：00	440.4	440.5	440.4	440.5	114
2019/2/28 11：16：00	440.5	440.7	440.4	440.6	554
2019/2/28 11：17：00	440.6	440.6	440.3	440.4	314

日期及时间	开盘价	最高价	最低价	收盘价	成交量（手）
2019/2/28 11：18：00	440.4	440.5	440	440	324
2019/2/28 11：19：00	440.1	440.1	439.9	439.9	316
2019/2/28 11：20：00	440	440.3	439.8	440.3	414
2019/2/28 11：21：00	440.3	440.6	440.2	440.5	274
2019/2/28 11：22：00	440.5	441	440.5	440.8	700
2019/2/28 11：23：00	440.9	440.9	440.6	440.6	194
2019/2/28 11：24：00	440.6	440.7	440.6	440.7	50
2019/2/28 11：25：00	440.7	440.8	440.6	440.8	92

资料来源：WIND。

同样地，对于 WTI 原油和布伦特原油作类似的数据清洗，得到 WTI 原油从 2019/4/23 07：57：00 至 2019/5/28 10：21：00 共 33610 个 1 分钟高频交易数据，得到布伦特原油期货从 2019/4/22 18：53：00 至 2019/5/28 15：19：00 共 30567 个 1 分钟高频交易数据。需要注意的是，由于以上数据从 WIND 期货数据库获取，WTI 原油期货和布伦特原油期货的交易时间均转换为北京时间（UTC +8）。

三、VPIN 的计算过程

（一）交易量篮子和交易量的分类

Easly（2015）对买卖交易量的划分方法进行了研究，比较了 BVC（Bulk Volume Classification）、分笔规则（Tick Rule）和加总分笔规则（Aggregated Tick Rule）三种分类方法的准确性。研究表明分笔规则分类法和 BVC 分类法是相对较好的交易类型分类方法。BVC 分类算法更好地关联了基于信息的交易机制，因此，BVC 分类算法更加有效。由于分笔规则对数据的要求较高，本文采纳 BVC 分类算法对成交量进行划分，普通 BVC 分类算法计算方法如下：

$$V_\tau^B = \sum_{i=t(\tau-1)+1}^{t(\tau)} V_i \times Z\left(\frac{P_i - P_{i-1}}{\sigma_{\Delta P}}\right)$$

$$V_\tau^S = \sum_{i=t(\tau-1)+1}^{t(\tau)} V_i \times \left[1 - Z\left(\frac{P_i - P_{i-1}}{\sigma_{\Delta P}}\right)\right] = V - V_\tau^B$$

(5.14)

原始的 BVC 算法是对篮子中的每笔交易进行逐笔划分，为了进一步简化模型，在原始的 BVC 算法基础上进行了改进，此时不再考虑逐步划分，仅仅对每个篮子中的总交易量进行划分，本文采用 Easly（2012a）中提出的 BVC 分类法对交易量进行划分，即：

$$V_\tau^B = V \times Z\left(\frac{\Delta P}{\sigma_{\Delta P}}\right)$$

$$V_\tau^S = V \times \left[1 - Z\left(\frac{\Delta P}{\sigma_{\Delta P}}\right)\right] = V - V_\tau^B \tag{5.15}$$

其中，V_τ^B 为篮子 τ 中买方主导的交易量，V_τ^S 为篮子 τ 中卖方主导的交易量，ΔP 为每个篮子中价格变动即每个篮子中的最后价格减初始价格，$\sigma_{\Delta P}$ 为篮子之间价格变化的标准差，V 为交易篮子的大小，Z 表示正态分布的累积概率函数。

（二）指令流不平衡

指令流不平衡是买卖双方交易量的差值衡量，即买卖力量不平衡，一方的力量比另一方强。Easly（2012a）中对指令流不平衡的定义如下：

$$Ol_\tau = \left| V_\tau^B - V_\tau^S \right| \tag{5.16}$$

当 $Ol_\tau = 0$ 时，表示篮子 τ 中指令流完全平衡，Ol_τ 越小则表示指令流越平衡，Ol_τ 越大则表示指令流越不平衡。

表 5-5 为交易篮子、买卖双方主导交易量的划分以及指令流不平衡度量的计算过程。首先确定外生变量 V，参考 Easly（2012a）的做法，选取 V 等于日交易量的 1/50，关于外生变量的选取以及 VPIN 的稳健型将在后面的章节讨论。根据实际数据确定的 $V = 4321.096$，以第一个篮子为例（$\tau = 1$），开始计算时间为 2019/2/28 11：26：00，2019/2/28 13：35：00 时交易量累积达到 4321.096，则 2019/2/28 11：26：00 至 2019/2/28 13：35：00 划分为第一个篮子，当最后一笔交易累计超过 4321.096 时，超出部分的成交量划分到下一个篮子中。接下来计算每个篮子中价格变化情况 ΔP，第一个篮子中的价格变化为 -1.2，表示从篮子的开始计时到篮子结束期间，价格下降了 1.2 元。

ΔP 计算完成后，则可以计算标准化价格变化的正态分布累积概率密度函数 Z

$\left(\dfrac{\Delta P}{\sigma_{\Delta P}}\right)$，$Z\left(\dfrac{\Delta P}{\sigma_{\Delta P}}\right)$乘以外生变量 V 即可计算出篮子中由买方主导的成交量 V_{τ}^{B}；$1-Z$ $\left(\dfrac{\Delta P}{\sigma_{\Delta P}}\right)$乘以外生变量 V 可得篮子中由卖方主导的成交量 V_{τ}^{S}。

最后，根据指令流不平衡的度量方式，V_{τ}^{B} 和 V_{τ}^{S} 差值的绝对值即为指令流的不平衡性。可以观察到当 ΔP 为 0 时，买卖双方所主导的交易量完全相同，此时 OI_{τ} 为 0，意味着篮子 τ 中指令流完全平衡。

表 5-5 交易篮子、交易量的划分过程

τ	start time	end time	ΔP	$Z\left(\dfrac{\Delta P}{\sigma_{\Delta P}}\right)$	$1-Z\left(\dfrac{\Delta P}{\sigma_{\Delta P}}\right)$	V_{τ}^{B}	V_{τ}^{S}	OI_{τ}
0	—	2019/2/28 11：26：00	0	0.5	0.5	2160.54789	2160.54789	0
1	2019/2/28 11：26：00	2019/2/28 13：35：00	-1.2	0.02693669	0.97306331	116.396006	4204.69977	4088.30376
2	2019/2/28 13：35：00	2019/2/28 13：45：00	-0.5	0.21090871	0.78909129	911.356726	3409.73905	2498.38232
3	2019/2/28 13：45：00	2019/2/28 13：58：00	0.1	0.56381721	0.43618279	2436.30818	1884.7876	551.520584
4	2019/2/28 13：58：00	2019/2/28 14：15：00	1	0.94592283	0.05407717	4087.42314	233.672636	3853.7505
5	2019/2/28 14：15：00	2019/2/28 14：28：00	-1.3	0.01837603	0.98162397	79.4045788	4241.6912	4162.28662
6	2019/2/28 14：28：00	2019/2/28 14：45：00	0.2	0.62601184	0.37398816	2705.05711	1616.03867	1089.01844
7	2019/2/28 14：45：00	2019/2/28 14：57：00	0.3	0.685084	0.314916	2960.31358	1360.78219	1599.53139
8	2019/2/28 14：57：00	2019/2/28 21：01：00	1.4	0.98774891	0.01225109	4268.15764	52.9381306	4215.21951
9	2019/2/28 21：01：00	2019/2/28 21：08：00	0.5	0.21090871	0.78909129	911.356726	3409.73905	2498.38232
10	2019/2/28 21：08：00	2019/2/28 21：16：00	0	0.5	0.5	2160.54789	2160.54789	0

续　表

τ	$starttime$	$endtime$	ΔP	$Z\left(\dfrac{\Delta P}{\sigma_{\Delta P}}\right)$	$1-Z\left(\dfrac{\Delta P}{\sigma_{\Delta P}}\right)$	V_τ^B	V_τ^S	Ol_τ
11	2019/2/28 21：16：00	2019/2/28 21：30：00	0. 4	0. 73976393	0. 26023607	3196. 59077	1124. 505	2072. 08577
12	2019/2/28 21：30：00	2019/2/28 21：37：00	0. 2	0. 37398816	0. 62601184	1616. 03867	2705. 05711	1089. 01844
13	2019/2/28 21：37：00	2019/2/28 21：47：00	0. 4	0. 73976393	0. 26023607	3196. 59077	1124. 505	2072. 08577
14	2019/2/28 21：47：00	2019/2/28 21：53：00	0. 9	0. 92589597	0. 07410403	4000. 88516	320. 210616	3680. 67454
15	2019/2/28 21：53：00	2019/2/28 21：59：00	0	0. 5	0. 5	2160. 54789	2160. 54789	0
…	…	…	…	…	…	…	…	…

资料来源：WIND。

（三）计算 VPIN

$$VPIN = \frac{\sum_{\tau=1}^{n} Ol_\tau}{nV} = \frac{\sum_{\tau=1}^{n} |V_\tau^B - V_\tau^S|}{nV} \tag{5.17}$$

与 Easly（2012a）相同，选取 n = 50，计算每个篮子的 VPIN。首先按照前文介绍的方法划分篮子，再计算每个篮子的买卖方主导的成交量 V_τ^B 和 V_τ^S，进而可以得到每个篮子指令流不平衡值 Ol_τ，最后根据公式计算每个篮子的 VPIN。计算过程如表 5 - 6 所示，它展示了随着篮子的推移 VPIN 的变化过程。

表 5 - 6　VPIN 的计算过程

$starttime$	$endtime$	$VPIN$
2019/3/1 10：41：00	2019/3/1 10：44：00	0. 4848842
2019/3/1 10：44：00	2019/3/1 10：55：00	0. 4848842
2019/3/1 10：55：00	2019/3/1 11：00：00	0. 48321634
2019/3/1 11：00：00	2019/3/1 11：22：00	0. 48518057
2019/3/1 11：22：00	2019/3/1 13：31：00	0. 49018845

starttime	*endtime*	*VPIN*
2019/3/1 13：31：00	2019/3/1 13：46：00	0.47761577
2019/3/1 13：46：00	2019/3/1 13：58：00	0.47517312
2019/3/1 13：58：00	2019/3/1 14：03：00	0.48425684
2019/3/1 14：03：00	2019/3/1 14：08：00	0.49442621
2019/3/1 14：08：00	2019/3/1 14：13：00	0.47778744
2019/3/1 14：13：00	2019/3/1 14：25：00	0.4768728
2019/3/1 14：25：00	2019/3/1 14：37：00	0.49535282
2019/3/1 14：37：00	2019/3/1 14：44：00	0.4885789
2019/3/1 14：44：00	2019/3/1 14：50：00	0.49920378
2019/3/1 14：50：00	2019/3/1 14：55：00	0.49769139
…	…	…

资料来源：WIND。

四、实证分析

（一）VPIN 的描述性分析

采用国内原油期货主力合约 2019 年 3 月 1 日 11：10：00 至 2019 年 5 月 28 日 22：38：00 期间的 1 分钟高频交易数据共 32451 个。以 R 语言为计算工具，剔除掉无效值和空值后共得到 3490 个 VPIN 值。

表 5-7 为 VPIN 值的描述性统计，VPIN 的最小值为 0.1912，最大值为 0.6016，标准差为 0.0629，峰度 3.7658 ＞3，相对于正态分布更加陡峭，偏度 -0.5344 ＜0，相比正态分布而言更加左偏，故 VPIN 的分布具有左偏和尖峰肥尾的特征。图 5-2 和图 5-3 分别为 VPIN 的频率直方图和累积概率函数图，图 5-2 可以观察到 VPIN 左侧拖尾，符合描述性统计分析中左偏的特征，图 5-3 中可以看出 VPIN 在 0.4 到 0.5 之间变化率较大，当 VPIN ＞0.6016 时，VPIN 的累积分布函数值为 1。

表 5 - 7 VPIN 的描述性统计

最小值	1 分位数	中位数	均值	3 分位数	最大值	标准差	偏度	峰度
0.1912	0.4125	0.4536	0.4471	0.4852	0.6016	0.0629	− 0.5344	3.7658

资料来源：WIND、R 语言。

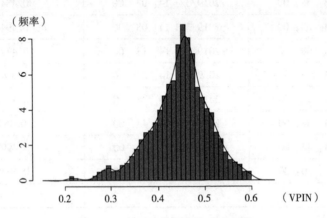

图 5 - 2 VPIN 的频率分布直方图

资料来源：WIND、R 语言。

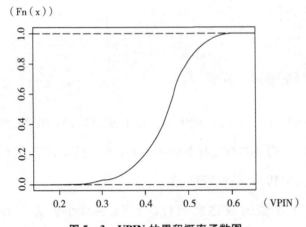

图 5 - 3 VPIN 的累积概率函数图

资料来源：WIND、R 语言。

（二）VPIN 的预警效果

由于篇幅限制原因，本文仅以 2019 年 5 月 23 日闪崩事件为例对 VPIN 的预警效果进行说明。事实上，在本文研究的时间范围内，4 月 26 日也发生了闪崩，除此之外，本文对其他金融市场的闪崩事件（如沪深 300 指数期货 1507 合约在 2018 年 5

月28日闪崩等）的研究也证实了VPIN在闪崩上面的有效性。2019年5月23日21：00开盘时，受国际原油期货市场影响，国内原油期货市场出现了大幅低开的情况，当日15：00收盘价在493元左右，21：00开盘价格为484.5左右，跌幅达1.72%；21：00开盘至22：20短短一个半小时内跌至467元左右，跌幅达3.6%。期货市场交易与现货市场不同，期货市场存在杠杆性，按照10倍杠杆估算，在短短一个半小时左右损失达36%，严重打击投资者的信心。

如图5-4所示，上半部分灰线表示国内原油期货每分钟的最高价，黑线表示国内原油期货每分钟的最低价，下半部分灰线为VPIN的CDF值。可以看到，在价格大幅、快速下跌前即闪崩发生前，VPIN的CDF从0.3左右在短时间内上升至1左右。根据VPIN的定义，这意味在此期间有越来越多的人获取了他人不知情的消息进行交易，由于逆向选择，不知情交易者会选择暂时退出市场，这导致卖方力量远远大于买方力量进而使流动性下降。在CDF值达到1左右后仍在该水平值上保持了很长一段时间，随后闪崩发生。所以，闪崩发生前VPIN急剧上升，有效地提示了闪崩风险。图5-4展示了2019/5/22至2019/5/23期间的价格走势和预警指标的走势，图中展示了VPIN对闪崩的预警效果，上半部分的黑色线条为最低价走势，灰色线条表示最高价走势，下半部分黑色线条为VPIN的累积概率密度函数。从2019/5/22 00：36：00起，VPIN的累积概率密度函数值从0.27679083一路攀升，2019/5/22 22：36：00时达到0.99971347，且随后很长一段时间一直保持较高水平值，这意味着此时的VPIN值异常得高，超过了样本中99.97%的VPIN值。2019/5/23 14：56：00时VPIN的累积概率密度函数值为0.79111748，2019/5/23 21：00开盘后闪崩发生，VPIN伴随闪崩的发生而下降，这说明闪崩前已经有知情交易者获取了消息进行交易，VPIN的累积概率密度函数很好地提示了闪崩风险，预警效果显著。

选用VPIN的累积概率密度函数（CDF）作为闪崩预警指标的原因在于累积概率密度函数值比VPIN值变化更加敏感，对闪崩的预警效果更好。图5-5为在整个研究期间内国内原油期货VPIN和其累积概率密度函数值的演变过程，黑色（颜色较深）为国内原油期货在研究时间范围内的VPIN值，灰色（颜色较浅）为VPIN的累积概率密度函数值。VPIN和其累积概率密度函数的波动方向是一致的，但概率密度函数的波动性更大更敏感。

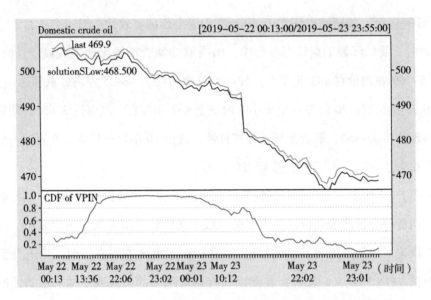

图 5 - 4　2019 年 5 月 22 日至 5 月 23 日国内原油期货走势及 VPIN 的 CDF

资料来源：WIND、R 语言。

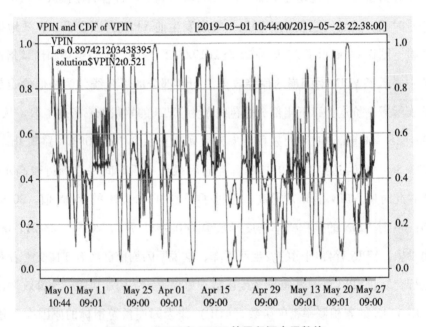

图 5 - 5　VPIN 和 VPIN 的累积概率函数值

资料来源：WIND、R 语言。

　　VPIN 作为一种衡量指令流毒性的指标，值越大表示买卖双方力量悬殊越大。当买方力量远远大于卖方时，根据微观经济学均衡理论会导致价格上涨，甚至可能出现跳涨（与闪崩相对，立即在短时间内大幅价格上涨）；当卖方力量远远强于买方时，容易导致价格闪崩。以上两种情况发生前都有可能出现 VPIN 值变大的可能。更广泛地，VPIN 值越大，闪崩和跳涨发生的可能性越大，闪崩和跳涨在收益率上体现为极端值的出现。图 5 - 6 的横轴为 VPIN 的自然对数值，纵轴为收益率，可以观察到随着 VPIN 值的增大，收益率出现极端值的频率也随着增多，且极端值的绝对值逐渐放大。这进一步说明了 VPIN 越大，闪崩的概率随之增大，闪崩的程度也更加严重。

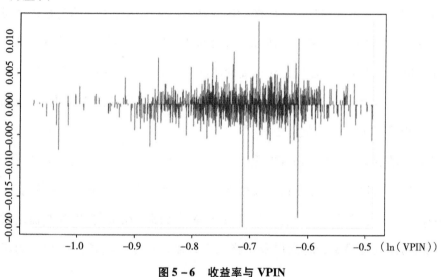

（收益率）

图 5 - 6 收益率与 VPIN

资料来源：WIND、R 语言。

（三）闪崩解释变量的度量

1. 波动率度量

在低频交易数据中，最常用的是采用收益率序列的标准差来度量已实现的波动率。对于高频交易数据而言，波动率估计的主要难题在于处理价格的跳跃和微观结构噪声，若继续采用收益率序列的标准差来度量波动率就不再适用了。学者们通常使用日内收益率的平方来度量高频数据的已实现波动率（Andersen et al.，2003）。本文也采用日内收益率绝对值作为波动率指标的度量。

$$Vol_\tau = Roe_\tau^2 \tag{5.18}$$

公式 5.18 中，Vol_τ 为篮子 τ 的波动率，Roe_τ^2 为篮子 τ 的收益率的平方，收益率

$Roe_\tau = \dfrac{P_\tau^E - P_\tau^S}{P_\tau^S}$，$P_\tau^E$ 和 P_τ^S 分别为篮子 τ 的最后价格和开始价格，Vol_τ 越大表示波动率越大。

2. 流动性度量

流动性的概念是由凯恩斯首次提出的，自此以后，流动性一词在学界和商界被广泛使用，流动性概念逐渐延伸到市场流动性、银行系统流动性以及货币流动性等层次。流动性的变化引发学术界广泛关注，对流动性的定义以及度量是研究流动性的前提和基础。目前主要从三方面度量流动性：第一是以能力理论为基础，考虑市场执行交易的能力即交易能否被达成，若交易能被快速达成则流动性好；第二以成本理论为基础，即考虑完成交易所需要的成本，其中成本包括货币成本和时间成本，达成交易的成本越低则流动性越好；第三，维度理论，即通过多个维度包括时间、价格和成交量等来定义流动性。

流动性的定义不是本文研究的重点，本文重点关注流动性的度量方式，特别是适合用于度量高频交易情景下的流动率度量方式。流动性的度量方式主要有价格法、交易量法、时间法和量价结合法等。周强龙等（2015）在研究 VPIN 与流动性关系时，同时考虑了交易量、时间以及价格三个维度，建立了度量高频交易的流动性指标。

$$Lqd_\tau = \frac{V}{T_\tau \mid P_\tau^E - P_\tau^S \mid} \tag{5.19}$$

公式 5.19 中，Lqd_τ 为篮子 τ 的流动性度量指标；V 为时间范围内所产生的交易量；T_τ 为篮子 τ 中结束时间与开始时间之差；P_τ^E 和 P_τ^S 分别为篮子 τ 的最后价格和开始价格。$\mid P_\tau^E - P_\tau^S \mid$ 越小表示价格变化越小，流动性也越好。T_τ 越小表示完成一定交易量所需时间越少，流动性越好。V 为外生变量即一个固定不变的常数，从 Lqd_τ 的计算公式可知，Lqd_τ 越大表示篮子 τ 时间范围内的流动性越好。

$$Lqd_\tau = \frac{1}{T_\tau \mid P_\tau^E - P_\tau^S \mid} \tag{5.20}$$

由于 VPIN 模型中假设每个篮子的交易量恒定不变，故采用时间价格结合法构建流动性指标。同样地，Lqd_τ 越大表示篮子 τ 的流动性越好。

3. 成交量变化率度量

根据股票价格技术分析方法，股票价格与成交量存在一定关系。通常来讲，价格上涨成交量也随之上涨，价格下跌成交量也会呈现上升趋势，因此构建成交量变化率指标反映成交量的变化情况。公式 5.21 为本文中所使用的成交量变化率指标。

$$Volume_\tau^c = \frac{Volume_\tau - Volume_{\tau-1}}{Volume_{\tau-1}} \qquad (5.21)$$

篮子 τ 的成交量变化率 $Volume_\tau^c$ 等于篮子 τ 中最后一分钟的成交量 $Volume_\tau$ 减去篮子 $\tau-1$ 中最后一分钟的成交量 $Volume_{\tau-1}$，再除以篮子 $\tau-1$ 中最后一分钟的成交量 $Volume_{\tau-1}$。不用每个篮子中成交量变化率作为成交量变化率指标的原因在于模型中每个篮子中的成交量都相同，因此这种度量方法失效。用开始第一分钟和中间某一个分钟的交易量来计算成交量变化率不会使计算结果有较大差异。因此，我们采用最后一分钟的交易量来计算篮子成交量的变化率。

4. 闪崩指标的度量

目前来说没有一个成熟的指标可以用来度量闪崩，Madhavan（2012）采用 HHI 指标、成交量和波动率等自变量，研究影响股票最大回撤的因素。最大回撤可以在某种程度上衡量闪崩程度，最大回撤往往以天为单位计算，这对高频数据来说适用性不强。有的学者考虑用振幅度量闪崩，振幅越大表示闪崩程度越严重。振幅大时表明价格可能出现了大幅下跌，这种度量方式未考虑时间维度，也就是说，这种度量方式仅仅关注了崩盘在价格上的变化情况，忽略了对崩盘时间的度量。结合本文中的模型并在充分吸取前人经验的基础上，同时考虑崩盘程度和时间两个维度，构造崩盘指数 I_τ，I_τ 计算公式中的分子 T_τ 为每篮子 τ 中结束时间与开始时间之差，单位为分钟，P_τ^H 和 P_τ^L 分别表示每篮子 τ 中的最高价和最低价。

$$I_\tau = \frac{P_\tau^H - P_\tau^L}{T_\tau} \qquad (5.22)$$

在公式 5.22 中，我们可以观察到，$P_\tau^H - P_\tau^L$ 越大说明价格变动幅度较大，闪崩程度越严重；T_τ 与交易量久期度量方式类似，T_τ 越小表示完成一定成交量 V 的所需的时间越短，闪崩的程度越严重。因此，I_τ 越大表示闪崩程度越严重；反之，越小则表示闪崩程度越轻微。

（四） VPIN 与流动性的关系研究

在上文中，我们对各个指标的度量方法作了说明，为了研究当期 VPIN 值与当期流动性的关系构建回归模型 1 如下：

$$lnLqd_\tau = lnVPIN_\tau + c \qquad (\text{model. 1})$$

为了使序列平稳，对流动率和 VPIN 分别取自然对数，回归结果如表 5 – 8 所示，国内原油的 VPIN 与当期流动性关系不显著，WTI 的 VPIN 与当期流动性在 10%的显著性水平下显著，仅有布伦特原油的 VPIN 与当期流动性呈正相关关系，且VPIN 系数在 1% 的显著性水平下显著。结果表明除国内原油外，WTI 和布伦特原油当期 VPIN 上升会引起流动性变好。

表 5 – 8　模型 1 回归结果

原油类型	Variable	Estimate	Std. Error	t value	Pr（＞|t|）	Signif. codes
国内原油	c	– 1. 02521	0. 10882	– 9. 422	＜2e – 16	＊＊＊
	$lnVPIN_\tau$	0. 05472	0. 13133	0. 417	0. 67700	
WTI	c	0. 77180	0. 24310	3. 175	0. 00153	＊＊
	$lnVPIN_\tau$	0. 64770	0. 34820	1. 860	0. 06308	
布伦特	c	– 1. 16560	0. 27650	– 4. 216	2. 70E – 05	＊＊＊
	$lnVPIN_\tau$	– 1. 61110	0. 37810	– 4. 261	2. 21E – 05	＊＊＊

资料来源：WIND、R 语言。

为了研究 VPIN 与下期流动性的关系，考虑流动性存在自相关，因此我们在回归模型 1 的基础上加入了 AR（1）过程，得到回归模型 2。

$$lnLqd_\tau = \beta_1 Lqd_{\tau-1} + \beta_2 VPIN_{\tau-1} + c \qquad (\text{model. 2})$$

模型回归结果如表 5 – 9，可以看到，除布伦特原油外，上期 VPIN 值和流动性呈正相关，即上期 VPIN 值增大会使下一期流动性变好，上期流动性增强会导致下一期流动性也随之增强，这表明流动性存在自相关性。由于我们关注 VPIN 值对流动性的解释程度，因此没有加入更高阶的 AR 过程。

表 5 – 9　模型 2 回归结果

原油类型	Variable	Estimate	Std. Error	t value	Pr（ > |t|）	Signif. codes	R – squared
国内原油	c	– 0. 46755	0. 10605	– 4. 409	1. 08E – 05	* * *	0. 07748
	$VPIN_{\tau-1}$	0. 38076	0. 12619	3. 017	0. 00257	* *	
	$Lqd_{\tau-1}$	0. 27300	0. 01734	15. 746	<2e – 16	* * *	
WTI	c	1. 20207	0. 22792	5. 274	1. 56E – 07	* * *	0. 13040
	$VPIN_{\tau-1}$	1. 42692	0. 32566	4. 382	1. 27E – 05	* * *	
	$Lqd_{\tau-1}$	0. 33686	0. 02599	12. 962	<2e – 16	* * *	
布伦特	c	– 0. 10021	0. 27441	– 0. 365	0. 715		0. 04766
	$VPIN_{\tau-1}$	– 0. 14029	0. 37530	– 0. 374	0. 709		
	$Lqd_{\tau-1}$	0. 21669	0. 02994	7. 238	8. 64E – 13	* * *	

资料来源：WIND、R 语言。

（五）闪崩特征的研究

我们考虑当期的 VPIN、波动率、流动性及成交量变化率对闪崩的解释力度，参考 Madhavan（2012）研究影响最大回撤因素的模型，将被解释变量替换为本文中构造的闪崩指标 I_τ，取解释变量和被解释变量的自然对数值作标准化处理，回归模型 3 如下所示：

$$lnI_\tau = \beta_1 lnLqd_\tau + \beta_2 ln\,VPIN_\tau + \beta_3 ln\,Vol_\tau + \beta_4 Volume_\tau^c + c \qquad （model. 3）$$

用全子集回归对变量进行筛选，通过调整 R 平方统计量的准则来选择最佳模型。图 5 – 7 的最下面一行，可以看到截距项（Intercept）和 VPIN 变量模型调整 R 平方为 0.0073，倒数第二行截距项（Intercept）和成交量变化率变量模型调整 R 平方为 0.019，从下往上模型的调整 R 平方依次增大。根据全子集回归法，包含所有自变量的模型调整 R 平方最大，其次是包含流动性、波动率和成交量变化率的模型。因此，选择包含所有自变量的模型作为回归的模型。

变量的描述性分析和平稳性检验如表 5 – 10 所示，国内外原油期货序列的所有变量均平稳，国内原油期货的观测值为 3000 个左右，取对数处理后 VPIN 的均值为 – 0.8147，最小值为 – 1.6543，最大值为 – 0.5082，偏度小于 0，相比正态分布更加左偏，峰度为 2.9415 与正态分布峰值 3 相近。WTI 和布伦特原油的观测值在 1000 个左右，各变量的描述性统计结果与国内原油差异不明显。

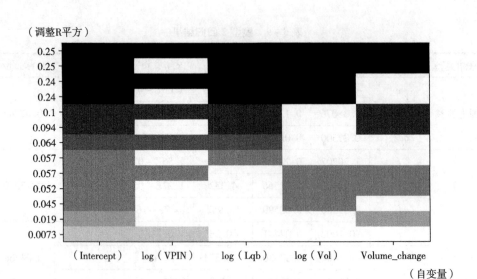

图 5-7　基于调整 R 平方不同子集的最佳模型选择过程

表 5-10　变量描述性统计与平稳性检验

原油类型	Variable	观测值	均值	标准差	中位数	最小值	最大值	偏度	峰度	ADF 检验 p-value
国内原油	lnI_τ	3072	-1.8587	0.8923	-1.8971	-4.4998	1.3610	0.1030	0.0332	<0.01
	$ln\,VPIN_\tau$	3072	-0.8147	0.1513	-0.7899	-1.6543	-0.5082	-1.2226	2.9415	<0.01
	$lnLqd_\tau$	3072	-1.0698	1.1007	-1.0986	-5.1334	2.3026	0.2332	-0.1127	<0.01
	$ln\,Vol_\tau$	3068	-13.8562	1.7124	-13.7079	-17.1155	-6.4097	-0.0514	-0.1019	<0.01
	$Volume_\tau^c$	3072	0.7300	3.4700	-0.0700	-0.9600	103.080	14.080	322.95	<0.01
WTI	lnI_τ	1294	-3.9964	0.8733	-3.9990	-6.1456	-1.0217	0.1714	-0.4005	<0.01
	$ln\,VPIN_\tau$	1294	-0.6914	0.0967	-0.6803	-1.0122	-0.4735	-0.6503	0.2545	<0.01
	$lnLqd_\tau$	1294	0.3240	1.2121	0.2679	-2.9502	4.6052	0.1319	-0.0665	<0.01
	$ln\,Vol_\tau$	1293	-13.4119	1.7737	-13.1139	-17.5969	-7.8279	-0.5235	0.1040	<0.01
	$Volume_\tau^c$	1294	0.6500	2.4000	-0.0200	-0.9800	31.8300	6.0600	57.000	<0.01
布伦特	lnI_τ	1084	-4.0975	0.7698	-4.1699	-6.3398	-1.4697	0.4160	-0.0085	<0.01
	$ln\,VPIN_\tau$	1084	-0.7248	0.0970	-0.7187	-1.0753	-0.4881	-0.5038	0.6082	<0.01
	$lnLqd_\tau$	1084	0.0021	1.2159	-0.1570	-2.9632	4.6052	0.5443	0.2389	<0.01
	$ln\,Vol_\tau$	1083	-13.4592	1.8562	-13.1629	-17.8295	-7.8365	-0.6281	0.1207	<0.01
	$Volume_\tau^c$	1084	1.1300	3.4900	0.0300	-1.0000	31.0100	4.4700	26.190	<0.01

资料来源：WIND、R 语言。

同时，对变量之间进行 Person 相关性检验，若自变量之间相关性大于 0.8，在统计学上被认为两个自变量有较强的相关性不能进行回归分析。表 5-11 中自变量之间的相关性都比较小，且大部分不显著。我们想要研究自变量与被解释变量之间的关系，需要着重关注自变量的系数，因此我们对自变量作了多重共线性分析。多重共线性可用统计量 VIF（方差膨胀因子）进行检测，VIF 平方根表示变量回归的置信区间能膨胀为与模型无关的被解释变量的程度，一般来说 VIF > 4 就表明存在严重的多重共线性问题。表 5 - 12 中所有自变量的 VIF 都接近于 1，这表明模型不存在多重共线性问题。综上，模型所有变量均平稳，模型变量之间不存在严重相关性和多重共线性问题，符合实证研究的前提。

表 5 - 11　Person 相关性检验

Variable	lnI_τ	$ln\ VPIN_\tau$	$lnLqd_\tau$	$Volume_\tau^c$	$ln\ Vol_\tau$
lnI_τ	1				
$ln\ VPIN_\tau$	0. 07 * * *	1			
$lnLqd_\tau$	0. 23 * * *	0. 01	1		
$Volume_\tau^c$	0. 22 * * *	− 0. 03	0. 11 * * *	1	
$ln\ Vol_\tau$	0. 33 * * *	0. 03 ·	0. 01	0. 05 * *	1

资料来源：WIND、R 语言。

表 5 - 12　多重共线性分析

变量	VIF
$ln\ VPIN_\tau$	1. 017042
$lnLqd_\tau$	1. 492022
$ln\ Vol_\tau$	1. 559068
$Volume_\tau^c$	1. 088249

资料来源：WIND、R 语言。

模型 3 的回归结果如表 5 - 13 所示，检验结果表明当期 VPIN 值越大闪崩程度越严重，当期波动率越大闪崩程度越严重。VPIN 衡量了交易指令的流毒性，VPIN 流毒性越强，表明交易双方力量失衡，触发闪崩。波动率放大表明价格波动范围变大，波动率放大诱发价格闪崩也很直观，价格下跌往往伴随着交易量放大，符合技术分析理论。除布伦特原油外，成交量变化率变大也使闪崩程度增强。表 5 - 14 为控制成交量变化率变量后的模型回归结果，此时所有自变量的系数均为正且在 1% 的显著性水平下显著。流动性的系数为正且在 1% 的显著性水平下显著，意味着流动性变好会引起闪崩，这不符合我们的预期。因此我们同时控制成交量变化率和流动性两个变量进行回归，表 5 – 15 为仅包含波动率和 VPIN 的回归模型，除了布伦特原油 VPIN 的系数不显著以外，其余自变量的系数都显著且符合预期。

表 5 – 13　模型 3 回归结果

原油类型	Variable	Estimate	Std. Error	t value	Pr（>|t|）	Signif. codes	R – squared
国内原油	c	2. 178482	0. 065637	33. 190	<2e – 16	* * *	0. 7072
	$\ln VPIN_\tau$	0. 171370	0. 058140	2. 948	0. 00323	* *	
	$\ln Lqd_\tau$	0. 748731	0. 009680	77. 345	<2e – 16	* * *	
	$\ln Vol_\tau$	0. 447862	0. 006362	70. 399	<2e – 16	* * *	
	$Volume_\tau^c$	0. 019870	0. 002622	7. 579	4. 58E – 14	* * *	
WTI	c	– 0. 751161	0. 090851	– 8. 268	3. 36E – 16	* * *	0. 788
	$\ln VPIN_\tau$	0. 386611	0. 117832	3. 281	0. 00106	* *	
	$\ln Lqd_\tau$	0. 845991	0. 012934	65. 407	<2e – 16	* * *	
	$\ln Vol_\tau$	0. 501400	0. 008843	56. 703	<2e – 16	* * *	
	$Volume_\tau^c$	0. 014737	0. 004807	3. 066	0. 00222	* *	
布伦特	c	– 4. 78E – 01	1. 11E – 01	– 4. 289	1. 96E – 05	* * *	0. 7273
	$\ln VPIN_\tau$	4. 08E – 01	1. 28E – 01	3. 191	0. 00146	* *	
	$\ln Lqd_\tau$	8. 24E – 01	1. 60E – 02	51. 615	<2e – 16	* * *	
	$\ln Vol_\tau$	5. 08E – 01	1. 05E – 02	48. 395	<2e – 16	* * *	
	$Volume_\tau^c$	8. 43E – 05	3. 56E – 03	0. 0240	0. 98114		

资料来源：WIND、R 语言。

表 5 – 14　模型 3 在控制成交量变化率变量后的回归结果

原油类型	Variable	Estimate	Std. Error	t value	Pr（>|t|）	Signif. codes
国内原油	c	2. 235185	0. 065807	33. 966	<2e – 16	* * *
	$\ln VPIN_\tau$	0. 148457	0. 058594	2. 534	0. 0113	*
	$\ln Lqd_\tau$	0. 744067	0. 009749	76. 319	<2e – 16	* * *
	$\ln Vol_\tau$	0. 457333	0. 006295	72. 650	<2e – 16	* * *
WTI	c	– 0. 730306	0. 090891	– 8. 035	2. 10E – 15	* * *
	$\ln VPIN_\tau$	0. 380343	0. 118198	3. 218	0. 00132	* *
	$\ln Lqd_\tau$	0. 841709	0. 012900	65. 246	<2e – 16	* * *
	$\ln Vol_\tau$	0. 503581	0. 008843	56. 949	<2e – 16	* * *

续 表

原油类型	Variable	Estimate	Std. Error	t value	Pr（>｜t｜）	Signif. codes
布伦特	c	−0.477380	0.111120	−4.296	1.90E−05	* * *
	$ln\,VPIN_\tau$	0.407860	0.127750	3.193	0.00145	* *
	$lnLqd_\tau$	0.823690	0.015930	51.692	<2e−16	* * *
	$ln\,Vol_\tau$	0.507810	0.010470	48.498	<2e−16	* * *

资料来源：WIND、R语言。

表5–15　模型3同时控制成交量变化率和流动性后的回归结果

原油类型	Variable	Estimate	Std. Error	t value	Pr（>｜t｜）	Signif. codes
国内原油	c	−0.199583	0.098017	−2.036	0.0418	*
	$ln\,VPIN_\tau$	0.480045	0.099508	4.824	1.47E−06	* * *
	$ln\,Vol_\tau$	0.182599	0.008794	20.763	<2e−16	* * *
WTI	c	−2.228620	0.182340	−12.222	<2e−16	* * *
	$ln\,VPIN_\tau$	1.590170	0.242050	6.570	7.29E−11	* * *
	$ln\,Vol_\tau$	0.102600	0.013180	7.783	1.45E−14	* * *
布伦特	c	−3.282800	0.180720	−18.166	<2e−16	* * *
	$ln\,VPIN_\tau$	0.303480	0.238050	1.275	0.203	
	$ln\,Vol_\tau$	0.090710	0.012440	7.294	5.81E−13	* * *

资料来源：WIND、R语言。

本文重点研究VPIN对闪崩的预测效果，在模型1的基础上，将所有解释变量替换为其上一期的变量值得到模型4，变量的描述性检验、相关性检验以及多重共线性检验与模型3类似，此处不再附表，检验结果表明符合实证研究基本要求。

$$lnI_\tau = \beta_1 lnLqd_{\tau-1} + \beta_2 ln\,VPIN_{\tau-1} + \beta_3 ln\,Vol_{\tau-1} + \beta_4 Volume^c_{\tau-1} + c \quad (model.4)$$

表5–16为模型4的回归结果，结果表明上一期VPIN、波动率以及成交量变化率上升都会使得闪崩程度随之加剧，也表明了VPIN对闪崩具有良好的解释性和预测效果。而上一期的流动性上升会造成闪崩加剧，这和预期相悖。

比较了闪崩和流动性的度量方式，发现二者在度量方式上比较接近，闪崩度量指标中包含了时间尺度T_τ，而流动性度量指标的分母也包含该项，故两个指标的度量指标中均包含$\frac{1}{T_\tau}$，由于闪崩指标序列存在自相关性，因此上一期流动性指标可能和闪崩当期指标存在自相关性。

考虑剔除流动性指标进行回归，在表5－17的回归结果中，除了布伦特原油的VPIN系数不显著以外，其余自变量均显著，表明变量对闪崩有很强的解释力度。布伦特原油的VPIN系数为正但是不显著。通过文中的描述性统计部分可知，国内原油期货用于回归的观测值约为布伦特原油期货的3倍，变量系数不显著的原因可能是回归的观测值较少造成的。

表5－16　模型4回归结果

原油类型	Variable	Estimate	Std. Error	t value	Pr（＞│t│）	Signif. codes	R－squared
国内原油	c	3.731312	0.135950	27.446	<2e－16	＊＊＊	0.16
	$ln\,VPIN_{\tau-1}$	0.413501	0.098034	4.218	2.54E－05	＊＊＊	
	$lnLqd_{\tau-1}$	0.272433	0.014052	19.388	<2e－16	＊＊＊	
	$ln\,Vol_{\tau-1}$	0.140908	0.009761	14.435	<2e－16	＊＊＊	
	$Volume_{\tau}^{c}$	0.028877	0.004618	6.252	4.60E－10	＊＊＊	
WTI	c	6.710549	0.258739	－25.936	<2e－16	＊＊＊	0.2309
	$ln\,VPIN_{\tau-1}$	1.172269	0.221831	5.285	1.48E－07	＊＊＊	
	$lnLqd_{\tau-1}$	0.373748	0.020546	18.191	<2e－16	＊＊＊	
	$ln\,Vol_{\tau-1}$	0.141913	0.015503	9.154	<2e－16	＊＊＊	
	$Volume_{\tau}^{c}$	0.046139	0.009248	4.989	6.90E－07	＊＊＊	
布伦特	c	5.775321	0.258810	－22.315	<2e－16	＊＊＊	0.09792
	$ln\,VPIN_{\tau-1}$	0.568500	0.231843	2.452	0.014361	＊	
	$lnLqd_{\tau-1}$	0.223659	0.022267	10.045	<2e－16	＊＊＊	
	$ln\,Vol_{\tau-1}$	0.111365	0.017695	6.294	4.50E－10	＊＊＊	
	$Volume_{\tau}^{c}$	0.023400	0.006513	3.593	0.000342	＊＊＊	

资料来源：WIND、R语言。

表5－17　模型4在控制流动性变量后的回归结果

原油类型	Variable	Estimate	Std. Error	t value	Pr（＞│t│）	Signif. codes	R－squared
国内原油	c	－0.868072	0.103715	－8.370	<2e－16	＊＊＊	0.05755
	$ln\,VPIN_{\tau-1}$	0.432105	0.104028	4.154	3.36E－05	＊＊＊	
	$ln\,Vol_{\tau-1}$	0.094459	0.009551	9.890	<2e－16	＊＊＊	
	$Volume_{\tau}^{c}$	0.023321	0.004692	4.971	7.03E－07	＊＊＊	

续　表

原油类型	Variable	Estimate	Std. Error	t value	Pr（＞|t|)	Signif. codes	R‒squared
WTI	c	‒2.788110	0.187830	‒14.844	＜2e‒16	＊＊＊	0.03765
	$ln\ VPIN_{\tau-1}$	1.470500	0.248110	5.927	3.96E‒09	＊＊＊	
	$ln\ Vol_{\tau-1}$	0.031620	0.013820	2.288	0.0223	＊	
	$Volume_{\tau}^{c}$	0.022350	0.010190	2.194	0.0284	＊	
布伦特	c	‒3.671145	0.184680	‒19.878	＜2e‒16	＊＊＊	0.0189
	$ln\ VPIN_{\tau-1}$	0.353813	0.242212	1.461	0.14437		
	$ln\ Vol_{\tau-1}$	0.029388	0.012796	2.297	0.02183	＊	
	$Volume_{\tau}^{c}$	0.020986	0.006746	3.111	0.00192	＊＊	

资料来源：WIND、R 语言。

五、稳健性检验

（一）外生变量 n 的取值

VPIN 模型涉及外生变量 n 的选取，参考 Easly 的做法，前文中所有 VPIN 值都是基于 n＝50 计算的。为检验实证模型的稳健性，本节对外生变量 n 的选择进行讨论，并且全部基于国内原油期货的交易数据进行计算和回归。拟选取 n 分别为 10、20、30、40、50、60、70、80 及 90，n 的含义为一篮子交易量与日均交易量的百分比。例如，若选取 n＝10 则表示选取日均交易量的 1/10 作为每个篮子的交易量。表 5‒18 为根据 n 的不同取值所计算 VPIN 值的描述性统计，分别查看最小值、1 分位数、中位数、均值和 3 分位数以及最大值，除 n 取值为 10 和 20 以外，这些描述性统计量都较为接近。显然 n 的取值未造成 VPIN 值较大的变化。表 5‒19 为不同 n 取值下模型 4 在控制流动性变量后的回归结果，括号中的值为系数的 t 统计量的值，除 n＝10 外，其余 n 取值的回归模型中解释变量的系数略微有些变化但依然显著。n 取 10 时，会造成交易篮子急剧下降导致观测值变少，降低系数的显著性和模型的拟合优度均在可接受范围之内。综上，除 n 取极端值外，外生变量 n 的取值不会影响模型的稳健性。

表5-18 描述性统计

n	最小值	1分位数	中位数	均值	3分位数	最大值
10	0.210	0.434	0.504	0.501	0.558	0.746
20	0.222	0.433	0.474	0.470	0.516	0.668
30	0.175	0.418	0.464	0.456	0.500	0.612
40	0.183	0.424	0.465	0.458	0.499	0.603
50	0.191	0.413	0.454	0.448	0.486	0.602
60	0.167	0.405	0.448	0.440	0.486	0.580
70	0.162	0.411	0.450	0.442	0.482	0.600
80	0.166	0.408	0.447	0.440	0.478	0.596
90	0.169	0.406	0.443	0.437	0.476	0.570

资料来源：WIND、R语言。

表5-19 外生变量n的稳健性检验

n	$\ln VPIN_{\tau-1}$	$\ln Vol_{\tau-1}$	$Volume_{\tau}^c$
10	0.38494 *	0.02327	0.04702 * * *
	(2.531)	(0.130975)	(3.379)
20	0.695945 * * *	0.033024 * *	0.030066 * * *
	(4.921)	(2.665)	(3.975)
30	0.478151 * * *	0.065058 * * *	0.02195 * *
	(3.922)	(5.722)	(2.826)
40	0.358256 * *	0.084202 * * *	0.018342 * * *
	(3.129)	(8.186)	(3.526)
50	0.432105 * * *	0.094459 * * *	0.023321 * * *
	(4.154)	(9.890)	(4.971)
60	0.360767 * * *	0.093112 * * *	0.022295 * * *
	(4.156)	(10.656)	(4.194)
70	0.206054 *	0.103764 * * *	0.022139 * * *
	(2.360)	(12.415)	(4.463)
80	0.380916 * * *	0.09857 * * *	0.023864 * * *
	(4.685)	(12.355)	(4.526)
90	0.317422 * * *	0.106305 * * *	0.015281 * *
	(4.091)	(14.121)	(2.696)

资料来源：WIND、R语言。

（二） 买卖双方主导交易量的分布

前文所有 VPIN 都选取标准正态分布的累积概率函数划分买卖双方主导成交量，即假设 $\frac{\Delta P}{\sigma_{\Delta P}}$ 服从标准正态分布，本小结在国内原油期货交易数据的基础上，对 $\frac{\Delta P}{\sigma_{\Delta P}}$ 服从的分布进行替换。Easly（2012）讨论了分布的不同假设对于 VPIN 的影响，借鉴 Easly 的做法，假设 $\frac{\Delta P}{\sigma_{\Delta P}}$ 服从 t 分布，自由度 df 选取 0.25。表 5 - 20 为假设 $\frac{\Delta P}{\sigma_{\Delta P}}$ 服从两种不同分布的 VPIN 的描述性统计。

结果显示，假设服从 t 分布（自由度为 0.25）所计算的 VPIN 值明显小于正态分布的 VPIN 值。

表 5 - 20　不同分布下 VPIN 的描述性统计

分布	最小值	1 分位数	中位数	均值	3 分位数	最大值
正态分布	0.191	0.413	0.454	0.448	0.486	0.602
t 分布	0.09344	0.18589	0.20141	0.19909	0.21487	0.26067

资料来源：WIND、R 语言。

对模型 4（控制流动性变量）进行回归，解释变量的系数有略微变动，系数正负未产生变化，t 分布相对于正态分布回归的解释变量系数的显著性没有降低，两者 R 平方统计量也比较近似，故分布的不同没有改变模型的稳健性（见表 5 - 21）。

表 5 - 21　不同分布的模型 4 控制流动性变量后的回归结果

分布	Variable	Estimate	Std. Error	t value	Pr（ > |t|）	Signif. codes	R - squared
正态分布	c	- 0.868072	0.103715	- 8.370	< 2e - 16	* * *	
	$ln\ VPIN_{\tau-1}$	0.432105	0.104028	4.154	3.36E - 05	* * *	0.05755
	$ln\ Vol_{\tau-1}$	0.094459	0.009551	9.890	< 2e - 16	* * *	
	$Volume_{\tau}^{c}$	0.023321	0.004692	4.971	7.03E - 07	* * *	
t 分布	c	- 0.402361	0.196547	- 2.047	0.0407	*	
	$ln\ VPIN_{\tau-1}$	0.504787	0.117937	4.280	1.93E - 05	* * *	0.05787
	$ln\ Vol_{\tau-1}$	0.094281	0.009551	9.872	< 2e - 16	* * *	
	$Volume_{\tau}^{c}$	0.023368	0.004691	4.981	6.66E - 07	* * *	

资料来源：WIND、R 语言。

总之，外生变量 n 的取值以及价格变化 ΔP 的不同分布情况均未改变模型的稳健性，证明了回归模型的有效性和适用性。

第六节　结论与展望

本文采用 Easly（2011）提出的 VPIN 模型，结合国内外原油期货数据，发现 VPIN 在闪崩预测上有较好的效果。以 2019 年 5 月 22 日至 2019 年 5 月 23 日国内原油期货发生闪崩事件为例，发现在闪崩前 VPIN 值由低位拉升至高位，这说明交易存在非常强的流毒性即交易十分不平衡，随之闪崩发生。

为了进一步论证 VPIN 在预测闪崩方面的有效性及闪崩特征，采用 WTI 原油、布伦特原油以及国内原油的期货数据，参考 Madhavan（2012）的做法构造了多元回归模型。回归模型的被解释变量为闪崩指标，解释变量有 VPIN 值、流动性、波动率、成交量的变化率。通过回归结果得出以下结论：

（1）上一期 VPIN 值上升与闪崩程度呈正向变动关系，即上一期 VPIN 值上升，闪崩程度加剧。

（2）上一期的波动率与闪崩程度呈正向变动关系，即上一期波动率上升会使下一期的闪崩程度加剧。

（3）上一期的成交量变动与闪崩程度呈正向变动关系，即上一期成交量上升，下一期闪崩程度加剧。

通过研究总结发现，闪崩发生前通常具有波动率上升、流动性下降、成交量出现急剧变化的特征，同时 VPIN 作为预测闪崩的一个工具，在闪崩前通常出现急剧上升的现象。

对于监管层而言，闪崩确实会对投资者造成巨大的冲击，特别是在期货市场这种高杠杆衍生品市场，闪崩可能导致投资者被强制平仓而进一步加剧市场波动。作为监管层，提前识别闪崩可以有效减少或遏制这种现象，也可以在检测到市场有异常情况时及时为投资者提示风险。与此同时，如果监管层洞察闪崩进一步可能造成更大市场动荡风险，那么可以出台一些短期的调节政策，譬如提高保证金、减少涨跌停幅度、完善熔断制度等措施，以此达到改善流动性的目的。

在识别方法上，本文采用的 VPIN 可以作为一个比较成熟的预测闪崩的指标，当然，还应结合波动率和流动性指标来综合判断、识别风险。

后续研究将聚焦于闪崩指标和工具以及案例的扩大和完善，争取找到更多的特征，以利于更早、更准确地发现可能的市场大幅波动。

（撰稿人：上海对外经贸大学战略性大宗商品研究院　李季鸿、仰炬、

张有方、张文鑫、武涛、吴仲楠、陈纪纲）

参考文献

[1] Aldrich E M, Grundfest J, Laughlin G. The Flash Crash: A New Deconstruction [J]. Social Science Electronic Publishing, 2016.

[2] Ananth M. Exchange – Traded Funds, Market Structure, and the Flash Crash [J]. Financial Analysts Journal, 2012, 68 (4): 20 – 35.

[3] Andersen T G, Bondarenko O. VPIN and the Flash Crash [J]. Social Science Electronic Publishing, 2012.

[4] Bethel W, Leinweber D, Ruebel O, et al. Federal Market Information Technology in the Post Flash Crash Era: Roles for Supercomputing [J]. Social Science Electronic Publishing, 2011, 7 (2): 23 – 30.

[5] Blanchard O J, Watson M W. Bubbles, Rational Expectations and Financial Markets [J]. Social Science Electronic Publishing, 2000.

[6] Brogaard J. High Frequency Trading and its Impact on Market Quality [J]. Northwestern University Kellogg School of Management Working Paper, 2010.

[7] Connolly R, Stivers C. Macroeconomic News, Stock Turnover, and Volatility Clustering in Daily Stock Returns [J]. Journal of Financial Research, 2010, 28 (2): 235 – 259.

[8] De Long J B, Shleifer A, Summers L H, et al. Noise Trader Risk in Financial Markets [J]. Journal of Political Economy, 1990.

[9] Didier S, Peter C, Georgi S. Can We Use Volatility to Diagnose Financial Bubbles? Lessons from 40 Historical Bubbles [J]. SSRN Electronic Journal, 2017.

［10］ Easley D, López de Prado, Marcos M, O' Hara M. VPIN and the Flash Crash: A rejoinder [J]. Journal of Financial Markets, 2014, 17: 47 - 52.

［11］ Easley D, Marcos L D P, O' Hara M. The Microstructure of the 'Flash Crash': Flow Toxicity, Liquidity Crashes and the Probability of Informed Trading [J]. Social Science Electronic Publishing.

［12］ Easley D, Prado M M L D, O' Hara M. Flow Toxicity and Liquidity in a High - frequency World [J]. Review of Financial Studies, 2012a, 25 (5): 1457 - 1493.

［13］ Easley, D. , M. López de Prado and M. O' Hara. Optimal Execution Horizon [J]. Mathematical Finance, forthcoming, 2012c.

［14］ Easley, D. , M. López de Prado and M. O' Hara. The Volume Clock: Insights into the High Frequency Paradigm. [J]. Journal of Portfolio Management, 2012b.

［15］ Easley, D. , R. F. Engle, M. O' Hara, and L. Wu. 2008. Time - varying Arrival Rates of Informed and Uninformed Traders. Journal of Financial Econometrics 6: 17.

［16］ Easley D, Marcos L D P, O' Hara M. Discerning Information from Trade Data [J]. Social ence Electronic Publishing, 2015.

［17］ Hanson T A. The Effects of High Frequency Traders in a Simulated Market [J]. Social Science Electronic Publishing, 2011.

［18］ Inoua S. The Random Walk behind Volatility Clustering [J]. Papers, 2016.

［19］ James Paulin, Anisoara Calinescu, Michael Wooldridge. Understanding flash crash contagion and systemic risk: A micro - macro agent - based approach [J]. Journal of Economic Dynamics and Control, 2019.

［20］ Johansen A, Sornette D. Endogenous versus Exogenous Crashes in Financial Markets [J]. Journal of Mathematical Finance, 2002.

［21］ Johansen A, Sornette D. Log - periodic power law bubbles in Latin - American and Asian markets and correlated anti - bubbles in Western stock markets: An empirical study [J]. International Journal of Theoretical & Applied Finance, 1999, 4 (06): 853 - 920.

［22］ Kirilenko A A, Kyle A S, Samadi M, et al. The Flash Crash: High - Frequency Trading in an Electronic Market [J]. Social Science Electronic Publishing, 2011.

[23] Lee W B, Cheng S F, Koh A. Would Price Limits Have Made any Difference to the 'Flash Crash' on May 6, 2010 [M] // The Review of Futures Markets, 2011.

[24] Mandelbrot B. The Variation of Certain Speculative Prices [J]. Journal of Business, 1963, 36 (4): 394 – 419.

[25] Moosa I, Singh D. The regulation of high – frequency trading: A pragmatic view [J]. Journal of Banking Regulation, 2015, 16 (1): 72 – 88.

[26] Robert F. Engle. Autoregressive Conditional Heteroscedasticity with Estimates of the Variance of United Kingdom Inflation [J]. Econometrica, 1982, 50 (4): 987 – 1007.

[27] Rock around the clock: An agent – based model of low – and high – frequency trading [J]. Journal of Evolutionary Economics, 2016, 26 (1): 49 – 76.

[28] Serhat Yildiz, Bonnie Van Ness, Robert Van Ness. VPIN, liquidity, and return volatility in the U. S. equity markets [J]. Global Finance Journal, 2019.

[29] Shiller, Robert J. Speculative Prices and Popular Models [J]. Journal of Economic Perspectives, 1990, 4 (2): 55 – 65.

[30] Sornette D, Johansen A, Bouchaud J P. Stock market crashes, Precursors and Replicas [J]. Journal De Physique I, 1995.

[31] Sornette D, Zhou W X. Importance of positive feedbacks and overconfidence in a self – fulfilling Ising model of financial markets [J]. Physica A Statistical Mechanics & Its Applications, 2006, 370 (2): 704 – 726.

[32] Tim Bollerslev. Generalized autoregressive conditional heteroskedasticity [J]. J Econ, 1986, 31 (3): 307 – 327.

[33] Topol, Richard. Bubbles and Volatility of Stock Prices: Effect of Mimetic Contagion [J]. The Economic Journal, 1991, 101 (407): 786 – 800.

[34] Vuorenmaa T A, Wang L. An Agent – Based Model of the Flash Crash of May 6, 2010, with Policy Implications [J]. Ssrn Electronic Journal, 2013.

[35] Xue – Zhong He, Kai Li, Chuncheng Wang. Volatility clustering: A nonlinear theoretical approach [J]. Journal of Economic Behavior & Organization, 2016, 130:

274 – 297.

［36］Zhou W X, Sornette D. Antibubble and Prediction of China's stock market and Real – Estate ［J］. Physica A Statistical Mechanics & Its Applications, 2003, 337 (1): 243 – 268.

［37］崔颢. 金融市场崩溃的对数周期型幂律模型及其实证研究 ［D］. 上海交通大学, 2014.

［38］高英. 金融泡沫理论及模型研究综述 ［J］. 科技和产业, 2010, 10 (4).

［39］刘文文, 杨视宇, 沈骏. 动态知情交易概率、收益率与市场波动——基于沪深 300 指数期货实证研究 ［J］. 上海金融, 2019 (08): 72 – 80.

［40］乔海曙, 李菲. 闪崩国外文献述评: 成因、风险度量及监管措施 ［J］. 金融理论与实践, 2015 (9): 102 – 106.

［41］周强龙, 朱燕建, 贾璐熙. 市场知情交易概率、流动性与波动性——来自中国股指期货市场的经验证据 ［J］. 金融研究, 2015 (5): 132 – 147.